汉语词汇语法论考

江蓝生 ◎ 著

中国社会科学出版社

图书在版编目(CIP)数据

汉语词汇语法论考 / 江蓝生著. —北京：中国社会科学出版社，2013.8
（中国社会科学院学部委员专题文集）
ISBN 978-7-5161-3906-6

Ⅰ.①汉… Ⅱ.①江… Ⅲ.①汉语—词汇—研究②汉语—语法—研究 Ⅳ.①H1

中国版本图书馆 CIP 数据核字（2014）第 016444 号

出 版 人	赵剑英
责任编辑	任　明
责任校对	韩天炜
责任印制	戴　宽

出　　版	中国社会科学出版社
社　　址	北京鼓楼西大街甲 158 号（邮编 100720）
网　　址	http://www.csspw.cn
	中文域名：中国社科网　010-64070619
发 行 部	010-84083685
门 市 部	010-84029450
经　　销	新华书店及其他书店
印刷装订	环球印刷（北京）有限公司
版　　次	2013 年 8 月第 1 版
印　　次	2013 年 8 月第 1 次印刷
开　　本	710×1000　1/16
印　　张	21.75
插　　页	2
字　　数	335 千字
定　　价	68.00 元

凡购买中国社会科学出版社图书，如有质量问题请与本社联系调换
电话：010-64009791
版权所有　侵权必究

《中国社会科学院学部委员专题文集》编辑委员会

主任 王伟光

委员 （按姓氏笔画排序）

王伟光　刘庆柱　江蓝生　李　扬
李培林　张蕴岭　陈佳贵　卓新平
郝时远　赵剑英　晋保平　程恩富
蔡　昉

统筹 郝时远

助理 曹宏举　薛增朝

编务 田　文　黄　英

前　言

哲学社会科学是人们认识世界、改造世界的重要工具，是推动历史发展和社会进步的重要力量。哲学社会科学的研究能力和成果是综合国力的重要组成部分。在全面建设小康社会、开创中国特色社会主义事业新局面、实现中华民族伟大复兴的历史进程中，哲学社会科学具有不可替代的作用。繁荣发展哲学社会科学事关党和国家事业发展的全局，对建设和形成有中国特色、中国风格、中国气派的哲学社会科学事业，具有重大的现实意义和深远的历史意义。

中国社会科学院在贯彻落实党中央《关于进一步繁荣发展哲学社会科学的意见》的进程中，根据党中央关于把中国社会科学院建设成为马克思主义的坚强阵地、中国哲学社会科学最高殿堂、党中央和国务院重要的思想库和智囊团的职能定位，努力推进学术研究制度、科研管理体制的改革和创新，2006年建立的中国社会科学院学部即是践行"三个定位"、改革创新的产物。

中国社会科学院学部是一项学术制度，是在中国社会科学院党组领导下依据《中国社会科学院学部章程》运行的高端学术组织，常设领导机构为学部主席团，设立文哲、历史、经济、国际研究、社会政法、马克思主义研究学部。学部委员是中国社会科学院的最高学术称号，为终生荣誉。2010年中国社会科学院学部主席团主持进行了学部委员增选、荣誉学部委员增补，现有学部委员57名（含已故）、荣誉学部委员133名（含已故），均为中国社会科学院学养深厚、贡献突出、成就卓著的学者。编辑出版《中国社会科学院学部委员专题文集》，即是从一个侧面展示这些学者治学之道的重要举措。

《中国社会科学院学部委员专题文集》（下称《专题文集》），是中国社会科学院学部主席团主持编辑的学术论著汇集,作者均为中国社会科学院学部委员、荣誉学部委员,内容集中反映学部委员、荣誉学部委员在相关学科、专业方向中的专题性研究成果。《专题文集》体现了著作者在科学研究实践中长期关注的某一专业方向或研究主题,历时动态地展现了著作者在这一专题中不断深化的研究路径和学术心得,从中不难体味治学道路之铢积寸累、循序渐进、与时俱进、未有穷期的孜孜以求,感知学问有道之修养理论、注重实证、坚持真理、服务社会的学者责任。

2011年,中国社会科学院启动了哲学社会科学创新工程,中国社会科学院学部作为实施创新工程的重要学术平台,需要在聚集高端人才、发挥精英才智、推出优质成果、引领学术风尚等方面起到强化创新意识、激发创新动力、推进创新实践的作用。因此,中国社会科学院学部主席团编辑出版这套《专题文集》,不仅在于展示"过去",更重要的是面对现实和展望未来。

这套《专题文集》列为中国社会科学院创新工程学术出版资助项目,体现了中国社会科学院对学部工作的高度重视和对这套《专题文集》给予的学术评价。在这套《专题文集》付梓之际,我们感谢各位学部委员、荣誉学部委员对《专题文集》征集给予的支持,感谢学部工作局及相关同志为此所做的组织协调工作,特别要感谢中国社会科学出版社为这套《专题文集》的面世做出的努力。

《中国社会科学院学部委员专题文集》编辑委员会
2012年8月

目　　录

序　言	(1)
演绎法与近代汉语词语考释	(1)
语词探源的路径	
——以"埋单"为例	(10)
说粤语词"是但"与"乜嘢"	(24)
说"蹀躞"与"嘚瑟"	(41)
台湾地区词(四则)音义考	(55)
语词小札	(70)
语言接触与元明时期的特殊判断句	(80)
也说"汉儿言语"	(99)
变形重叠与元杂剧中的四字格状态形容词	(133)
跨层非短语结构"的话"的词汇化	(153)
概念叠加与构式整合	
——肯定否定不对称的解释	(178)
隐含义的显现与句法创新	(207)
汉语连-介词的来源及其语法化的路径和类型	(224)
《现代汉语词典》与吕叔湘先生的辞书学思想	(259)
《现代汉语词典》第6版概述	(268)
汉语词语书写形式的革新	
——谈谈字母词的身份与规范	(302)
生活中的语言学	(319)

序　言

我的专业方向是汉语词汇史和语法史，走上专业研究道路的早期主要着重汉语历史词汇的研究，而后兴趣转到汉语历史句法研究。从2000年到2008年间，我先后出版了三本专题论文集：《近代汉语探源》（商务印书馆2000年）；《著名中青年语言学家自选集·江蓝生卷》（安徽教育出版社2002年）；《近代汉语研究新探》（商务印书馆2008年）。本文集所收论文绝大多数是没有收进上面三个文集的，其中有两篇一两年前就已被刊物录用并看过校样，但因各种原因迄今还未见书，还有三篇是近两年撰写的学术研讨会论文，交稿时尚未发表。本文集分词汇、语法、辞书三个单元，历史词汇和语法是我的本行，以前已做过一些介绍，这里就不再重复了；辞书编纂和修订是我最近七年中新从事的工作，其中甘苦"如人饮水，冷暖自知"，所以我想借此机会多说几句。

2005年下半年开始，应我院语言研究所科研工作需要，我放下手头的专业研究转向辞书编纂和修订，除了主编中国社会科学院重大项目《现代汉语大词典》外，又先后担任了《新华字典》第11版和《现代汉语词典》第6版的主持人，全面负责修订工作（我把它称之为压在身上的"三座大山"）。意大利学者J.J.斯卡利格（1540—1609）有一段名言："十恶不赦的罪犯既不应处决，也不应判强制劳动，而应判去编词典，因为这种工作包含了一切折磨和痛苦。"吕叔湘先生在纪念《现代汉语词典》出版20周年学术研讨会上的书面发言中说"我们编这部词典可以说尝尽了甘苦，或者说只有苦而没有什么甘"。因此在接手上述工作之前，我就做好了吃苦受难、长期作战的思想准备。这几年的实践使我有以下几点切身体会：

（1）词典的科学性强，既要全面准确记录现代汉语的词汇系统，又要在描写的基础上贯彻和引导规范。"典"者，典范也，原则上是容不得有错误、有硬伤的，这一点跟学术著作的性质很不同，因而编纂者修订者的责任重大，每一步都如履薄冰，如临深渊。

（2）词典是多学科交叉融合的工程，涉及的知识面广，要求编写者具有广博的知识，深厚的语文素养，纵贯古今，横跨百科。语文类词典不仅要求编纂者具备文字学、音韵学、训诂学等传统语言学的学养，还要通晓现代语言学的语音、语义、语法、语用等各方面的知识。因此，编修辞典的过程就是不断补课、不断学习的过程。

（3）词典是一个系统工程，不仅要求有科学的定位、合理的框架、严密的体例，而且鉴于词义的系统性，要求在收词和释义上要做到词典内部自成系统，互相照应，严丝合缝。因此，词典编修者脑中要有一盘棋，做到"眼观六路，心有全局"。

（4）编词典是技术性很强的工作，复杂、细致、琐碎。词典内部的环节多，符号多，注音、标点等任何一个环节都不允许出错。要善于以简驭繁，用最少的篇幅提供尽可能多的信息；还要为读者着想，做到易查检、便于使用。

（5）编词典是一个永无止境、永远有遗憾的工作。从语言的本质属性上说，语言变异是绝对的，而稳定则是相对的，词典记录的语言只具有相对的稳定性；再加上人的知识和认识水平的局限，总难免有需要纠正和完善的地方，所以需要不断修订更新。

《英语词典》主编约翰森（Samuel Johnson）谈自己编词典的体会时说："追求十全十美，就像阿卡狄亚（Arcadia）的原始居民逐日一样，当他们追到似乎是太阳栖息的山顶时，却发现太阳依旧遥不可及。"这真是绝妙无伦的比喻！经过这几年的努力，《新华字典》第11版（2011年7月）和《现代汉语词典》第6版（2012年7月）已先后出版，我们团队身上的"三座大山"搬掉了两座，现在还剩下最后一座更大的大山没有挖完，还得继续挖山不止。辞书编修工作虽然辛苦，但我在苦中也有"甘"，那就是我得到了一次把书本知识和专业研究的经验综合运用到辞书编纂实践中去的机会。我们中国的学术传统历来主张学以致用，所谓"为世用者，百篇无害；不为用者，一字无补"。能把基础研究与应用相结合，解决一些实际问题，使我感到自己的专业知识有用，学术研究有社会价值，内心还是欣慰的。

七年来，编修词典、审稿几乎占用了我全部的工作时间，但出于对汉语史研究的兴趣，特别是编修词典中遇到的问题很多都离不开历史的考察，我还是挤出时间陆陆续续写了一些专题论文。这些文章有较强的问题意识，选题多从实际语言现象出发，为了解决现实语言中的实际问题而进行历时的或横向的考察分析，在解释力方面，自感比起以往或许略有长进。今逢我院学部组织出版《中国社会科学院学部委员专题文集》，遂按要求编次成集；又因其中绝大多数文章在用现代语言学理论为指导的同时，又特别着眼于汉语的特点，综合运用了文字学、音韵学和训诂学等我国传统语言学的知识和方法探源溯流，故名之曰"论考"。

　　商务印书馆何瑛博士帮我按体例把原文中的尾注改为当页脚注，感荷于心，顺表谢意。

江蓝生
2012 年 9 月 4 日

演绎法与近代汉语词语考释

考释词义，最基本、最常用的方法是归纳法。即把搜集到的有关语言材料加以排比，根据上下文推敲玩味，从而归纳出某一词语的意义。材料越丰富，对词语的意义、使用场合等了解得就越全面、越深刻。归纳法是十分有效的方法，也是考释词语时首先考虑使用的方法。但是，在有些情况下，单单使用归纳法有一定的局限性。比如，当被释词语只有孤例时，归纳法就失去了用武之地；有时尽管搜集到数个例子，但分属几个义项，也跟孤例差不多。其次，只根据上下文（或曰语境）归纳词义，有时不易捕捉一个词语的核心意义，弄不清是基本义还是派生义，理不清一个多义词各个义项之间的内部联系，容易犯随文释义的毛病。举个例子来说，唐代王梵志诗："巡来莫多饮，性少须自监，勿使闻狼狈，教他诸客嫌。"前两句说：酒席宴上依次斟酒时不要多喝，酒量不大应该自我约束。第三句的"闻狼狈"张锡厚先生注："闻狼狈，谓闻到呕吐物的气味出现的窘态。"[①] 郭在贻先生云："闻，模样也。'闻狼狈'犹言'样子狼狈'或一副狼狈相。"[②] 也就是说，张氏认为"闻"就是通常的"嗅"，郭氏认为"闻"是"模"的假借字。笔者认为此二说都不够妥帖，张说明显地增字而释，不切原诗本意；郭说以"闻"为"模"，二字在语音上难以互通，而且文献上的证据也嫌不足。那么"闻狼狈"的"闻"到底应作何解释呢？由于是孤例，用归纳法很难解决（详见下文（四））。

当归纳法不能奏效时，我们可以尝试用演绎的方法来另辟解决问题的蹊径。归纳法是从个别到一般，从具体到抽象，演绎法则相反，是运

---

① 张锡厚：《王梵志诗校辑》，中华书局1983年版，第180首。
② 郭在贻：《敦煌写本王梵志诗汇校》，见《郭在贻语言文学论稿》，浙江古籍出版社1992年版，第217页。

用一般规律来解决具体问题。演绎法的使用是以我们对于汉语发展史中的普遍规律和对纷繁复杂的语言现象的认识为前提的,我们认识的语言事实和普遍规律越多,运用演绎法的场所就越加广阔。实践证明,演绎法可以在一定场合弥补归纳法的某些不足,打破归纳法的某些局限,对于训释词义、考求本字和语源比较有效。下面从四个方面举例说明我们所进行的一点尝试。

一　合成词中联合结构的同义复词居多

汉语很早就有从单音词向复音词发展变化的趋势。据统计,唐代韩愈、柳宗元文章中的复音词数量是先秦《左传》的二点五倍①。而在复音词中,联合式合成词所占比率最高。据祝敏彻先生统计,《朱子语类》中共有各类复音词二四九三个,其中联合式词有一六二一个,占百分之六十五,②而且其中绝大多数是由同义或近义词素组成的同义复词。这一现象已被中古许多文献证实。根据近代汉语复音词的这一构词特点,当我们遇到一个疑难的复音词时,如果能在结构上认定它是联合式,就可以根据其中已知的一个词素来推测和论证另一个词素的意义。比如:

　　这汉子怎消洋这一口气,一直奔到西门庆生药店前,要寻西门庆厮打。(《金瓶梅词话》9回)

"消洋",白维国《金瓶梅词典》③释作"平息;消除",李申《近代汉语语辞杂释》④释作"消除掉,按纳下去"。从上下文来看,白、李二位的解释都是正确的,但为什么"消洋"应作"消除"解,还须深究。白书限于体例,未释原由。李文认为"洋"是"漾"的借字,义为"抛掷、

---

①　赵克勤:《古汉语词汇概要》,浙江教育出版社1987年版,第三章。
②　祝敏彻:《朱子语类句法研究》,长江文艺出版社1991年版,第一章。
③　白维国:《金瓶梅词典》,中华书局1991年版,第581页。
④　此文为提交给中国语言学会第七届年会的论文,可参见李申《金瓶梅方言俗语汇释》,北京师范学院出版社1992年版。

丢弃",举《金瓶梅词话》中"月洋水底"(12回)"洋奶"(32、33回)为内证,另举元明戏曲中"我为甚将几陌黄钱漾在水里"(元曲·青衫泪,二折)"漾却苦李,再寻甜桃"(明·琵琶记·书馆悲逢)等为外证。但是,李说有可疑之处:其一,《金瓶梅词话》中"月洋水底"的"洋"为"摇晃、晃动"义,"洋奶"之"洋"为"液体上涌"义,均非"抛掷、丢弃"义。其二,"消洋"一词在结构上如为同义并列,那么"消洋"的"洋"应跟"消"义近或义同,"洋"如果如李文所说为"抛掷、丢弃"义,那它跟"消"的"消化、消解"义既不相同又不相近。因此李说难以令人信服。今考,"消洋"的"洋"在古代韵书中写作"烊"。《广韵》平声阳韵:"烊、洋,与章切,烊,硝烊。"《集韵》平声阳韵:"炀,烁金也。或作烊。"据此"消洋"实为"焇烊"的同音借字,其义为金属融化。敦煌变文中有"烊铜"一词,或作"洋铜"(敦煌写本《大目乾连变文》);今吴语方言有"烊雪"之语,即化雪。释藏中偶然也写作"消洋",如《毗耶娑问经》卷下:"极大愁苦,举体　热,以　热故,身则消洋。"(元魏·瞿昙般若流支译,频伽藏)此言身体因体温高融化为液体。俗体字有偏旁类化的倾向,从"火"则写作"焇烊",从"水"则写作"消洋"。在这个例子中,我们用演绎的方法推测了"洋"的意义,并用古代韵书和释典进行了考证,从而获得了对"消洋"一词的确诂。

二　构词上的类化现象

汉语在构词法上有一种类化构词的倾向。所谓类化构词,是指甲、乙两个字(语素)以某一结构方式组合为合成词,那么跟甲或乙词性、意义相同的字(语素),可以替换甲或乙进入这一结构,构成两个或两个以上跟原合成词同义的词。比如"乘凉"一词,唐代有"趁凉""追凉""逐凉"等同义词[1],其中"趁""追""逐"为同义词,都是追随、追赶的意

---

[1] 例如:趁凉行绕竹,引睡卧看书。(白居易)忆昔好追凉,故绕池边树。(杜甫诗)使人远来冲热,且向窟里逐凉。(燕子赋)

思。现代"下雨"一词,在不同的方言里或说"落雨"(上海话),或说"遏雨"(福州话),或说"落水"(广州话)。其中上字"下""落""遏"为同义词,下字"雨"和"水"为近义词。根据类化构词的规律,可以帮助我们在考求词语的意义时确定一个合理的思路。比如:

　　(宝玉)笑道:"你们吃体己茶呢!"二人都笑道:"你又赶了来饕茶吃!这里并没你吃的。"(《红楼梦》41回)

各家解释如下:

(1)饕——这里音蹭(cèng),揩油沾光的意思。与北京方言"拿蹭儿"义近。(中国艺术研究院红楼梦研究所校注本,人民文学出版社1988年版)

(2)饕:此处"饕"应即"蹭"(cèng层去声),有揩油、借光的意思。(冯其庸、李希凡主编《红楼梦大辞典》)

(3)饕 cī(读作 cèng):北京一带方言。揩油沾光的意思,现多写作"蹭"。如说"蹭顿饭吃",就是到别人那里讨便宜白吃饭。(旧行本写作"撤")①(周汝昌主编《红楼梦辞典》)

(4)周定一《〈红楼梦〉词汇中的标音问题》:"饕(饕)茶吃"即沾人家的光去喝茶。但作者用的是哪里的方言?待考。(《中国语文》1989年第6期)

以上(1)(2)(3)均径释"饕"为 cèng(蹭),可疑的是《红楼梦》里有"蹭"字,如"刘姥姥只得蹭上来问"(6回)"宝玉只得前去,一步挪不了三寸,蹭到这边来"(23回)。以上三说无法解释为什么不写作"蹭茶吃"而写作"饕茶吃",而且"饕"cī 和"蹭"cèng 的语音并不相同,所以很难令人信服。

《金瓶梅词话》里有跟"饕茶"相类的"雌饭"一词,从语音和语义两方面判断,"饕茶"的"饕"和"雌饭"的"雌"应该是同一个俗语动

---

① 撤茶,前人未释。今疑"撤"本字为"掣"chè,义为"极快地擦过去",如"风驰电掣"。"掣"有"擦"义"抽"义,跟饕(趾)茶、雌(趾)饭以及今语"蹭饭""蹭车"构词心理一样。

词。如：

A 你还在这屋里雌饭吃！（85回）
你是我老婆，不顾瞻我，反说我雌你家饭吃，我白吃你家饭来！（86回）

此外还有"雌汉（子）"和"雌着"的说法：

B 贼捱剌骨雌汉的淫妇，还强说什么嘴！（72回）
俺每这里还闲的声唤，你来雌汉子！（72回）
C 我去时还在厨房里雌着，等他慢条丝礼儿才和面儿。（11回）
我心里不耐烦，他爹要便进屋里推看孩子，雌着和我睡。（58回）

翻检各种解释《金瓶梅词话》的辞书，一般都据上下文释"雌饭"为混饭、白吃饭；释"雌汉（子）"为偷汉子，妇女与男子偷情或用手段讨好男子；释"雌着"为逗留、待。由于没有找出"雌"的本字，所以上面的解释都未能完全切中要害，更看不出 A、B、C 三种用法在意义上的联系。李申上举文认为"雌"是"覗"的借音字，引清代恽敬《大云山房杂记》为证："江北呼覗如雌，伺也；今吴人以伺人食而食为覗饭。"我们认为恽敬的解释也不可信据。因为：a. "雌" cī 与"覗" sì 声母与声调均不相同，今吴语二字也不同音；b. "覗"的窥伺义跟 A 组 B 组例子的意思不完全吻合，在 C 组例子里则完全讲不通。也就是说"雌"与"覗"在语音、语义上都不相吻合，"雌"不是"覗"的假借字。那么"覗"和"雌"的本字到底是什么呢？

根据类化构词的规律，我们不妨假设"餈茶""雌饭"的 cī 应跟北京话"蹭饭"的"蹭"为同义或近义动词，这个读音 cī、意义与"蹭"相同的动词应该是"跐"。"跐"在北京话里为"脚下滑动"，如"脚一跐，摔倒了"（见《现代汉语词典》）。在今山东、杭州等地方言中，"跐" cī（不同于上声的 cǐ，踩踏）义为用脚在地上摩擦，如：把鞋底的泥跐跐｜跐跐脚。显然北京话里的"脚下滑动"义也跟脚在地上摩擦有关。也就是说方言口语里确实有个跟"蹭"意义相同的念作 cī 的俗语动词存在。由今推古，既然现在北京话有"蹭饭"一词，那么在明清之时不说"蹭饭"而说"雌（趾）饭""饕（趾）茶"是完全可能的，这种可能性已被《金瓶梅词话》里的"雌饭"、《红楼梦》里的"饕茶"所证实，也就是说，"沾光吃饭、揩他人油"这一意思，明清时候说"趾饭"，现在选择了跟"趾"意义相同的"蹭"替代"趾"，说"蹭饭"。从"趾饭"改变为"蹭饭"是类化构词原则起了作用。实际上"揩油"跟"趾饭""蹭饭"的构词义理相同，"揩"为"擦"义，跟"趾、蹭"义近；"油"跟"饭"同属食物类名词。

找出"趾"为"雌、饕"的本字，推寻"趾"意义引申的线索，上举《金瓶梅》各例都可以得到合理的、准确的解释。"趾"的基本意义是"摩擦"，由此引申出下列各义：

趾：摩擦 ⎰因摩擦而沾上：沾光，揩油（饕茶｜雌饭｜雌汉子）
　　　　　⎱缓慢移动：拖延，磨蹭（在厨房里雌着｜雌着和我睡）

三　词义的类同引申

两个或两个以上的同义词互相影响，在各自原有意义的基础上，往往进行类同方向的引申，产生出相同的引申义。① 比如上面说的"趾"和"蹭"是同义词，它们在共有的"摩擦"义的基础上，进行了类同方向的引申，都产生出了（1）沾光、揩油；（2）拖延、磨蹭这两个引申义。根据这一规律，当我们遇到一个难解词时，可以看看跟它意义相同或相近的一些词有哪些引申义，看看用那些引申义来解释这个难解词是否可通，如果语义吻合，就可以斟酌采纳。比如：

秤锤落东海，到底始知休。（寒山诗）

---

① 反义词或意义相对的词有时也可能发生词义类同引申，限于篇幅，此文不述。可参见拙文《相关词语的类同引申》(Analogous Extension of Word Meaning, *Eeeays on the Chinese Language by Contemporary Chinese Scholars*, Editions Langages Croises, 1993)。

吴国大相，国之垓首，王令伐吴，定知自损。（《伍子胥变文》）

信心布施，直须欢喜；若人些些酸屑，则知果报不遂。（《丑女缘起》；"酸屑"为皱眉意）

以上各例中的"知"，蒋礼鸿先生均释为"语助词，没有意义"（见《敦煌变文字义通释·释虚字》）。我们认为蒋先生所举例中，有的可能确实是没有什么意义的语助词，但其中大多数难以用语助词解释，拿上面三例来说，就很可疑。我们认为上面三例中的"知"是表示"依情理可能出现某种情况"，是个表示将然的助动词，相当于现代汉语里"植物无水会死"的"会"。就是说"始知休"意为"才会停止"，"定知自损"意为"必将会使自己受到损害"，"则知果报不遂"意为"就会果报不如心愿"。我们做出这样的判断，依据的是同义词类同引申的规律。

"知"跟"解""会"在"理解、领会、知晓"义上是同义词，它们都引申出 a. 有能力做某事；b. 依情理可能出现某种情况的意义，例如：

解 a：月既不解饮，影徒随我身。（李白，月下独酌）
解 b：如吃饭相似，只管吃，自解饱。（《朱子语类》卷3）
会 a：锄禾刈麦，薄会些些，买卖交关，尽知去处。（庐山远公话）
会 b：长风破浪会有时，直挂云帆济沧海。（李白，行路难之一）
知 a：小儿知谈，卿可与语。（世说·排调）
知 b：始知休｜定知自损｜则知果报不遂。（上举各例）

"会 b"出现的确切年代不详，但从《古诗为焦仲卿妻作》"吾已失恩义，会不相从许"句中"会"字表示对未来之拟测（相当于"将""应"）来看，它的出现要比"解 b"和"知 b"早。在现代汉语里，"解 a 解 b"和"知 a 知 b"已被"会 a 会 b"替代了。由此可知，同义词的类同引申是个历时的现象，不一定发生在同一时期。

词义的发展变化不是单个地、孤立进行的，往往要受到相关词语的影响，因此，我们在考求一个词语的意义时，也不能孤立地就这个词去考证这个词，而应把它放到某一时期的词义系统中去观察。这就是我们依据类同引申规律考释词义的思路。

四　词义通借现象

词义表示概念，概念是客观事物在人头脑中反映的产物。人们对客观事物的认识有时是明晰的，有时是模糊的，特别是由感官感知的各种性质更具有一定的模糊性，容易发生通感。词义通借就是由于各个感官活动之间存在的某种对应关系促成的。比如"深"本是表示空间的词，但在"年深日久"一词里它表示时间；"软"本来表示硬度，但在白居易《题郎之槐亭》"春风可惜无多日，家酝唯残软半瓶"诗里则表示数量；"怯"本来表示人的心理，但在"上岸稻得恁么好，下岸稻得恁么怯"（《景德传灯录》卷二十七）里却表示物品的性质，相当于不好，次。在唐宋以来的俗文学作品中最常见的是视觉动词跟听觉动词互相通用，比如：

　　不见念佛声，满街闻哭声。（王梵志诗）
　　看君话王室，感动几销忧。（杜甫诗）
　　老去心情随日减，远来书信隔年闻。（元稹诗）

前两例"见""看"用如"闻""听"，末例"闻"用如"见"。以上是韵文中的例子。散文中也时常可见：

　　酒为茶曰："岂不见古人才子，吟诗尽道：'渴来一盏，能生养命。'……"（敦煌本《茶酒论》）

　　长者见说小时名字，即知是儿。（敦煌本《大目乾连冥间救母变文》）掌握了唐五代时期视觉、听觉动词可以通借的现象，那么本文开头所举王梵志诗"勿使闻狼狈，教他诸客嫌"句就迎刃而解了。即把"闻狼狈"释作"见狼狈"。这样解释不仅贴合诗意，而且也有同时期文献为证：

　　养子不经师，不及都亭鼠。何曾见好人，岂闻长者语。（寒山诗）

> 恨汝生迷智，不曾闻好人。（敦煌本《地狱变文》）

"何曾见好人"与"不曾闻好人"的语义完全相同，都是"不曾听好人的话"的意思。在寒山诗"何曾见好人"中"见"用如"闻"，在王梵志诗"勿使闻狼狈"中"闻"用如"见"。

由上所述，可以看出演绎法对于考释近代汉语的疑难词义是十分有效的方法，它不仅能够弥补归纳法的某些不足，而且更有意义的是，它可以使我们对词义的理解上升到理性的阶段，不仅知其然，而且知其所以然。如上所说，运用演绎法需要有一定的汉语方言和汉语史知识背景，这种背景知识越丰富，就越能够提出合理的假设。假设，即使是极其合理的，不经过缜密的论证也无法成立，因此我们主张在使用演绎法时一定要贯彻合理推测，小心求证的原则，否则极易陷入主观臆测的泥坑。此外，任何方法都不是万能的，因此我们还主张把演绎法跟归纳法结合起来使用。

（原载《语言学论丛》第二十辑，商务印书馆1998年版）

语词探源的路径*
——以"埋单"为例

一

1.0 "的士"与"埋单"

在"粤语北上"的潮流中,影响面最广、立足最稳的恐怕要数"的士"和"埋单"两个词了。前者是英语 taxi 的粤语音译,非粤语区的人仅借用其中的"的"表示出租车。"的"可以自由运用,具有很强的组合能力,如"打的、打了一辆的、打不着的","面的、板的、摩的、黑的","的哥、的姐",等等。可以说,"的"这个外来音素经过粤语的中转已经完全汉化了,由此使多音字"的"(dí、dì、de)新产生了一个阴平音 dī。与"的士"不同,"埋单"是原装进入北方地区的,后来在词形上有变为"买单"的趋势。粤语区人自小就懂、就用"埋单",习焉不察,想不起去追究其词义来源,而北方人骤然间用起这个词,新鲜感、好奇心促使他们发问:为什么用"埋单"表示结账?于是乎讨论"埋单"词义来源的文章常见于报纸杂志,一时间竟然成为一个小小的热点。

1.1 "埋单"来源旧说

据韩珂(2006)介绍,关于"埋单"的来历主要有两种说法。一说来自香港,香港人请客吃饭,饭后结账,主人叫服务生"埋单",服务

---

* 麦耘同志为本文粤语例句的理解把关并提出不少宝贵的意见;杨永龙同志提供了19世纪的粤语资料和修改意见,谨在此一并表示衷心的感谢。

生要把账单盖上递给主人，目的是不让客人看到这顿饭究竟花了多少钱。另一种说法是广东茶楼的点心使用不同颜色的碟子来装，用颜色区别价钱，当用餐完毕，服务生来收碟子，然后数碟子算账，粤语中"埋"有"收集"的意思，"埋单"就是指"收集碟子算账"。上述两种说法主要从文化层面来解释，两种说法之间看不出有什么关联，"埋"是否为"收集"义、何以有"收集"义也没有说明。粤语中由"埋"组合的词语十分丰富，如"埋数、埋柜、埋尾、埋口、埋闸、埋堆、埋班、埋会、埋行、埋脯、埋笼、埋手、埋位、埋席、埋岸、埋街、埋年、同埋"，等，都难以用"收集"义统而贯之；而且，"埋"用在动词后面（V埋）在句子中有多种句法意义和功能（详见下），也看不出跟"收集"义有何关联。总之，上述两种说法只能聊备一说，难以作为确诂而加以采信。我们打算回过头来，从语义学、词汇学的角度求索其真正的来源。

1.2 方法与路径

一般来说，考证一个词语的意义，首先要判别该词语用的是本字还是假借字，只有破假借识本字才有可能找到其真实的语源。如上所举，粤语中用"埋"做语素的合成词非常多，而且结构也多与"埋单"相同（"埋N"），因此它不大可能是个假借字。那么考源工作应该从何入手呢？对于一个有多种组合关系的语素来说，归纳法通常是非常奏效的，即从由它组成的多个合成词的意义中归纳、提炼出该语素的意义，这个意义能够涵盖各个合成词中该语素的意义，包括引申义、转义等。但是有些辐射型的、头绪繁多纷乱的引申义单用归纳法很难找到词义的源头，"埋N"就属于这种情况。在这种情况下，如何选准问题的切入点和路径就有一定的难度，就不妨尝试用演绎的方法来解决问题。本文根据汉语类化构词和类同引申的规律，顺藤摸瓜，层层演绎，从而考证出"埋单"一词以及由"埋"组合的一系列合成词的意义来源，同时也试图厘清"埋"的主要语法功能、语法意义的由来。

1.3 类化构词与类同引申

汉语在构词法上有一种类化构词的现象。所谓类化构词，是指甲、乙两个语素以某一结构方式组合为合成词，那么跟甲或乙词性、意义相同的语素，可以替换甲或乙进入这一结构，构成两个或两个以上跟原合成词同义的词。比如"下雨"一词，在不同的方言里或说"落雨"（上海话），或说"遏雨"（福州话），或说"落水"（广州话）。其上字"下""落""遏"为同义词（遏：行失正，也即下跌义），下字"雨"和"水"为近义词。根据类化构词的规律，本文设想"埋单"应该跟同义词"结账、了账"词义对应，结构相同，也就是说，"埋"与"结、了"对应，"单"与"账"对应，据此"埋"的词义应该是"了结，结束"。

其次，引起汉语词义繁衍发展的最主要途径是词义的引申。所谓引申，是一个词由其本义推衍出新的意义，它是基于联想作用而产生新义的一种方式。同义词、近义词之间的类同引申是词义发展变化的又一规律，这是因为词义的演变不是单个地、孤立地进行的，往往在聚合关系中受到相关词语的影响，从而会在各自原有意义的基础上进行类同方向的引申（有人称之为同步引申），产生出大致相同的引申义。拿"埋单"来说，因为它与"了账"同义，那么"了账"有什么样的引申义，原则上"埋单"也应该产生什么样的引申义。

总之，本文拟以上述两条汉语构词法和词义发展变化的规律为依据，用演绎的方法，从"埋"的聚合关系与组合关系中去考求"埋单"一词的语源。

二

2.1 由"结账"引申为"结束"

"埋单"的意思是结算账目，与它意义相同、相近的词为"结账"与"了账"。《现代汉语词典》对"结账、了账"的解释是：

结账：结算账目：饭后~，连酒带饭三百多元。

了账：结清账目，比喻结束事情。

"结账"的"结"为"了结、结束"义，"了账"的"了"也为"了结、结束"义，根据类化构词的规律可以推断："埋单"的"埋"应跟"了结、结束"义有关联。是否真的有关，可以进一步从"了结、结束"的引申义观察。

2.2 由"了结"引申为"死亡"

如《现汉》所释，"了账"本为结清账目义，引申为"结束"。近代汉语文献中"了账"（又作"了帐"）作"结束、了结"解者多见，如：

（1）员外，你气怎的，只是打杀他便了帐也。（元·李行道《灰阑记》第一折）

又特指结束生命（死亡），使生命结束（杀死）。如：

（2）若不是老猪救你啊，已此了帐了，还不谢我哩！（《西游记》第四一回）

（3）右手抽出腰刀，去喉咙一抹，早已了账。（《荡寇志》第七五回）

（4）使不得！亲生儿子你怎下得了帐他？（《初刻拍案惊奇》卷十七）

（5）倘或真是背盟从仇，就顺手一刀了账，岂不省事呢！（《孽海花》第十六回）

经考察，近代汉语白话文献中以"了"为核心语素的双音词"了结、了当、了却、了竟、了绝、了收、了饮、了语"等几乎都由"结束、了结"义引申出"杀死"或"死亡"义，盖因人死万事休，人死了就是生命的结束，所以从"结束、了结"义引出"死亡"义是很合情理的。《汉语大词典》对上举各词的解释都包含这两个义项，就是一个明证：

【了结】1. 结束。《红楼梦》第四回："这样说来，却怎么了结此案？"鲁迅《书信集·致郑振铎》："如是，则明年年底，可以了结一事了。"2. 杀死。夏衍《秋瑾传》第三幕第一场："你这狗东西，我先得了结你。"

【了当】1. 完毕；停当。《三国演义》第十四回："玄德吩咐了当，乃统马步军三万，离徐州望南阳进发。"2. 结果。指杀掉。《初刻拍案惊奇》卷十四："何不了当了他，到是干净。"《二刻拍案惊奇》卷十七："贼人已了当了，放心前去。"

【了竟】了结，完结。亦指死。唐刘餗《隋唐嘉话》卷上："雄信揽辔而止，顾笑曰：'胡儿不缘你，且了竟。'"

【了绝】1. 了结；结束。宋苏轼《应诏论四事状》："诸处见欠蚕盐和预买青苗钱物，元是冒名，无可催理……以此，积年未能了绝。"2. 指置人于死地。《初刻拍案惊奇》卷三八："更有一等狠毒的，偏要算计了绝，方才快活的。"

【了却】1. 结束，办完。宋黄庭坚《登快阁》诗："痴儿了却公家事，快阁东西倚晚晴。"2. 除掉，杀死。《四游记·三藏历尽诸难已满》："一洞山妖俱被行者了却。"

六朝时有所谓"了饮"，指一种边唱挽歌边哭泣的豪饮。又有所谓"了语"，如"白布缠棺竖旐旗"。（见《世说新语·排调》）可见从古到今，"了"都被赋予了"死亡"的特殊意义。

说到这里，"埋单"的语源呼之欲出。"埋"有埋葬义，人死了才被埋掉，人被埋掉了，就是生命的了结，就是人生的结束。正是沿着这样的联想，"埋"产生了"了结、结束"义。下面一例直接点出埋葬入土与了结生命的语义联系：

（6）您则是男儿得志秋，我早则归地府，葬荒丘，是一个了收。（元曲《霍光鬼谏》第三折。"葬荒丘"就意味着生命完了与收场。)

2.3 由"死亡"引申为"了结"——义位的双向引申

词所衍生的新义一般是有理据可循的，由"结束、了结"义引申为指人死亡或使人死亡符合思维的逻辑，前面所举大量"了"语素构成的合成词普遍产生"死亡"义就是明证。有些义位关系密切，相互之间可以双向引申，比如"了结"义和"死亡"义，不仅可以从"了结"义引申为"死亡"义，也可以从"死亡"义引申为"了结"义。"埋"的"了结"义就是沿着"人被埋＝人死亡＝生命了结"这一逆向联想而产生的。由"埋"到"结束"比之于从"死亡"到"了结"增加了"人被埋葬"这个环节，拐了个小弯子，不如前者直观；而且"埋"进一步语法化为语法成分的现象只见于粤语，通行范围过窄，这就是为什么很多人难以寻其语源的原因所在。

因为"埋"有"了结、结束"义，"单"指账单，所以"埋单"就是"了结账单"也就是"结账"义。

前面指出，"了账"由了结账目引申指人死亡，在"了结账目"一义上"埋单"是它的同义词。根据同义词类同引申的规律，不仅"埋"可以指人死亡，"埋单"也应可以指人死亡。事实正是如此。2007年我到法国巴黎开会，旅法港人学者游顺钊教授（时年七旬）告知，他小时候在香港听人说过"这个人埋单了"，用于谐称人死了，完了。次年，又在邹嘉彦、游汝杰（2007）"埋单"条"背景知识"下看到"也指人死了"的提示，这些都成了前面演绎出来的结论的有力佐证。

三

3.1 由"埋"组合的双音词

粤语中有许多由"埋"做动词语素组合而成的双音节合成词，孤立地看，"埋"的语义杂乱无章，但抓住"掩埋"这个核心义，就可以梳理出其辐射型的引申义及其层次。即：

```
                    靠拢、靠近→进、入
                         ↑
     ┌（埋合）──→闭合──→聚合──→总合
   埋 │
     └（死亡）──→了结、完结
```

上图表明："埋"从本义"埋葬、掩埋"分别衍生出"埋合"系与"死亡"系两个系列的引申义，其中"埋合"系的"聚合"义又分蘖出"靠拢、靠近"子系引申义。下面就按这一脉络和层次举例说明（其中例子除特别说明外，皆引自白宛如，1998）。

3.1.1 （A）埋：埋合（掩埋：用土把坑穴合上）

a) 闭合；掩闭

　　埋口：伤口愈合。旧时指商店倒闭。

　　埋闸：店铺晚上关门。

b) 聚合；组合

　　埋堆：合在一处；聚在一起。

　　埋㧎［kau］：结成块；凝成团。

　　埋班：指组织戏班子。

　　埋会：若干人组织钱会。

　　埋行：同行业者组织起来。

c) 总合；合计

　　埋柜：店铺每晚结算账目。

　　埋数：商店每晚结账数钱。也就是清理了结一天的营业额。

3.1.2 （B）从"聚合、合拢"义引申为：靠拢；靠近。不仅在合成词中做语素，还可以单独使用，做动词或形容词（单用例为麦耘同志提供）。

a) 靠拢；靠近

　　埋岸：（船）靠码头。

　　埋街：上岸；靠岸。（麦耘告知：广州的码头就在马路边）

　　埋年：接近年底。

埋站：靠站；到站。
　　　你埋呢边来。（你往这边靠过来）
　　　要埋去先睇得真。（要靠近去才看得清楚）
　　a')近（形容词）
　　　张台摆到离门口埋得滞喇。（那桌子摆得离门口太近了）
　　　你两个唔好徛咁埋。（你们俩别站得那么靠近）
　　b）入；进
　　　埋笼：（家禽晚上）进笼、入窝。
　　　埋手：入手；下手。
　　　埋位：入座。
　　　埋席：入席；就坐。
"入、进"义应是从"靠近"义引申而来。从"靠近"到"进入"，一个强调过程，一个强调结果。①
　　c）适合
　　　埋腩：（食物）很实惠，使人感到满足。即合胃口。
　　此义应从"入"引申而来，这跟"入眼"义为"中看"的义理一样。
　　3.1.3　埋（死亡）：了结、结束（掩埋：人死被掩埋，意味着生命的了结）
　　　埋尾：收尾。
　　　埋单：了结账单；结账。
　　通过上面的分析归纳，我们注意到"埋"的"总合"义与"了结"义都可以用于结账，在结账义上它们有重合处，盖因结账本身就包含了汇总数目、了结账目这两个环节。"埋单"侧重于"了结账目"，"埋柜、埋数"侧重于汇总数目。
　　类似的情况有元明清时代的"会钞"，词义为付款或收款。元施惠《幽闺记》22出有两例"会钞"，一指付款，一指收款。其作付款解者如："那官儿不去了，一发明日会钞。"其作收款解者如："你可与我开张铺面，迎接客商。你在外面发卖，我在里面会钞记账。"作付款解的"会钞"相当于结账，

---

①　"埋"的语素义"入、进"或可解释为从"掩埋"义直接获得，因掩埋就是使人或物入土。

侧重于"了结账目";作收款解的"会"字取义于"聚合,汇总"。如此,则"会钞"由"汇总钱钞"特指结账;而"埋单"无论从"了结"义还是"聚合"义都能产生出"结账"义。但"埋单"跟"了账"一样有"了结、死亡"义,而"会账"没有,所以本文认为"埋单"的"埋"源自"了结"义更为合理。①

3.2 "埋"用作助词

"埋"用在动词后做补语,其语法意义跟动词"埋"主要有"聚合"与"了结"两系引申义密切关联。3.2.1 至 3.2.3 跟"聚合"义相关,3.2.4 与 3.2.5 跟"了结"义相关。各节论述参考了张洪年(1972)、白宛如(1998)二著,语料多取自二书及杨永龙先生提供的 19 世纪的《汉语读本之广东方言》,引自该书者在括注中简称《读本》(用字及标点仍旧,普通话译文是笔者所加,引自张著、白著者分别注《张》或《白》)。

3.2.1 "埋"用在动词后做补语,表示聚集在一起,加合在一起:

（7）三个合埋点呢？三个合在一起怎么样呢？（《读本》）

（8）喺西国有好多兵、时时聚埋、预备打仗。西方国家有好多士兵,经常聚集在一起准备打仗。（《读本》）

（9）唔喺话中国细、中国好大地方、但係通天下计埋就大过中国好多咯。不是说中国小,中国地方很大,但是全天下加在一起就比中国大好多。（《读本》）

（10）大家坐埋倾偈。大家坐到一块儿聊聊天。（《张》）

3.2.2 "埋"用在动词后做补语,表示连同、连带,即把其他人或事物也包括在内,在句中可对译为"也"或"连"。显然,这种语义是从

---

① 现在北京一些传统酒家仍用"会"表示结账,我亲见客人结账离席后,身着中式服装的小二(服务员)大声唱道:"会过!"意思是客人已经结过账了。

附带说明,"会钞"在元本《老乞大》中作"回钞",例如:"吃了酒也,回了酒钱去来。量酒,来回钞!"又:"你试尝,酒不好,不回钞。"而同一段文字到了明本《老乞大谚解》中则用"会":"吃了酒也,会了酒钱去来。""回、会"声调不同,"回"应不是"会"的音借字。"回"字动作有双向性,从店家角度是收回应得的钱,从食客角度是送回应交的钱,用"回"字自有其理据。

"聚合在一起"义进一步虚化而来的。有如下四种句式：

A) "V 埋"
(11) 俾埋呢啲过佢。连这些也给他。(《张》)
(12) 我哋存款都畀埋渠咯。我连存款也都给他了。(《白》)
(13) 送埋呢本书畀你。连这本书也送给你。(《白》)
(14) 揾埋渠喇。把他也找上吧。(《白》)
(15) 你食埋我份喇。你把我的那份也吃了吧。(《白》)。

B) "N 都 V 埋"
(16) 呢间铺头呀，腊肠都卖埋。这家店铺连腊肠也卖。(《张》)
(17) 唔啱你都去埋啦！不如连你也去吧！(《张》)
(18) 衫裤都整污糟埋。连衣服裤子全都搞脏了。(《白》)
(19) 呢个机会都冇埋。这个机会都没有了。(《白》)

C) "连/同 N（都）V 埋"
(20) 同我攞埋。把我的也拿来。(《白》)
(21) 连我都打埋。把我也打了。(《白》)

在 B、C 类句式中，既在前面加副词、介词"都/同"或"连/同 N 都"，又在动词后面用表示连同的助词"埋"，是前后呼应的强调式。由于"同"与"V 埋"的"埋"都表示"连同"，语义相同，所以在双音节化趋势的促动下，就连用为"同埋"。"同埋"是同义并列结构，意思是"连同，和"，可以做介词或连词，甚至还可做副词：同埋去上学。同类结构的介词、连词还有"连埋、共埋"等。

D) "连埋 N 都 V 埋"

(22) 佢连埋你都一起闹埋。他连你都一起骂。(《张》)

这种前面用了"连埋"后面再加"V 埋"的句式，强调的语气最为强烈。

3.2.3 用在动词后做动相补语，表示趋向或结果，"埋"有时相当于"到""上""成"等：

(23) 扔埋水头。扔到水里。(《白》)

(24) 将两条绳连埋咗。把两条绳子连起来。(《张》)

(25) 闩埋门读书。关上门读书。(《白》)

(26) 眯埋眼养神。闭上眼养神。(《白》)

(27) 黐（粘）埋一齐。粘成一块儿。(《白》)

(28) 围埋一堆。围成一堆。(《白》)

这种补语义的产生跟"埋V"的聚合义相关。

3.2.4 用在动词后做补语，表示"把某种进行中的动作，进行至完毕为止"（张洪年语），"V埋"相当于"V完结"，一般不独立成句，须后续另一小句，表示前一个动作完成后再发生后一情况：

(29) 食埋碗饭，就嚟喇！吃完这碗饭就来了！(《张》)

(30) 睇埋呢个节目，就好去瞓觉喇！看完这个节目，就要去睡觉了！(《张》)

(31) 我要做埋啲野至去。我要做完这事再去。(《张》)

(32) 洗埋衫先至出街。洗了衣服再上街。(《白》)

(33) 食埋饭至去睇电影。吃了饭再去看电影。(《白》)

(34) 做埋呢两日至去。做完这两天再去。(《白》)

3.2.5 用在动词后做补语，表示消耗尽，不剩下，"V埋"相当于"V光""全V了"，可以独立成句：

(35) 食埋呢碗饭。这碗饭吃光。(《白》)

(36) 抄埋呢页书。把这页书全部抄了。(《白》)[1]

---

[1] 有些句子脱离了语境会有歧义，如：
抄埋呢页书。(把这页书也抄了 或 把这页书抄完)
睇埋呢场戏。(把这场戏也看了 或 把这场戏看完)

（37）睇埋呢场戏。看完这场戏。(《白》)

3.2.4 和 3.2.5 中"V 埋"表示"V 完结"或"全 V 了"，应是"埋"的"了结、完了"义的引申。比如"吃完了"既可以表示吃这一动作结束了，又可以表示把东西全吃光了。"埋"的这两种用法跟"了"在其他动词后面做补语是完全平行的。

四

4.1 由"埋单"到"买单"

"埋单"在进入普通话时逐渐被改造为"买单"，这是由于北方地区"埋"只有动词"埋葬、埋在地下"之类的意义，没有引申出"聚拢"义或"了结"义。而且，在一般的餐馆里，也没有把账单反扣放在盘子里交给付款人的习惯。再加上"埋"的词义色彩偏于消极、负面，人们从心理上也不易接受。于是人们根据自己的理解，选择了一个跟"埋"音近、跟"埋单"结构相同的"买单"来替代。"买单"就是支付账单上的钱数，在词面上更直观。

"买单"代替了"埋单"之后，词义和用法有了发展变化，从指在餐馆结账付款发展到在一切消费场所结账付款，以至进一步广泛用于支付行为。张春华（2009）指出由"买单"还类推出"免单"一词。这说明跟本地语言、文化有较大差异的外来借词往往要经过改造才能在当地扎下根来，一旦它进入当地的词汇系统，就会依照规律发展变化。

4.2 结论与余言

本文根据汉语类化构词和类同引申的规律，通过演绎推理的过程，考证出"埋单"一词以及由"埋"组合的一系列合成词的意义来源及其引申脉络；以此为基点，扼要描写和解释了"埋"在粤语中的句法功能、语法意义等。由于笔者不懂粤语，所论难免有疏漏不当之处，诚请方家指正。

用演绎的方法，根据汉语构词上和词义引申的上述规律考证词语的来源十分有效,具有普遍的适用性。比如关于"杜撰"一词的来源,众说纷纭,莫衷一是。诚如《词源》所云:"杜撰之源,说法不一,……皆不足信。"十几年前笔者曾根据"臆测"一词推测"杜撰"的原本词形应为"肚撰",即"杜"的本字应为"肚"。盖"臆"者胸也,"胸、臆、肚、腹"属同一义域,常用来借指人的心智、思想、头脑,如"胸有成竹、心知肚明、腹有诗书"等。但当时仅停留于推测,未去搜寻文献例证。后来在《辞书研究》上看到姚永铭、崔山佳(2005)一文,其中引用了文献中写作"肚撰"的用例。读后一则以喜,一则以愧,现转引于下,借作本文通过演绎的路径考释词源之佐证:

唐释慧琳《慧琳音义》卷三九"焓侪"条:"译经者于经卷末自音为领剂,率尔肚撰造字,兼陈村叟之谈,未审焓侪是何词句。"

明金木散人《鼓掌绝尘》一回:"许叔清也不再辞,……想了三四想,遂说道:'有了,有了。只是肚撰,不堪听的,恐班门弄斧,益增惭愧耳。'"

又四回:"杜开先道:'已肚撰多时,只候老伯到来,还求笔削。'"

另外,《汉语大词典》有"臆撰"一词,释作:犹杜撰。清纪昀《阅微草堂笔记·如是我闻一》:"语颇近理,似非媪所能臆撰也。""臆撰"一词的出现,也可证"杜撰"的本词形应为"肚撰","杜"是"肚"的同音借字。

参考文献

白宛如:《广州方言词典》,江苏教育出版社 1998 年版。

曹国军:《关于"埋单"与"买单"》,《修辞学习》2005 年第 1 期。

韩珂:《"打的""埋单"从何而来》,《中国工会财会》2006 年第 4 期。

江蓝生:《演绎法与近代汉语词语考释》,《语言学论丛》第二十辑,商务印书馆 1998 年版。

江蓝生:《相关词语的类同引申》,《近代汉语探源》,商务印书馆 2000 年版。

金晶：《"买单"与"埋单"》，《读写天地》2006年第5期。

李亮：《"埋"单自有道理》，《咬文嚼字》2004年第11期。

林秋茗：《从"埋单"到"买单"：粤语模因在普通话中的复制》，《语言教学与研究》2009年第4期。

姚永铭、崔山佳：《"杜撰"和"肚撰"》，《辞书研究》2005年第2期。

詹伯慧、陈晓锦：《东莞方言词典》，江苏教育出版社1997年版。

张春华：《新词语构造的合力机制》，《语言文字应用》2009年第2期。

张洪年：《香港粤语语法的研究》，香港中文大学出版社1972年版，第112、158—161页。

邹嘉彦、游汝杰：《21世纪华语新词语词典》，复旦大学出版社2007年版。

Bridgman, E. C.（裨治文）1841. *A Chinese Chrestomathy in the Canton Dialect*（《广州方言撮要》），澳门 S. WELLS WILLIAMS.

（原载《中国语文》2010年第4期）

说粤语词"是但"与"乜嘢"

前言

为庆祝詹伯慧先生八十华诞撰写此文。詹先生家学渊源，学问博洽，虽年届八旬，犹笔耕不辍，新作不断，著述丰盈。先生传道授业五十余载，门生弟子遍于华中、华南，乃至港澳、新马，桃李芬芳，枝繁叶茂，汉语言文字学之兴盛，汉语方言学科之建构，先生实有其功也。先生不仅埋首书斋，执鞭讲台，亦且关心社会语文生活，热心大众普及工作，其说理平易，持论稳当，拳拳之心，只为尽到学者的社会责任，此又詹先生令人敬佩之处也。詹先生学术专长为汉语方言学，尤专精于粤方言研究，盛会难得，良机不可错过，特择粤语词两则向詹先生及其门生弟子和各与会同道请教，非敢班门弄斧，实欲借问学捧场助兴，为詹先生寿！

一　是但

1.1　"是但"在粤语中是个常用词，未见其他现代汉语方言词典著录，古代白话小说戏曲等作品中也未见使用，是道地的粤语词。各部粤语词典均收此词，释义同中有异。试看以下由江苏教育出版社出版的三部粤语词典的解释[①]：

詹伯慧　陈晓锦《东莞方言词典》（1997年第46页）

[①] 麦耘等《实用广州话分类词典》391页解释为"随便"，饶秉才等《广州话方言词典》230页解释为"随便地、不认真地"。

是但 si tɛŋ ❶随便；不加限制；任凭：～食啲｜～倾下｜～都得。❷凑合；将就：冇乜餸，～食啦｜呢处条件唔好，住一两晚，～啦。

郑定欧《香港粤语词典》（1997年第39页）

是但 xi⁶ dan⁶ ❶不在范围、数量等方面加限制：～叫一个人去｜你～揾啲就得嘞。

❷怎么方便就怎么做；不多考虑：你钟意食乜嘢？——～喇 随便。

❸任凭；无论：公共电话‥边条街你都会揾到。

白宛如《广州方言词典》（1998年第63页）

是但 si²² tan²² 随便；两可：你食乜野啊？——～喇｜～要乜野都得。

詹本和白本中都主要用"随便"解释"是但"，郑本虽然在字面上没有出现"随便"二字，但其三个义项与《现代汉语词典》（第5版）"随便"条❷❸❹三个义项的释义完全相同。请看《现汉》（第5版）"随便"条的释义：

【随便】suíbiàn ❶（－//－）[动]按照某人的方便：去不去～｜随你的便。❷[形]不在范围、数量等方面加限制：～闲谈。❸[形]怎么方便就怎么做，不多考虑：我说话很～，请你不要见怪｜写文章不能随随便便，要对读者负责任。❹[连]任凭；无论：话剧也好，京剧也好，～什么戏，他都爱看。

可见以上三本都认为粤语的"是但"相当于普通话的"随便"，需要注意的是，郑本"是但"❷的释义虽然跟《现汉》"随便"❸相同，但用法并不一样，"是但"不能做形容词，不能把"我说话很随便"换说成"我说话很是但"。白本用"随便；两可"并列解释。白本在释义中加上"两可"似无必要，也不妥当，"两可"是两者都可以，而"随便"是任何都可以。詹本的第二个义项"❷凑合；将就"是"是但"的引申义，加得有道理。在普通话里"随便"有"不讲究、凑合"的用法，如：他单身一人，吃穿都很随便｜时间来不及了，随便吃点儿算了。正因为此，《现汉》第6版对"随便"的释义做了修改，增加了一个新的形容词义项："不讲究；凑合。"全文为（斜体字为6版的改动处）：

【随便】suíbiàn ❶(-//-) 动 按照某人的方便：去不去～｜你什么时候来都可以，随你的便。❷ 副 不加限制；没有确定的目的：～闲谈｜～走走看看。❸ 形 （言行）不多考虑；不慎重：我说话很～，请你不要见怪｜写文章不能随随便便，要对读者负责任。❹ 形 *不讲究；凑合：他单身一人，吃穿都很～｜时间来不及了，～吃点就算了。* ❺ 连 任凭；无论：～怎么劝，他就是不听｜话剧也好，京剧也好，～什么戏，他都爱看。

对照6版《现汉》"随便"的释义，粤语的"是但"跟"随便"❷❹❺的词义相对应、吻合，但用法上，"随便"既可做副词、连词，又可做动词、形容词，而"是但"不能受程度副词"很"修饰，主要功能是做副词或连词，其单独成句的用法则是副词用法的省略。请看下表：

	动（按某人的方便）	形（不慎重）	形（不讲究）	副（不加限制）	连（任凭、任何）
随便	+	+	+	+	+
是但	-	-	+	+	+

由上可知，"随便"和"是但"的核心义是没有限制，怎么样都可以，这

是其共同处，但是"随便"的副词、连词义很显然是从其动词、形容词义演化而来的，而"是但"的核心词义以及其副词、连词用法的理据则不易从字面直接获得解释。为解决这一问题，首先须对"是但"的构词语素逐一加以探讨。

1.2 "是但"的"是"

"是"可做总括之词，遍指某个范围内的所有个体，其义为"凡是，任何"。如"是人"即所有的人，任何人；"是事"即所有的事，任何事；"是处"即所有的地方，任何地方。兹以"是人皆有死"这一命题为例，如从总括整体的共性的角度来表达，可以换说成"所有的人都会死"或"凡是人都会死"；如果从整体中的个体的角度来表达，就可以换说成"每一个人都会死"或"任何一个人都会死"。表示总括、遍指的"是"就是基于这种逻辑转而表示任指义的。《红楼梦》第八十回有如下一例：

> 若静日静夜或清早半夜细领略了去，那一股香比是花儿都好闻呢。

这里的话题是菱花，菱花包括在花的范围之内，所以"是花儿"的意思就不宜换说成"所有的花"，而是刨除菱花之外的任何花，这样，"是花儿"在这里就指"任何花，不管哪种花，随便哪种花"之义了。

1.3 "是但"的"但"

"但"最初为范围副词，表示对范围的限制，相当于"只、仅"，至迟西汉已见，例如（引自席嘉169页）：

> 匈奴匿其壮士肥牛马，但见老弱及羸畜。（《史记·刘敬叔孙通列传》）

"但见老弱及羸畜"意思为"只见到老弱之人和瘦弱的牲畜"，"但"犹"只、仅"。此义在现代汉语中只存在于连词"不但"（即"不只"）和

"但愿如此"、"不求有功,但求无过","但见树木,不见森林"等固定格式之中。

到了唐代以后,"但"由"只"义引申出"只管、尽管"义,仍为副词。例如:

> 更深越墙来入宅,夜静无人但说真。(《敦煌变文集·捉季布传文》)

"但说真"意思是"尽管说实情",其意在于让对方敞开说,不要有任何顾虑。再如:

> 你但放心,我只不出去见人便了。(元杂剧《铁拐李》第二折)
> 此係私室,但坐不妨。(《红楼梦》第四回)

其中的"但"都是"尽管"义。所谓"尽管",就是"不必有任何顾虑,不要受任何条件限制"。这就使副词"但"由表示对范围的限制反向演化为表示没有条件限制。这种反向词义演化是在语义引申中发生的:只需如此(表限制),别的什么都不必顾虑(表无限制)。当言语交际者强调不必顾虑时(语义重心后移),"但"就由表限制引申为表示不受限制。"尽管"表示"不受限制",跟"随便❷""不加限制"的词义有了交集,但又不等同于表示任意条件的"任凭、随便","但"表示任意条件跟复音词"但是"有关。

"但是"表示充分条件,相当于"只要是、凡是",最初应是副词"但"修饰系动词"是",习用之后凝固为偏正结构的复音词,自唐代以来已很普遍。例如:

> 窦家能酿销愁酒,但是愁人便与销。(元稹《劝酒》诗:只要是愁人就替他销愁)
> 开元中,峡口多虎,往来舟船,皆被伤害。自后但是有船将下峡,即预一人先饲虎,方举船无恙。(《太平广记》卷四二六《解颐录》)

"但是愁人"即"只要是愁人，凡是愁人"，"但是有船将下峡"即"只要有船将下峡，凡是有船将下峡"。"只要是"表示充分条件：只要是A，就会产生B；"凡是"为总括之词，表示遍指，即在某一范围里的个体没有例外，也能表示充分条件：凡是A，都会B。因此二者语义相通，这也是除了"但是、凡是"之外还有"但凡"一词的原因所在。

如上所述，表示充分条件的"但是"也能表示总括、遍指，相当于"凡是"。因为某个范围内的所有个体的特性也就是这个范围内的任何一个个体的特性，所以表示遍指（总括）的"但是"在一定语境内可转为任指（任何、不论哪个），这时"但是"既相当于"凡是"，又相当于"任何"。例如：

> 但是好花皆易落，从来尤物不长生。（刘禹锡《和杨师皋给事伤小姬英英》诗）

"但是好花"既可以说成遍指性的"凡是好花"，也可以说成任指性的"任何好花"，这样，"但是"就由表示遍指转而表示任指，其意义相当于"任何、无论什么"。这跟上面谈到的"是"转表任指的理据相同。由此我们认为，粤语的"是但"是由表示任指义的语素"是"和"但"连用组合而成的同义并列结构，其核心词义是任意，所以它可以用同样表示"随意、不加任何限制、无论怎样都行"的"随便"来对释。

二 乜嘢

2.1 粤语中"乜"和"乜嘢"（也作"乜野"）都是方言音借字，二者都能做疑问代词"什么"讲，但"乜"能问原因和目的，相当于"为什么"，而"乜嘢"不能；反之，"乜嘢"可用如"何物、什么东西"，而"乜"则不能。二者同中有异。下引白宛如《广州方言词典》442页对"乜、乜野"和28页对"野"的描写：

乜 [mɐt] 上入

（1）疑问代词，什么：渠~都唔知道｜你有~理由打我呢？｜因~事罢工呢？

（2）为什么（询问原因或目的）：~你噉样讲啊？｜~你唔食呢｜~渠唔来呢？

乜嘢［mɐt iɛ］上入、阳上

（1）何物：买~？｜~来架？（这是什么东西呀）
（2）疑问代词。什么：为~？｜~事呀？｜你借~书呀？｜做~渠唔食饭呀？

嘢［iɛ］阳上

（1）东西，物件：买~｜食~。
（2）事情，工作：做~打烂嘢（干活儿打破东西）。

下表可一目了然地概括三者语义的异同：

	什么	为什么	什么东西	物(东西)
乜	+	+	−	−
乜嘢	+	−	+	−
嘢	−	−	−	+

"嘢"当"物、东西"讲，在粤语区使用非常普遍。其读音多为［jɛ］（调值略有差别），如广州（13）、阳江（21）、番禺市桥（13）、增城（13）、新界锦田（23）、澳门（13）等地；也有一些地方读［ia］，如珠海前山（23）、中山石岐（213）等。它只是个粤语记音字，在古今字书和文献中未见踪迹，除客家话外，其他方言也不见使用，考证起来颇有难度。它既然是个记音字，就应从语音上入手寻其本字，但是跟"嘢"读音相同或相近的字中又找不到意义跟"物、东西"相同、相近的词，看来仅

用通常考本字的办法是不够用的。笔者近年研究变形重叠词问题，受到汉语词汇史上音变构词现象的启发，尝试从这一视角探寻"乜嘢"一词的产生以及"嘢"字得义的理据。

2.2 "乜"的本字为"物"

拙文（1995）梳理了吕叔湘（1985）、太田辰夫（1988）、志村良治（1984）等各家对"甚麽"来源的研究成果（其中也加进了笔者的意见），现根据本文论题的需要，揭举学界意见基本一致的几点作为背景：

（1）"甚麽"的前身是唐代文献始见的"是物"，"是物"的"物"跟六朝疑问代词"何物"的"物"有语源关系。如：

> 何物：北方何物可贵？（《世说新语 言语》）| 陆逊、陆抗是卿何物？（同上，方正）| 何物鬼担去？（《异苑》）| 何物老妪，生宁馨儿？（《晋书 王衍传》）

如果说"北方何物可贵"的"何物"还可看作词组（什么东西），那么其他几例则只能看作疑问代词了。唐时，"何物"又作"何勿"，显示其已完全词汇化：

> 何勿："等道"，犹今言"何勿语"也。（《后汉书 祢衡传》李贤注）| 君是何勿人，在此妨贤路？（敦煌本《启颜录》）
> 是物：未审别驾疑～？（石井本《神会语录》）| 见无物唤作～？（敦煌本《神会语录》）

（2）"是物"又作"是勿、是没"（8世纪中叶），"是物"连读音变为"甚"或"甚没"（9世纪），现根据中古音并参考志村（1984）将这一过程图示如下：

zje　　mjuət → zje muət → zjəm → zjə^{m}muət → zjemmua → zjəmma
是承纸切物文弗切　是 没莫勃切　甚常枕切　甚　物　　甚没母果切　　甚摩

下面各举一例：

是勿儿得人怜？（《因话录》）
是没是因？是没是缘？（敦煌本《大乘无生方便门》）
于身有甚好处？（敦煌本《燕子赋》）
若不是夜地，眼眼不瞎，为甚物入入里许？（《启颜录吃人》，《太平广记卷 248 引》）
是甚没人？……作甚没来？（敦煌本《李陵变文》）
甚摩处来？（《祖堂集》卷 20）

(3) "甚没"的"甚"[-m] 字又作"什"[-p]，盖因彼时（9 世纪）某些方言当 [-p] 位于鼻音之前时音变为 [-m] 所致；10 世纪出现"什摩"，11 世纪出现"什麽"：

前生为什没不修行？（敦煌本《阿弥陀经讲经文》）
贵姓什摩？（《祖堂集》卷 4）
在什麽处？（《景德传灯录》卷 8）

(4) 唐五代文献中用作疑问代词的"没、莽"等应是"是物"的"物"的方音借字：

金刚经道没语？（《神会语录》）
缘没横罹鸟灾！（敦煌本《燕子赋》）
今受困厄天地窄，更向何边投莽人？（敦煌本《捉季布传文》，唐五代西北方言"莽"白读音与"没"音近）

这种单用作疑问代词的"没"后世多用"麽"字"吗"字，闽、客、粤等东南方言多用"乜"。

笔者认为"物"字单用作疑问代词是词义沾染所致，由于"何物"长期高频使用，使原本为构词语素的"物"沾染上了疑问词"何物"或

"何"的疑问词义［同理，"边"由"阿那（哪）边"沾染上问询处所义］，起初它不太能单独使用，要跟系词性的"是"连用才行，后来才渐次具有独立使用的功能，不过在句首做主语时仍受限制，要与"是"组合使用。

"是物"做疑问代词今闽南话仍存其旧，闽南话问事物可单用"物"miʔ，也可用"是物"sim miʔ，这两种用法的"物"在闽南民间唱本里大都写作"乜"（黄伯荣《汉语方言语法类编》）。闽南话中"乜"与"物"声韵相同，各地只声调有异。如《海口方言词典》页4：乜 mi⁵⁵（长入）：什么。乜物 mi⁵⁵mi³³（长入、阳去）：什么东西；什么。《雷州方言词典》页5：乜物 mi⁵⁵mi³³（阳去、阳上）：什么东西。粤方言和客家话的疑问代词也作"乜"，语音相近，如粤语广州话"乜"读 mɐt⁵ 或 mɛ⁵⁵，广东中山南蓢合水客话"乜嘢"的"乜"读 mɐt³³。由于这三种方言中"乜"的语音和功能上的相近或相同，我们有理由假设或认为粤语、闽南话、客家话的疑问代词"乜"有一个共同的来源——"物"。即：

粤语：mjuət ——→muət ——→ mɐm/mɐm/ɐm

闽语：mjuət ——→mjət ——→mit ——→miʔ/mi

2.3 "嘢"与"乜"同源

下表把粤语广州话与闽南语海康话跟"乜"相关的词语的语义作一比较：

	什么	物、东西	什么东西
粤语：广州	乜 mɐt⁵、mɛ⁵⁵		
	乜嘢 mɐt³⁵ jɛ¹³、mɛ⁵³ jɛ¹³	嘢 jɛ¹³	乜嘢（音同左）
闽语：海康	乜 mi⁵⁵		
	乜乜 mi⁵⁵ mi⁵⁵		乜 mi⁵⁵

上表表明：

（1）粤语广州话中"什么"既可以单用"乜"表示，也可以用"乜嘢"表示，而"乜嘢"既是单纯词"什么"，又是短语"什么东西"。

（2）闽语海康话中"什么"既可以用"乜"表示，也可以用"乜乜"表示；"乜"既做疑问词"什么"，也做名词"东西"。

（3）粤语的"乜、乜嘢（什么）、嘢"分别跟闽语的"乜、乜乜、乜（东西）"对应相当，所不同的是，海康话的"乜乜"不兼表"什么东西"。

由此，我们想到："嘢"既然与闽南话的名词"乜（东西）"词义完全相当，疑问词"乜嘢"又跟"乜乜"相当，而闽南话疑问代词和名词"乜"都源自"物"，那么粤语的"嘢"也应该跟"物"有某种关系。闽语的"乜乜"即"物物"，本是偏正结构（什么东西），但在表层形式上类似一个重叠词，于是，笔者提出如下的假设：如果把"乜乜"看作一个重叠词，那么"乜嘢"是"乜乜（物物）"的变形重叠形式。试说明如下。

"物"的上古音和中古音构拟：

上古音：明母物韵 mǐwət（《汉字古音手册》147 页）
中古音：mǐuət（《音韵学教程》147 页）

也有构拟为 mjuət 的，大同小异。根据中古音，我们推测粤语用作疑问代词的"乜"（源自"物"_{文弗切}）发生了如下的历史音变：

mǐuət > muət > mət

"乜乜"（即"物物"，什么东西）在海康话里的读音为 mi[55] mi[55]，那么，我们有理由把广州话"乜嘢"（什么东西）mɛt[35] jɛ[13] 的前身或曰底层推测为"乜乜（物物）"mət mət，mət mət 后一音节改变声母就变成 mət jət。jət 舒声化后音变为：jət > jɐ > jɛ。这种后一音节改变声母的现象并非特例，它跟汉语的变形重叠现象具有共同性。图示如下：

不变形重叠：物物（乜乜）mi mi（闽南语海康）
变形重叠：物物（乜乜）mət mət > mət jət > mət jɐ > mət jɛ / mɛ jɛ（粤语）

广东中山南萌合水客家话"乜嘢"mɛt³³ia⁵²的读音跟粤语相近，同样可看作是"物"的变形重叠形式：mǐuət > miət + iət > mət iət > mɛt iɛt > mɛt iɛ > mɛt ia ①

2.4 拙文（2008）曾论述古代、近代一些变形重叠词的特点和规律，其中有一种为变形重叠为顺向变声重叠，即变形重叠词的后字韵母与前字同，而声母与前字不同。例如表示短时义的"须"顺向变形重叠为"须臾"：须→须臾。重叠词后字"臾"跟前字"须"的韵母相同，都属古侯部；而声母不同，"须"为心母，"臾"为餘母。从意义上看，在顺向变形重叠词中，只有前字表义，可独立运用；后字不表义，只起补充音节作用。整个变形重叠词的意义跟其前字或相同，或相关。如"须臾"中只有"须"字表"短时"义，"臾"字不为义，"须臾"的词义跟"须"相同。从变形重叠的角度看，本文所论"乜乜"（物物）虽为偏正结构，但表层形同不变形重叠词；而"乜嘢"（物物）虽为偏正结构，其表层则可看作"乜（物）"的变形重叠词。即在疑问代词"乜嘢"中，"乜"和"嘢"韵母相同，声母不同，与顺向变声重叠相同；在意义上，只有"乜"可单独做疑问代词，"嘢"不能，只起增加音节作用，"乜嘢"的语义就相当于"乜"。

另一方面，粤语中既可用双音节"乜嘢"mɛtjɛ做疑问代词，也可以单用第一个音节"乜"mɛt做疑问代词。这样，"嘢"就成了一个不承担表义作用的羡余音节，这不仅引发了"乜"和"乜嘢"功能分工的调整（功能完全重合不符合语言的经济性），而且也促使"乜嘢"的"嘢"在意义上被重新分析为"物"。因为"乜嘢"相当于疑问词"乜乜、何物"（什么），而"乜乜、何物"的底层为偏正结构（什么东西），所以在类推心理的作用下，"乜嘢"也被重析为偏正结构"什么东西"。这里经过了"分析—综合—分析"的循环过程：

---

① 粤语开平赤坎疑问代词"乜阿"[mbuɔt⁵⁵a³³]，与"乜嘢"是同类现象，后一个音节[a]应是复元音简化而来。粤语阳江话中疑问代词"乜"（什么）读mi⁵⁴或miɛŋ⁵⁴，其中miɛŋ音可视为mi和iɛŋ的合音形式，其底层与"乜嘢"一样，应源自"物+物"，待考。

物物（偏正短语：什么东西）＞乜嘢（变声重叠单纯词：什么）＞乜嘢（偏正短语：什么东西）

在偏正结构"乜嘢"中，"嘢"获得了名词"物"的语义。从根本上说，"嘢"之所以能够被重析为"物"，是因为它原本来自"物"，只不过是"物（乜）"通过顺向变形重叠产生的变音罢了。

跋语——并非多余的话

对于一个既不懂粤语，又不懂闽南语和客家话的北佬来说，要准确地考释粤语疑难词其难度可想而知。本文的写作诚然出于专业上的好奇心，但更直接的动力是为了给詹先生祝寿——总该选个跟詹先生的学术领域有些关系的题目吧；特别是想到届时会有许多语言学同行莅会，对我来说是一个难得的讨教机会。文中对"是但"和"乜嘢"两个粤语词的考释，前者可能大体靠谱，后者自知比较单薄甚或有疏失之处，本想续加斟酌推敲，奈载稿期过，时不我待，只得不揣浅陋，将这篇急就章拿出，待听取各位同人意见之后再做修改。

参考文献

白宛如：《广州方言词典》，江苏教育出版社 1998 年版。
郭锡良：《汉字古音手册》，商务印书馆 2010 年版。
黄伯荣：《汉语方言语法类编》，青岛出版社 1996 年版。
黄小娅：《粤方言用字一百多年来的演变》，单周尧、陆镜光主编《第七届国际粤方言研讨会论文集》（《方言》增刊），商务印书馆 2000 年版。
江蓝生：《说"麽"与"们"同源》，《中国语文》1995 年第 3 期；另载《近代汉语探源》，商务印书馆 2000 年版。
江蓝生：《变形重叠与元杂剧中的四字格状态形容词》，《历史语言学研究》第一辑；另载《近代汉语研究新论》，商务印书馆 2008 年版。
江蓝生、曹广顺：《唐五代语言词典》，上海教育出版社 1997 年版。
吕叔湘：《近代汉语指代词》，学林出版社 1985 年版。

麦耘、谭步云:《实用广州话分类词典》,广东人民出版社 1997 年版。

饶秉才、欧阳觉亚、周无忌:《广州话词典》,广东人民出版社 1997 年版。

[日]太田辰夫:《中国语史通考》,白帝社 1988 年版;另有中译本《汉语史通考》,江蓝生、白维国译,重庆出版社 1991 年版。

唐作藩:《音韵学教程》(第三版),北京大学出版社 2008 年版。

席嘉:《近代汉语连词》,中国社会科学出版社 2010 年版。

詹伯慧、陈晓锦:《东莞方言词典》,江苏教育出版社 1997 年版。

张振兴、蔡叶青:《海口方言词典》,江苏教育出版社 1996 年版。

张振兴、蔡叶青:《雷州方言词典》,江苏教育出版社 1998 年版。

郑定欧:《香港粤语词典》,江苏教育出版社 1997 年版。

[日]志村良治:《中国中世语法史研究》,三冬社 1984 年版;另有同名中译本,江蓝生、白维国译,中华书局 1995 年版。

(原载甘于恩主编《田野春秋——庆祝詹伯慧教授八十华诞暨从教五十八周年纪念文集》,暨南大学出版社 2011 年版)

附:詹伯慧先生八秩华诞贺词(2011-6-28)

尊敬的詹伯慧先生,

各位来宾,老师们、同学们:

在这盛暑时节,我们欢聚一堂庆贺詹伯慧先生八秩华诞,我代表中国社会科学院语言研究所的同仁对詹先生和詹夫人表示热烈的祝贺!祝贺詹先生在语言学研究上所取得的卓越成绩,祝贺詹先生年届八旬依然能幸福地从事学术研究工作!祝贺詹先生弟子满园,桃李遍天下!

詹先生出身书香门第,家学渊源,又能厚植基础,博览专精,故而在汉语方言、汉语辞书、汉语应用和汉语规范等诸多领域都取得了令人瞩目的成就。詹先生能讲三种纯正的汉语方言,而且是三种最难懂、最难学的方言:潮州话、客家话、广州话,这为他成为一位优秀的语言学家奠定了他人难以相比的深厚基础。詹先生兼有良好的文学修养,书法也自成风格,颇见功底,在语言学家当中,像詹先生这样文学、书法修养深厚的学者实不多见。詹先生学术专长为汉语方言学，尤精于粤方言研究。改革开放以来，詹先生站在学术战略的高度，有计划有步骤地组织学生调查珠江三角洲方言、粤北十县市粤方言、粤西十县市粤方言，一时间，当代𬨎轩使者的足迹踏遍南粤大地的青山绿水，一本本方言调查报告相继问世，一批批年轻学子迅速成长。他主编了高校通用教材《汉语方言及方言调查》、《广州话正音字典》、《广东粤方言概要》等一批重要的方言学专著，为推进汉语方言学的学科体系建设，为方言学研究的蓬勃发展，为方言学科队伍的日渐壮大做出了卓越的贡献。汉语方言学在祖国的南方得以兴盛繁荣，这其中詹先生贡献甚多，功不可没。詹先生不同于一般只专注于自己做学问的学者，他很关心国家语文政策的制定与贯彻执行，关注社会的语文生活，敢于并善于直面现实的语言文字问题。当有政协委员连续两年提出"恢复繁体字"的提案的时候，当广州一些群众提出"保卫粤方言"的时候，他都或撰文、或接受访谈，深入浅出地阐释国家语文政策，面对媒体直抒己见。他认为，为汉语规范化服务是语言文字专业人士"责无旁贷的光荣任务"，他正是这样一位热爱祖国、热爱家乡，珍惜祖国和家乡语言资源的有着高度社会责任感的人文学者。

年初我读到詹先生的近作《语文杂记》，詹先生实事求是、科学辩证的语文规范观给我留下了很深的印象。关于规范与应用的关系，詹先生认为规范应该"从应用中来，到应用中去"，体现"源自实践，服务实践"的精神。

关于规范化与多元化的关系，詹先生主张应该"既大力推广普通话，又充分发挥方言的作用"。"推广一种（普通话），保留多种（方言）；要并存并用，有主有从，各司其职。"在对待繁简字的问题上，他的态度是：在遵守规范，继续使用简化字的前提下，又提倡让繁简体字并存下去，在全球华人世界的汉字应用中来一个和谐共处，繁简由之。或"识繁用简"，或"识简用繁"。

关于语音规范的原则是从古还是从今、从众（约定俗成）的问题，詹先生明确表示"在粤语正音中，既要把握语音发展的历史继承性，又不能对已在群众中广为流行的俗读熟视无睹，而必须采取两者兼顾的做法。如果现代普遍读音跟古代反切已失去联系，我们就只能以'从今、从众'的态度来对待今音的厘定了"。前不久我参加了国家语委语信司召开的现代汉语审音工作准备会议，我认为詹先生的上述观点完全正确，应该成为今后审音工作遵循的重要原则。

关于如何处理规范与当今语言变异现象的关系，詹先生说："既不要在多姿多彩的语言现象面前眼花缭乱，无所适从；更不要动辄看不顺眼，评头品足。"对"新潮语、网络语言"等新事物、新现象要"等一等，瞧一瞧，别忙下结论"，"一定要多做收集、分析工作而别忙于说三道四，指手画脚，拨乱反正"，"须知语言规范工作永远都只能滞后而不能超前"。他的"少当语言警察，多做语言导游"的经典名言，深得同行们的认同，引用率极高。

2010年6月，针对广州有些人提出"保卫粤语"的口号，詹先生接受了《羊城晚报》记者的采访，从多角度阐述了国家推普政策的精神和推普与保留方言的关系，有些话很有震撼力。例如他说："应该明白，广州不仅仅是广州人的广州，它还是中国中心城市之一的广州，也是国际化的广州。怎么能不通行全国通行的普通话？""有人说'要保护粤语'，我不赞成。所谓保护，意思是敌人来了，被侵略了，可普通话真的是你的敌人吗？不是，它是方便全国人民相互交流的工具。"他一语中地指出："我们决不能有要以粤语来抵制普通话在广东推广的思想，那样想是绝对错误的。"这些掷地有声的话语出自温文尔雅的詹先生之口，使我很感意外。原来，在原则问题上，詹先生的态度是如此鲜明，眼光和胸怀又是如此宽广！可以想见，作为有权威的语言学家，詹先生的正确观点对纠正一部分人的误解会起到多么有效的作用。回想当时，我在北京也接受了某报记者的采访，我的基本观点虽然跟詹先生相同，但在表述上远没有詹先生那么全面、深刻，那么有穿透力。"姜还是老的辣"，我不得不由衷地佩服詹先生。

詹先生经常用"年龄可以老，学问却不能老化"来砥砺自己，他有一个永远不老的心态和永不满足的追求，因而他的学问总是能回应现实，做到与时俱进。詹先生的一幅书法条幅写着："莫放春秋佳日过，最难风雨故人来。"这正是詹先生一生爱读书、重友情的文士心怀的写照。因为不放过春夏秋冬的每一天，他因此著作等身，事业有成；因为把友情、乡情和师生之情看得很重，他因此赢得了朋友、乡亲们的真情和门生弟子们的爱戴。值此詹先生八十华诞之际，我再次向詹先生表示祝贺，表示敬意。祝詹先生生命之树常青，学术之树常青。

（原载《粤语研究》第十期，澳门粤方言学会 2011 年 12 月版）

说"踒躞"与"嘚瑟"

都说改革开放促使"粤语北上","打的、埋单"如今已通行全国；殊不知随着二人转和赵本山小品的走红，一些东北方言特色词也在逐渐南下，开始在全国传播开来，除了"忽悠、唠嗑、指定能行"之外，恐怕就是"嘚瑟 dė. se"了。"嘚瑟"一词不仅东北话用，北京、天津以及山东等地也使用，而南方地区几乎都不用这个词，南方人听了感到很生疏。"嘚瑟"二字是记音的，与词义无关。尹世超《哈尔滨方言词典》129 页释为：

> 嘚瑟 tɤ⁵³·sɤ❶轻浮地说话做事；令人生厌地表现自己：这家伙贼能～｜跑人家当官儿的跟前～个啥劲儿！❷无节制地花钱等：把钱都～光了。

第一个义项说通俗了就是"显摆、炫耀"。在这篇文章里，笔者拟考察"嘚瑟"得义的由来，追溯其语义、语音演变的轨迹，力求把历史和现实串联起来，总的结论是："嘚瑟"的源头是"踒躞"。

1 "踒"与"踒躞"

拙文（2008）曾论证"踒躞"是"踒"的变形重叠形式，即"踒"通过顺向改变声母重叠为"踒躞"。在"踒躞"一词中，只有"踒"是可以独立运用的语素，"躞"只是构成双音节重叠词的一个音素，没有任何意义。判定一个双音词是否为某个单音节词的重叠式应该有科学的标准，不能只凭主观感觉。孙景涛（1998：216）提出了区分变形重叠形式的三个步骤：

（1）先看这个双音形式中是否有一个可以独立运用于他处的音节（语素），如果有，便有可能是派生形式。

（2）要看这个音节（语素）跟这个双音形式是否有意义上的联系。如果有并且这种意义联系属于类别性的，并且只有这一个音节（语素）跟它参加构成的双音形式有这种意义联系，那么这个双音形式就是派生形式。

（3）要看这两个构成成分之间的语音关系，如果完全相同（表现在文字上即重言），并且符合上述要求，它就是重叠词；如果语音上不尽相同，但是其差别可以归入某种类型，即能找到许多平行的例子，这个双音形式仍可确定为重叠词。

用上述步骤检验，"蹀躞"每一项都符合标准，可以看作"蹀"的顺向变声重叠形式：

蹀 ⟶ 蹀　躞
diep　　diep siep

首先，"蹀"是可以独立使用的单音节动词，其义为踏，蹈。可用于人，也可用于马。

《广雅·释诂一》："蹀，履也。"
《淮南子·俶真》："足蹀阳阿之舞，而手会绿水之趋。"
《赭白马赋》："眷西极而骧首，望朔云而蹀足。"（南朝宋·颜延之）

其次，"蹀"（踏、蹈）跟"蹀躞"（小步行走）有类别性的意义上的联系，表示脚踏行走的动作，而且只有"蹀"这一个音节跟"蹀躞"有这种意义联系。第三，"蹀"与"躞"语音不相同，但二者有叠韵关系。从以上三点来看，可以判定"蹀躞"实为"蹀"的变形重叠式。"蹀"是词根，"躞"是衍生音节。

2. "跕"的多次变形重叠：跕—跕躞—趺躞躞/滴䞴跕躞

"跕"本为动词，重叠式"跕躞"除了仍做动词外，新产生了状态形容词用法，描状小步行走貌；马行貌。例如：

丈夫生世会几时，安能跕躞垂羽翼？（南朝宋·鲍照《拟行路难》诗之六）

此以小步行走比喻受拘束而不得肆意施展抱负。

跕躞骎先驾，笼铜报鼓衙。（唐·柳宗元《同刘二十八院长述旧言怀感时书事赠二君子》诗）
四蹄跕躞如流星，两耳尖修如削竹。（元·萨都剌《题画马图诗》）

此二例中的"跕躞"用来描状马行走时步子细碎、反复上下颠动的样子。

到了元代，"跕躞"的词形发生了变化，不仅有多个变体，还出现了三音节、四音节重叠形式。其变体可分为两组，两组之间存在着不圆唇与圆唇的对立：

（i）趺屑、叠屑、滴屑、铁屑
（ii）笃簌、笃速、都速

这些变体一般不独立使用，大都以三字格或四字格的形式出现，在这些三字格或四字格中，其语义发生了变化，由形容小步行走貌引申出形容手、腿、身体等颤抖貌（以下各例皆采自元杂剧）。

三字格
（甲）不完全重叠式 ABB：趺躞躞、叠屑屑、滴屑屑、铁屑屑、笃簌簌、笃速速

> 那厮热拖拖的才出气，那厮他跌蹙蹙的恰还魂。（《燕青博鱼》二折【金盏儿】）
>
> 涎邓邓眼睛剜，滴屑屑手脚卸，碜可可心肝摘。（《李逵负荆》四折【离亭宴】）
>
> 风飕飕遍身麻，则我这笃簌簌连身战，冻钦钦手脚难拳。（《五侯宴》三折）

（乙）述补式"动/形＋AB"：颤笃簌、战笃速、慌笃速（AB 描绘动词或形容词的状态）

> 伯伯也，早吓得你颤笃簌魂魄悠悠。（《桃花女》一折【赚煞】）
> 教我战笃速如发疟，汗淋漓似水浇。（《罗李郎》二折【梧桐树】）
> 他为甚的便慌笃速，一句句紧支吾。（《神奴儿》三折【红绣鞋】）

（丙）述补式"动/形＋BB"：战簌簌、慌速速、急簌簌（前字取乙式中作为意义标记的动词、形容词，后字取甲式中的重叠下字）

四字格

（甲）A'B'AB 式：滴羞蹀躞、滴羞跌屑、滴羞笃速、滴羞都苏

从 A'B'跟 AB 声母相同、韵母不同来看，A'B'AB 式最初应是 AB 的逆向变韵重叠形式：

  滴 羞 ← 蹀 躞
  ti sieu tie sie

就是说，"蹀躞"是这个变韵重叠四字格的直接来源。"滴羞蹀躞"的变体有"滴羞跌屑、滴羞笃速、滴羞都苏"等：

> 吓的我手儿脚儿滴羞蹀躞战笃速。（《赵李让肥》四折【挂玉钩】）
> 今日今日羞辱，不由我滴羞跌屑怕怖。（《后庭花》二折【斗蛤

蟆】）

　　吓的我……手儿脚儿滴羞笃速的似呆痴。（《薛仁贵》三折【尧民歌】）

　　吓的我慌慌张张手脚滴羞都苏战。（《青衫泪》二折【醉太平】）

（乙）A 里 AB：蹀里蹀斜（"蹀斜"为"蹀躞"的变体）

　　虽然有这小丫头迎儿，奴家见他拿东拿西，蹀里蹀斜，也不靠他。（《金瓶梅词话》第一回）

　　与甲式变韵重叠不同，乙式第二音节"里"的声母韵母跟原联绵词的前后字毫不相干，只是个衬音词，只起填补音节的作用。这种格式在元曲中还未出现，但在后来逐渐模式化，成为一种定式，在现代汉语中有能产性，如：啰里啰唆、慌里慌张、哆里哆嗦、邋里邋遢、肮里肮脏、古里古怪等，石锓（2005）有详考。

　　由上可知，单音节动词"蹀"通过顺向改变声母方式产生重叠式"蹀躞"，"蹀躞"可兼做动词和状态形容词；"蹀躞"的变体"跌躞"、"笃簌"等重叠下字，产生三字格重叠式"跌躞躞"、"笃簌簌"等；"蹀躞"及其变体通过逆向变韵方式产生四字格重叠式"滴羞蹀躞"、"滴羞跌屑"等；"蹀躞"重叠为"A 里 AB"式，第二音节固定为"里"，中缀化，与变音无关。三字格、四字格大都只做状态形容词，形容颤抖貌。其过程大致为：

　　蹀（A）──→ 蹀躞（AB）──→ 蹀躞躞（ABB）/滴羞蹀躞（A'B'AB）──→ 蹀里蹀躞（A 里 AB）。

3."蹀躞"的词形变体

　　在元代以前，"蹀躞"有"晃动、摇摆"义，这从古时有一种佩戴的饰物叫"蹀躞"可窥其一端：

> 元昊遣使戴金冠，衣绯，佩蹀躞，奉表纳旌节告敕。（宋·司马光《涑水记闻》卷九）
> 重整金泥蹀躞，红皱石榴裙褶。（宋·张枢《谒金门》词）

饰物"蹀躞"的得名显然跟戴上此物行走时来回晃荡有关。

在《汉语大词典》中，"蹀躞"的"晃动"义较明确的书证为明代戏曲：

> 珠璞簌，玉玲珑，金蹀躞，翠笼惚，锦斑斓，画堂富贵人相共。（明·贾仲名《金安寿》第一折）
> 我则见绣屏开花枝蹀躞，绮窗闲花影重迭。（明·朱权《卓文君》第二折）

"绣屏开花枝蹀躞"形容绣屏上的花枝栩栩如生，好像在摇曳晃动一样。

唐宋文献中有叠韵联绵词"独速、犊速、纛遫"等，其上下字声母格局都是［d/t-］［s-］（定/端母、心母），韵母为屋/沃韵，从音义两方面看都跟"蹀躞"有关。

独速：

> 脚踏小船头，独速舞短簑。（孟郊《送淡公》诗之三）
> 斧斤留得万枯枝，独速槎牙立暝途。（范成大《科桑》诗）

《汉语大词典》释为"摇动貌"是对的。其实"独速"就是"笃速"，也即"蹀躞"的变体，从上举元人杂剧中的三字格"跌躞躞、笃速速"可知。

犊速：

> 以犊速兮为行，以屈瘁兮为跪。（敦煌本《丑妇赋》）

这两句话颇为费解，向无确诂。据我理解，上句的"犊速"就是"独速"，义为"摇晃、颠动"；下句的"屈淬"应是"跪"的反切分音形式（《说文》跪，"去委切"，溪母字。今方言"跪"仍有读送气音的①），是俗文学的文字游戏。此二句言丑妇走起路来一颠一晃，行跪拜礼（长跪，臀部不挨着双腿）也不合规矩，以平常的坐姿（古人坐时两膝弯曲臀部挨着双腿）当作跪拜。

唐诗中的"独速、犊速"跟元杂剧中的"笃速"音义相近，而"笃速"又是"蹀躞"的形态音变，所以可以推知"独速、犊速"也是"蹀躞"的音变，都是"摇晃、颠动"义。

纛遫：

暝鸟影连翩，惊狐尾纛遫。（韩偓《出官经硖石县》诗）

《汉语大词典》释作"毛密而蓬松貌"，《辞源》释作"蓬松分散"，皆失之。今谓"纛遫"跟"笃速、独速"一样，也是"蹀躞"的变体。"纛"，《广韵》有去声"徒到切"和入声"徒沃切"二音，其入声音与"独"（《广韵》徒谷切）音同。此诗言夜幕下人马出行，惊得鸟儿连翩飞起，惊得狐狸尾巴哆嗦，"纛遫"为颤抖义。②

文献表明，自六朝至元明"蹀躞"的语义引申脉络如下：

小步行走——马颠动行走——晃动、摇摆——颤动、发抖

---

① 黑维强（2010）指出陕北晋语古全浊声母多只有白读，没有文读，群母字"跪"等读送气音。江淮官话中也有"跪"读送气音的现象。
② 唐宋诗中另有"摘索"一词，《汉语大词典》释为"犹言瑟缩"。

阴沉天气连翩醉，摘索花枝料峭寒。（唐·韩偓《清兴》诗）
摘索又开三两朵，团栾空绕百千回。（宋·林逋《又咏小梅》）

今疑"摘索"应是"蹀躞"的又一方言变体。"摘"，知母，古无舌上音，读同端母；"索"为心母，与"蹀躞、笃速、笃簌、叠屑"下字声母相同，且也为入声。"摘索花枝料峭寒"是形容花枝在春寒料峭的天气里冷冷微颤的样子，"摘索又开三两朵"也是说绽放的梅花花枝在寒春里颤动。"摘索花枝"与"花枝蹀躞"意境相同，"摘索"很有可能就是"蹀躞"，书此存疑待考。

哆嗦：

"蹀躞"的"颤动、颤抖"义后来用"哆嗦"表示，较早见于清代白话小说，在现代汉语里是个南北通用的常用词：

  那脸蛋子一走一哆嗦。(《儿女英雄传》第十五回)
  怎当得师老爷手里的烟袋也颤，他手里的盘香也颤，两下里颤儿哆嗦，再也弄不到一块儿。(同上，第十五回)

"哆嗦"是叠韵连绵词，其声母格局是：[t-] [s-] (端母、心母)，这一点跟"蹀躞"古今对应；在语义上指"因受外界刺激而身体不由自主地颤动"(《现代汉语词典》，以下简称《现汉》)，专用于人或动物，不再用于植物等，但其核心义仍是"颤动"，跟"蹀躞"一致。跟"蹀躞"不同，其四字格重叠式由"A'B'AB"式变为"AABB"式，但同样有"A里AB"式：

  蹀躞——滴羞蹀躞——蹀里蹀斜
  哆嗦——哆哆嗦嗦——哆里哆嗦

回过头来看，无论是唐宋时期的"独速、犊速、蠹邀"，还是元明时期的"跌躞、叠屑、笃速、笃簌"在词的语音结构上或与"蹀躞"全同，如"跌躞、叠屑"之类；或虽不尽相同，但是其差别有规律可循，少数例外不难解释，如"独速、笃簌、滴屑、铁屑、都苏"之类。其共同点可归纳为：

（1）这些词形都是叠韵联绵词，其上下字声母格局为 [d/t-] [s-] (定/端母、心母)；

（2）在上下字声韵模式不变的前提下，韵母可同步音转：由不圆唇转为圆唇 (蹀躞—笃速)，由入声转为平声 (蹀躞—都苏)，由单元音转为复元音 (都苏—哆嗦)。其中的例外"滴屑"和"铁屑"，前者"滴"与"屑"韵母不同，有可能受到"滴羞蹀躞"的影响而选用"滴"字；后者的"铁"与"蹀"声母只是送气与不送气的不同。

正是由于上述共同点，我们把以上各词形看作是同一个联绵词的不同变体。模糊理论的创始人查德说："人类智力同机器智能之间存在着根本的差别，这种差别表现在人的大脑能够用不精确的、非定量的、模糊的方法进行思维和推理，……正是这种能力使人能辨认潦草的笔迹，理解失真的言语，将注意力集中在同判断一件事情有关的信息上。"（伍铁平，1999）。上述各词形变体的语音大框架和内部结构没变，只是上下字的韵母发生了同步音转，人脑所具有的模糊处理能力完全可以正确解读它们包含的语义。再者，状态形容词词义带有模糊性，也为内部变韵形式留下了空间。

4."哆嗦"与"嘚瑟"

在东北方言中，表示"颤抖、发抖"除了"哆嗦"之外，还有一个词"嘚瑟"。《哈尔滨方言词典》129页：

　　嘚瑟 tɤ^{44}·sɤ 哆嗦；发抖：吓得都～了｜一个个儿冻得嘚嘚瑟瑟的。

前字读阴平，后字读轻声。很显然，这个"嘚瑟 tɤ^{44}·sɤ"是"哆嗦"的变韵，是"哆嗦"的东北方言变体。本文开头引用的、前字读作去声的"嘚瑟 tɤ^{53}·sɤ"显然是前字读作平声的"嘚瑟 tɤ^{44}·sɤ"的变调。也就是说，平声的"嘚瑟"义为"哆嗦"，去声的"嘚瑟"义为"显摆、炫耀"和"无节制地花钱等"。

为了加以区别，下面把前字读阴平的标作"嘚瑟[1]"，把前字读去声的标作"嘚瑟[2]"，无数字标记的"嘚瑟"专指去声的"嘚瑟[2]"。"嘚瑟[1]"和"嘚瑟[2]"声调不同，语义也不相同，语音层面与语义层面的结构关联是区别性，现代语言学称为形态音变，传统语言学叫作"殊声别义"。东北话通过改变声调使"嘚瑟[1]"表示发抖，是遇到外界某种刺激时身体的生理反应；用"嘚瑟[2]"表示显摆、炫耀等言语行为方面的表现。"嘚瑟[2]"还可以离合为状态形容词"嘚了巴瑟"，"形容轻浮、轻佻的样子：这小子～的，不咋的"。（同上）

5. 从"踥蹀"到"嘚瑟"

综上，我们已经粗略地勾勒出从"踥蹀"到"嘚瑟"的纵向发展变化，揭示了它们一脉相沿的历史渊源：

ⅰ）动词"踥"于六朝前后顺向变声重叠为"踥蹀"，意思是"小步行走"或"马行貌"，引申为"摇晃、颠动"义，兼做动词、形容词；

ⅱ）"踥蹀"在唐宋时期衍生出"独速、犊速、纛遬"等异体，除"摇晃"义外又引申出"颤动、发抖"义；①

ⅲ）元明时期"踥蹀"重叠为三字格"跌蹀蹀、叠屑屑"，四字格"滴羞踥蹀、滴羞都苏"等，为状态形容词，形容发抖的样子；

ⅳ）表示"发抖"义的"踥蹀"音变为"哆嗦"，现代在全国通行；

ⅴ）东北话"哆嗦"变韵为"嘚瑟^1"（阴平），"嘚瑟^1"变阴平为去声，引申出表示"显摆、炫耀"的"嘚瑟^2"。

从"踥蹀"经由"独速"、"哆嗦"最后到"嘚瑟"的演变过程中，发生了联绵词上下字同步变韵的形态音变，语义也随着语音的变化而有所区别，词形及语义色彩等各方面都发生了一系列的变化，具体为：

（1）声韵调：入声开口——入声合口——平声合口——去声开口

（2）词义：小步行走貌——颠动、摇晃——颤动、发抖——显摆，乱花钱

（3）词义色彩：不自主——自主；中性——贬义；表体态——表心态、神态

（4）构词成分：前字表义后字表音——前后字都表音

可以图示如下：

---

① 钱曾怡《博山方言研究》载，博山方言"踥踥蹀蹀"形容人说话啰唆。清代蒲松龄《聊斋志异·胡四相公》："若個踥蹀語，不宜貴人出得！"何垠注："踥蹀，猶云瑣碎也。"也以"踥蹀"表示言语啰唆、琐碎。盖因"踥蹀"不管是表"小步行走貌、马行貌"，还是表"颤动貌"，都包含着"细碎、反复"等义素，所以引申为形容言语啰唆是很合情理的。

蹀躞：入开	颠动、摇晃	表义-表音	中性	表体态
独速：入合	颤动、发抖	表音	中性	表体态
哆嗦：平合	颤动、发抖	表音	中性	表体态
嘚瑟¹：平开	颤动、发抖	表音	中性	表体态
嘚瑟²：去开	显摆；乱花钱	表音	贬义	表心态、神态

以上变化符合语言演变的一般规律，如入声的消失是汉语历史音变的一般规律；语音与语义层面的结构关联在于区别性，"蹀躞"上下字同步转韵和"嘚瑟"由平声转读去声等形态音变，都是由此原则促动的；由表体态到表心态、神态，由动作不自主的中性词到行为自主的贬义词等，都体现了词义演变过程中的主观化倾向。

在建立由"蹀躞"到"嘚瑟"的历史联系中，有一些具有中介作用的形式十分重要。其一是元代的三字格、四字格重叠词"跌躞躞、颤笃速、滴羞蹀躞、滴羞笃速、滴羞都苏"等，它们提供了把唐宋时期的"独速"与其源头词"蹀躞"联系起来的中介形式；其二是哈尔滨方言的"嘚瑟¹"（平声），它使"嘚瑟"与"哆嗦"、"嘚瑟¹"与"嘚瑟²"联系起来。

6. 相因生义：从"抖"类词看"嘚瑟"得义的理据

本文把"蹀躞"看作"嘚瑟"的源头词，还需要解释"嘚瑟"何以会产生出"得意、显摆"甚至"挥霍"义的。结论是："嘚瑟"的这两个义位是通过类推，从它的同义词"抖、抖搂"取得的，其途径为"相因生义"。所谓"相因生义"是指：A 词原来只和 B 词的一个义位 B_1 相通。由于类推作用，A 词又取得了 B 词的另一个义位 B_2（蒋绍愚 2000，原文写于 1980 年，最初发表于 1989 年）。也就是说 A 词的 B_2 义不是从自身的义位线性引申出来的，而是通过类推从它的同义词横向获得的，这正是"嘚瑟"得义的途径。"嘚瑟¹（哆嗦）"的词义是"颤动；发抖"，在这个义位上它跟"抖"是同义词（《现代汉语词典》用"颤动；哆嗦"作为"抖"的第一个义项），因此，以此为基点，它通过类推取得了"抖"的其他有关义位。且看《现代汉语词典》对"抖、抖搂、抖擞"等"抖"类词的解释（331 页）：

抖 dǒu 动 ❶颤动；哆嗦：发~｜浑身直~。❷振动；甩动：~一~马缰绳｜~开被窝。❸（跟"出来"连用）全部倒出；彻底揭露：把他干的那些丑事都~出来。❹振作；鼓起（精神）：~起精神往前直赶。❺称人因为有钱有地位等而得意（多含讥讽意）：他如今当了官，~起来了。

【抖搂】dǒu·lou 动 ❶振动衣、被、包袱等，使附着的东西落下来：把衣服上的雪~干净。❷全部倒出或说出；揭露：~箱子底儿｜把以前的事全给~出来。❸浪费；胡乱用（财物）：别把钱~光了，留着办点儿正事。

【抖擞】dǒusǒu 动 振作：精神~｜~精神。

"抖搂"是"抖"的顺向变声重叠形式，"搂"在这里只表音不表义。"抖擞"最初也可能是顺向变声重叠词，由于词义的沾染，到了后来"擞"在方言里也有抖动（擞炉灰）和颤抖义（《儒林外史》第八回："王道台吓得擞抖抖的颤"），看作同义并列结构也可以。

"抖擞"在近代汉语里也有"颤动、哆嗦"义①，如：

花鬘抖擞龙蛇动，曲终王子启圣人。（唐·白居易《骠国乐》诗）
觉一阵地惨天愁，遍体上寒毛抖擞。（元·关汉卿《四春园》第二折）

从"振作"义也引申出"炫示、显示"义②，如：

---

① 现代作家许地山《换巢鸾凤》中也用"抖擞"表"哆嗦"："众人看他们二人死了，都吓得抖擞起来。"可能因"哆嗦"过俗，"抖擞"表义性强的缘故。
② 当代作家周立波《暴风骤雨》第二部十二有"抖擞"用如"嘚瑟"的例子：

你们抖擞吧，等"中央军"来，割你们的脑袋。

周立波是湘籍作家，湘语中并无此用法。笔者推测：《暴风骤雨》写东北土地改革运动，免不了要用到东北方言词，如果用记音字别人不懂，所以作家就选用了音义相近的"抖擞"。

> 施展出江湖气概，抖擞出风月情怀。（元·薛昂夫《殿前欢》曲）

可见，"嘚瑟"的"得意；显摆"义从"抖❺"和"抖擞"的"炫示、显示"义获得；其"胡乱花钱"义从"抖搂❸"获得。

陈刚等《现代北京口语词典》（96页）同样记录了"抖、抖搂、抖擞"的上述特殊词义：

> 抖❷因有钱或得势而得意：太太一死，姨太太就~了。
> ❹显显威风，享享福的意思：我也该~两天了，四十多岁还没露过一会脸呢！①
> 抖搂❷耗尽钱财，挥霍：临死的时候儿他不放心，怕儿子把家底儿给~。
> 抖擞 ❶抖动：握着他的两只手，~了好一阵。❷振作：眼都快睁不开了，还强~着精神说不困呢。
> 抖儿擞儿 dǒur sǒur 蹦蹦跳跳：好好儿走，别~的！（江按，这跟"颠动"义相近）

《哈尔滨方言词典》（244页）收"抖神儿、抖洋气儿、抖抖擞擞"三词：

> 抖神儿：出风头；显威风：你真~，又中奖了。
> 抖洋气儿：称人因为有钱有地位等而得意（多含讥讽义）：他揽了两个大活儿干发了，开始~了。
> 抖抖擞擞：轻浮；轻佻：这人长一身家雀儿骨头，~的。

从以上各类文献可以看出，"抖、抖搂、抖擞"等"抖"类词共同的核心义是"抖动、振动"，由此引申出"振作"义，又由"振作"义引申出"得意、显摆"义。与此并行，又从"抖落、抖掉"引申出"胡乱花费"义。"蹀躞"系词语的核心义为"颠动、颤动"，这个意义跟"抖"

---

① 老舍《龙须沟》里也有用例："得了势或发了财，你算是走对了路子，抖起来啦！"

类词相通，因而能够相因生义，获得"抖"类词的一些引申义。"嘚瑟"由平声变为去声，是从形式上对原有义（哆嗦）与类推义〔"得意、显摆"和"胡乱花费（钱财）"〕加以区别。

把词形、语音不同，从字面上又看不出语义联系的古代词语跟现代汉语方言的口语词挂钩需要十分谨慎。必须要对这个源头词的词形、语音及其语义的演变轨迹进行详细的历史考察，只有在形音义几方面都能建立起与现代词语的连续的、可靠的历史联系，并且能用语言学理论对其形音义演变的理据加以科学解释的才是可信的。本文试图按这样的要求去做，其中做得不够之处，还请方家批评指点。

参考文献

陈刚、宋孝才、张秀珍：《现代北京口语词典》，语文出版社 1997 年版。
冯胜利：《同律互证与语文词典的释义》，《辞书研究》1986 年第 2 期。
高艾军、傅民：《北京话词语》，北京大学出版社 2001 年版。
黑维强：《陕北绥德河底方言的文白异读》，《方言》2010 年第 4 期。
江蓝生：《相关语词的类同引申》，《近代汉语探源》，商务印书馆 2002 年版。
江蓝生：《变形重叠与元杂剧中的四字格状态形容词》，《近代汉语研究新论》，商务印书馆 2008 年版。
蒋绍愚：《论词的"相因生义"》，《汉语词汇语法史论文集》，商务印书馆 2000 年版。
刘丹青：《汉藏语系重叠形式的分析模式》，《语言研究》1988 年第 1 期。
钱曾怡：《博山方言研究》，社会科学文献出版社 1993 年版。
石锓：《论"A 里 AB"重叠形式的历史来源》，《中国语文》2005 年第 1 期。
孙景涛：《古代汉语重叠词的内部构造》，《古汉语语法论集》，语文出版社 1998 年版。
孙景涛：《古汉语顺向重叠》，《中国语言学集刊》，中华书局 2008 年版。
伍铁平：《模糊语言学》，上海外语教学出版社 1999 年版。
徐世荣：《北京土语词典》，北京出版社 1990 年版。
尹世超：《哈尔滨方言词典》，江苏教育出版社 1998 年版。
朱德熙：《潮阳话和北京话重叠式象声词的构造》，《方言》1982 年第 2 期。
《汉语词典》（原《国语词典》简本），商务印书馆 1957 年版。

（原载《方言》2011 年第 1 期）

台湾地区词(四则)音义考

壹 凯子

"凯子"在台湾是个家喻户晓的常用词,大陆没有这个词。十几年前,我在凤凰卫视《李敖有话说》节目里初次听到"凯子"、"凯子军购"之语,根据节目的内容,我猜想所谓"凯子"恐即傻子,"凯子军购"就是"傻子军购",即用远远高出市场的价格购买质量或性能一般的武器设备,或用高价购买并不一定必要的武器设备。但"凯"字并无呆傻之义,何以用"凯子"表示傻子呢?最初我曾臆测:"凯子"应是"呆子"之形误,也即"凯"字因形近借作"呆"字。但这种设想有一个难以逾越的障碍,即"凯"和"呆"二字读音差别较大(声母、声调不同),而且这两个词都常用,在口语中借"凯"表"呆"的可能性不大。台湾出版的词典对"凯子"一词的解释为:

凯子:戏称有钱的男子。(《重编国语辞典》第三册2051页)
凯子:[俚]俗称有钱的男子:钓~。(《国语活用辞典》227页)

大陆商务印书馆最近出版的《全球华语词典》中收"凯子"一词(476页),释为"义同'冤大头'",配例为:

钓~|~外交|她饰演专钓~的拜金女,没想到戏拍到一半,真有自动上钩的|花了冤枉钱还自我辩护,根本难掩既无面子又无里子的~事实。

该词典注明此词通行于港澳、台湾、新马。但据我调查，此词的发源地是台湾，粤语中并没有这个词，港澳等地使用该词应是从台湾引进的。

所谓"冤大头"，《现代汉语词典》释为"枉费钱财的人（含讥讽义）"，对照上述几例，用"冤大头"解释"凯子"更为妥帖。"凯子"的"凯"能否单用呢？由于以上几部词典都没有收与"凯子"词义相关的单音节的"凯"，因此不得其详。前年我在台湾政治大学教授竺家宁先生所著《汉语词汇学》一书附列的台湾地区词里查到单音节的"凯"这才得知它不但可以单用做谓语，也可以做构词语素，如：

凯：她很凯，常常请人吃饭。（446页）

色凯：钓马子的凯子。你这家伙，一副色凯样，谁要跟你作朋友啊！（花痴）（441页）

第一例的"凯"用如形容词，指花钱大方得不适度，显得有些傻。第二例的"色凯"是指为了追求马子（女性）而枉费钱财的人，"凯"为"凯子"之省，为名词词素。如此看来，"凯"有"大方"义，但这种"大方"含有不适度、冤枉、傻的意味。而"凯子"则是指花冤枉钱的人。因此，"凯"的义素结构可分析为：

大方 + 不适度 + 傻

在这三项义素中，"大方"是核心义素，"不适度"是附加义素，"傻"是"不适度的大方"产生的衍生义素。

根据以上的分析，笔者推测"凯"的本字应是"慷慨"的"慨"。用连绵词的一个义素来代指这个连绵词，但感情色彩不同，由褒义变贬义，由赞扬变轻蔑，语义色彩由庄重变成调侃。

要论证"凯子"的"凯"本字为"慷慨"的"慨"，要从形音义三方面进行考察，只有三方面都讲得通，假说才可成立。其中意义一环是前提，但光是意义相近或有关联还不够，还必须证明"凯"与"慨"在使用中确实因音同而有通借之例才更可采信。

据《汉语大词典》,可将连绵词"慷慨"的主要义项归纳为:

1. 情绪激昂。《文选·司马相如〈长门赋〉》:"贯历览其中操兮,意慷慨而自卬。"

在常用组配"慷慨赴义、慷慨陈词、慷慨悲歌"等短语中,"慷慨"皆属此义。

2. 感叹。《古诗十九首·西北有高楼》:"一弹再三叹,慷慨有余哀。"

3. 性格豪爽。《后汉书·齐武王演传》:"性刚毅,慷慨有大节。"《京本通俗小说·冯玉梅团圆》:"我徐信也是个慷慨丈夫,有话不妨尽言。"

4. 大方;不吝啬。《水浒传》第五回:"鲁智深见李忠、周通不是个慷慨之人,作事悭吝,只要下山。"清蒲松龄《聊斋志异·云萝公主》:"袁为人简默而慷慨好施。"

可以看出,上述四个义项的引申脉络十分清晰:"情绪激昂"易生"感叹";"情绪激昂"之人多为"性格豪爽"之士,豪爽之士性多"大方"。即:

```
              ↗ 2. 感叹
1. 情绪激昂 ⟨
              ↘ 3. 性格豪爽 → 4. 大方
```

"慷慨"的"大方"义较为后起,与现代完全相同的用法是清代《聊斋志异》的用例。

"慷慨"形容人大方、不吝啬可以自由运用,但其构词语素"慷"和"慨"则不能独立表示此义。在一些近现代文献中,"慨"常作为构词语素表示"大方",如"慨然"形容无所吝惜貌:

《西游记》第二六回:"特来尊处求赐一方医治,万望慨然。"

《儿女英雄传》第三九回："今天在此遇见你这水心先生，竟慨然助了我五两银子。"

"慨"在双音词中常用作状态修饰语，实为"慨然"之省，如"慨允、慨诺、慨赠、慨让"等（例引自《汉语大词典》）：

【慨允】慨然允许。《醒世恒言·灌园叟晚逢仙女》："〔众女子〕齐声谢道：'得蒙处士慨允，必不忘德。'言讫而别。"郭希仁《从戎纪略》："吴亦慨允，拟晚四钟开拔。"

【慨赠】慨然赠送。《红楼梦》第一〇三回："学生自蒙慨赠到都，托庇隽隽公交车，受任贵乡。"

【慨诺】慨然允诺。郭沫若《创造十年续篇》三："假使当时我是得到了商务的慨诺，那我的精力，即使不是全部，也会是一大部分，是被用在翻译上的。"

【慨让】慨然相让。曹埃布尔《黄花岗之役·广州三月二十九日之役》："偶忆某西医生新购一地于沙河，以此事请，或可慨让。遂造医生之庐而告之，医生慨然许诺。"

我们推测，由于"慨然"省略为"慨"后可以广泛地做动词的修饰语，这就提升了其组合的自由度，也使"慨"表示"大方、不吝啬"的意义得到增强和显现，发展到后来，就有可能被视为一个比较自由的语素而跟名词词缀"子"组合为名词。台湾地区口语词"凯子"应是沿着这一途径而产生的。

"凯子"的"凯"不仅与"慨"语音相同，语义相近、相关，而且在使用中"凯、慨"相通借的现象也时有所见。如文献中"凯康"借作"慨慷"：

战国·宋玉《神女赋》："精交接以来往兮，心凯康以乐欢。"
清·梁绍壬《两般秋雨盦随笔·字音假借》："慨慷二字可作凯康。"

与此类"凯"直接作为"慨"的借字的例子相比,更常见的是"凯"与"恺"通用,而"恺"又借作"慨",这可以看作"凯—恺—慨"递相通借,或称之为"凯"与"慨"间接通借。

"凯"通"恺",指德才兼备的人。

《文选·任昉〈为范尚书让吏部封侯第一表〉》:"位裁元凯,任止牧伯。"李善《注》引《左传》:"太史克曰:'昔高阳氏有才子八人……谓之八凯。'"

今本《左传·文公十八年》做"八恺"。

其他如"恺弟"又作"凯弟","凯歌"又作"恺歌"等,此皆"凯"与"恺"通假之例。

"恺切"一词义为恳切:

《明史·归善王朱当㳺传》:"因劝帝法祖宗,重国本,裁不急之费,息土木之工,词甚恺切。"

《镜花缘》第十二回:"凡乡愚误将子女送入空门的……向其父母恺切劝谕。"

文献中又作"凯切"、"慨切":

明·宋濂《礼部侍郎曾公神道碑铭》:"仍椎牛酾酒,开陈逆顺祸福,言甚凯切。"

清·徐干学《纳兰君墓志铭》:"岁丙辰,应殿试,条对凯切、书法遒逸,读卷执事各官咸叹异焉。"

明·顾起纶《国雅品·士品二》:"情之发于忠爱不渝,能自慨切。"

清·陆以湉《冷庐杂识·姜太公》:"生平呕心矮屋,艰苦备尝,故言之慨切若是。"

"慷慨"又作"慷恺":

南朝·宋·谢惠连《却东西门行》:"慷恺发相思,惆怅恋音徽。"

　　唐·欧阳行周《赋得秋河曙耿耿送郭秀才赴举杂言》:"心知慷恺日昭回,前程志在青冥里。"

甚至在现代学者刘半农的文章里也用"慷恺"表示"慷慨":

　　刘君很慷恺的马上答应了。(《〈半农杂文〉自序》)

　　以上资料说明,自古以来"凯、恺、慨"因音同在用字上多有互相或递相借用现象,因此,台湾地区借"凯"字为"慨"字并非创举,实属古已有之也。
　　关于"凯子"的"凯"本字为"慨"本文只能谈到这里。其实这个题目还有可以深入研究的余地,比如"凯子"一词是何时、因何原因产生的?它是如何在台湾传播开来的?据一位曾在台中生活的学者告知:台湾把不良少年叫小太保、小太妹,"凯子"本是他们使用的口头词语。如此,则这个词语又跟社会语言学扯上关系了。限于条件,笔者很难将这个题目再深入进行下去,如果台湾学者能有人响应,把这桩公案彻查清楚,应是很有意义也很有兴味的事情。

贰　垃圾

　　"垃圾"做名词,指脏土或扔掉的破烂东西。词形"垃圾"始见于南宋吴自牧的笔记:

　　更有载垃圾粪土之船,成群搬运而去。(《梦粱录·河舟》)
　　亦有每日扫街盘垃圾者,每日支钱犒之。(同上,《诸色杂货》)

此词《国语词典》注音为 lèsè,释义为:"吴语,秽物与尘土相混积之称。"但吴语保留入声,读 [ləʔ səʔ],因此其读音是出于吴语还是另有所出,颇令人生疑。大陆普通话读 lājī,是读书音;台湾读去声 lèsè [lə sə],

沿用的是《国语词典》的读音；今粤语读［lap sap］，闽语厦门话读［lap sap］，官话区读［la sa］。共时平面上的读音差异反映了历时音变的过程，各地读音的差异正反映了此词的历时音变过程。

"垃圾"在宋代的实际读音不详，① 但其音义应与"拉飒"有关。清翟灏《通俗编·状貌》："拉飒，言秽杂也。""拉飒"本为形容词秽杂不净义，转指秽杂不净之物，由形容词转作名词。文献中有"拉飒栖"一词，见于《晋书·五行志中》：

> 孝武帝太元末，京口谣曰："黄雌鸡，莫作雄父啼。一旦去毛衣，衣被拉飒栖。"寻而王恭起兵诛王国宝，旋为刘牢之所败，故言"拉飒栖"也。

从上下文可知"拉飒栖"是形容鸡毛杂乱脏秽貌的，只是不清楚"拉飒栖"的"栖"是何义。后时，金代元好问《游龙山》诗也出现此词：

> 恶木拉飒栖，直干比指稠。

此处用"拉飒栖"形容恶木杂乱无状貌，但同样，"拉飒栖"的"栖"字当作何解不详，今吴语"垃圾"读"垃西"或为"拉飒栖"之省说？暂且存疑。

今吴语上海话"垃圾"［la çi］一词既做形容词（垃圾衣裳），又做名词（身上才全是垃圾），说明此词确实可由"肮脏、不整洁"义转而指"肮脏、不整洁之物"。

意思为"肮脏、不整洁"义的形容词"拉飒"在今汉语官话方言中多读为平声，且多用"拉撒"二字替代，其地域广被东北官话、胶辽官话、晋语、中原官话、西南官话等。我们推测，当这个形容词转为名词指肮脏不洁之物时，就用"垃圾"在书面上做词形上的分别，起初其读音应与"拉飒"并无

---

① "垃"，《龙龛手鉴》郎合切；"圾"，《集韵》逆及切。但此字为危急义，通"岌"，并非"垃圾"的"圾"。

不同。后来，为了在语音上把形容词词义跟名词词义加以区别，某些方言口语里就将"拉撒"［la sa］变读为［lə sə］，并将声调由平声变为去声，这正是汉语殊声别义的原则在起作用。台湾地区音 lèsè 应是继承了这个变读了的口语音。

2008 年 11 月我在巴黎听遇笑容教授讲，她姥姥为旗人，生于 1893 年，爱新觉罗氏，曾受赏于慈禧，后改姓赵，她说她姥姥就把"垃圾"说成 lèsè。据我所知，老北京话里一般不说"垃圾"，只说"脏土"，lèsè 这个读音恐为老北京旗人的读法。

> 宋·徐梦莘《三朝北盟会编》卷三："女真古肃慎国也，本名朱理真，番语讹为女真。……其言则谓好为感，或为赛痕；谓不好为辣撒。"

今疑其中的"辣撒"恐非女真语，有可能就是"拉飒"，是个汉语词，由"辣撒"音变为"垃圾"（lèsè），后旗人入关，遂将此音（lèsè）带进北京。东北话把"哆嗦"变读为"嘚瑟"（dē·se 阴平），把"邋遢"（lā·ta）变读为"肋臌"（lē·te），这些都是"拉飒、拉撒"变读为 lèsè 的同类现象，庶几有助于鄙说。

如此看来，《国语词典》把"垃圾"定音为 lèsè 未必是由吴语折合而来，恐怕采用的是老北京旗人的口语音，而今北京音 lājī 则是白话文的读音。即：

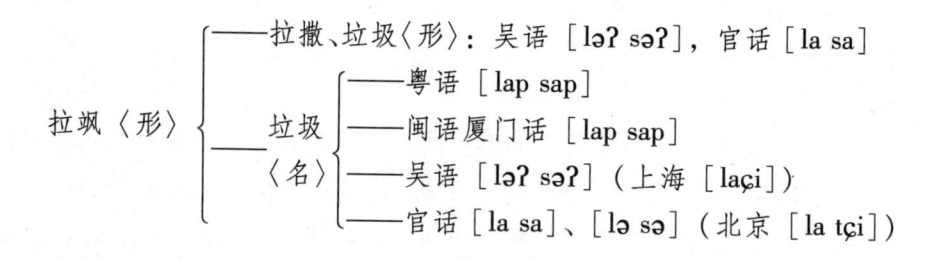

拉飒〈形〉 ├── 拉撒、垃圾〈形〉：吴语［ləʔ səʔ］，官话［la sa］
　　　　　└── 垃圾〈名〉 ├── 粤语［lap sap］
　　　　　　　　　　　　├── 闽语厦门话［lap sap］
　　　　　　　　　　　　├── 吴语［ləʔ səʔ］（上海［laçi]）
　　　　　　　　　　　　└── 官话［la sa］、［lə sə］（北京［la tçi］）

叁　糗

"糗"字音 qiǔ（《广韵》去久切，上有，溪），本指炒熟的米麦，亦泛指干粮，如"糗粮"。此义现代已不再使用，在东北官话和北京话、胶辽官话中，"糗"表示煮好的面食或饭食粘连在一起，如"饭糗成团了"，"面条老不吃就糗了"。由此义引申为指久待在一处，如"整天在家里糗着"。台湾地区所用的"糗"与其原义及上述引申义皆毫不相干，2010年出版的《全球华语词典》（673页）解释较为贴切：

1.〔形〕形容当场出丑的窘相。例今天竟然把衣服穿反了，真是～到极点。2.〔动〕嘲笑；使人出丑。例我做得不好，你还糗我｜我有意要糗一下这位音响编辑。3.〔名〕丑事。例爆～｜出～｜家～。

该词典另出"糗事"一词，释为：

〔名〕可笑的、尴尬的、窝囊的、丑陋的事情。注明使用地区为港澳、台湾、新马。

今按，台湾地区所用的"糗"是"丑"的音借字，二者词义相关相近，且在语音上也有音转关系。"丑"从"样子难看"义引申出"羞耻、使人感到羞耻"等义，历代文献和汉语方言都反映了这一词义引申的脉络。且看《汉语大词典》的释义：

丑 chǒu ㄔㄡˇ《广韵》昌九切，上有，昌。
1. 样子难看。
2. 认为羞耻、惭愧；不好意思，害羞。《史记·魏世家》："以羞先君宗庙社稷，寡人甚丑之。"元·关汉卿《窦娥冤》第一折："〔卜儿云：〕羞人答答的，教我怎生说波！〔正旦唱：〕则见他一半儿徘徊，一半儿丑。"
3. 羞辱，使感到羞耻。汉刘向《说苑·至公》："始皇闇然无以应之，面有惭色，久之，曰：'令之之言，乃令众丑我。'"沙汀《在祠堂里》："我是喜欢他！——你丑不了我！"
4. 不光彩。汉·司马迁《报任安书》："悲莫痛于伤心，行莫丑于辱先。"

其中义项 4 可与 2 归并。2、3 两个义项跟《全球华语词典》的 1、2 两个义项相对应。至于第 3 个义项的"糗"（爆糗、出糗、家糗），也跟"出丑、家丑"相对应。所以在词义及其引申路径上"糗"都跟"丑"相同，接下来就看二者语音上的关系了。

经查《汉语方言大词典》知道，闽语、客话、粤语、吴语、湘语等方言中有些方言点"丑"等流摄开口三等字读清母尖音或昌母尖音，跟"糗"为同音字，例如：

闽语　丑：福建将乐［tɕ·iu⁵³］
　　　丑账（要账）：福建松溪［ts·iu²¹³ tiouŋ³³］
　　　丑类：福建厦门［ts·iu⁵³ lui²²］
　　　丑钱（要账）：福建建阳［ts·iu²¹ tsieiŋ³³⁴］、
　　　福建崇安［tɕ·iu²¹ tɕ·iŋ³³］
客话　丑样：广东惠州市区［ts·iəu⁵³⁴⁻⁵² zoŋ³¹］、
　　　东莞清溪［ts·iu²¹ zoŋ⁴²］、
　　　深圳沙头角［ts·iu³¹ zoŋ⁴²］
粤语　丑鬼：广东台山、台城［ts·iu⁵⁵ ki⁵⁵］
吴语　丑债（讨债）：浙江金华［tɕ·iɯ²¹ tsɑ⁵²］
　　　丑气：浙江金华岩下［tɕ·iɯ²¹ tɕ·i⁵²］
湘语　丑死哒：湖南衡阳［tɕ·iu³³ sɿ³³ tɑ³³⁻⁰］

北方方言如胶辽官话中也有一些方言点"丑"的读音同"糗"，如罗福腾 1997 年《牟平方言词典》第 224 页：丑［tɕ·iou］丑陋，不好看。主要用于熟语中：家～不可外扬｜～事（丢人的事：专办～）。另外，胶辽官话山东寿光方言中有"糗猴子"一词（［ts·iəu⁵⁵］），其义为"以滑稽模样引人发笑"，"糗猴子"的"糗"从词义来看跟出丑有关，其本字也应为"丑"。

台湾地区通行闽南话和客家话，把"丑"读为"糗"并不奇怪；而且吸收方言音还有跟"丑陋"的"丑"别义的作用，即本义"样子丑"用"丑"字，引申义"羞耻、使感到羞耻"等借用"糗"字。

肆　连词、介词"和（hàn）"

台湾地区跟连词、介词"和"相当的词读 hàn，一般人不明其来历，还以为跟台湾的方言有关系呢。其实这个音是地道的北京音，曾在 20 世纪三四十年代作为规范读音推行于全国《国语词典》第三册 1618 页注"和 hann（北平语音）。连词，用同及、与"。

侯精一（2010）详述台湾地区"和"读 hàn 的来龙去脉，材料翔实，颇可采信。侯文指出"和"读 hàn 音首见于 1932 年国民政府教育部正式公布的《国音常用字汇》，1949 年以后此字音在大陆地区逐渐淡出，最终被读书音 hé 所替代。而台湾地区"和"读 hàn 音源自台湾光复后的国语运动。1947 年台湾省国语推行委员会编印《国音标准汇编》，其中第四部分主要内容就是《国音常用字汇》，可见台湾地区"和"读 hàn 音遵循的是 20 世纪 30 年代曾在全国推行的语音规范。

陈刚等《现代北京口语词典》146 页对"和（hàn）"有简单的说明和描写：

1. 和，跟。现在已不大活用，使用范围只限于"什么~什么""哪儿~哪儿""谁~谁"等词语中。2. 在（不用在动词和名词之间）。如：他~家干什么呢？

侯精一（2010）调查南城 50 岁以上土生土长北京人 20 人（满族 4 人，汉族 16 人），了解的情况详于上引词典。现将陈书与侯文提供的情况加以综合（括号里的数据引自侯文），以期反映"hàn（和）"在北京话里使用情况之大观。

a. 连词，用在固定词组中（40% 用 hàn，60% 用"跟"）
　咱俩谁~谁呀，甭说那个！
　这是哪儿~哪儿啊！八竿子打不着（的亲戚）！
　去去去！什么~什么呀，一边儿去！
b. 介词，引出关系者（20% 用 hàn，其余用 hé）
　他~这事儿没关系。

　　　　我～你一块儿去。
　　　　弟弟～我一边儿高。
　　c. 介词，引出处所（30%用 hàn，其中2人兼读 hài，其余用"在"）
　　　　他～哪儿住？
　　　　车就～门口搁着呢。
　　　　他～家干什么呢？

台湾地区"和（hàn）"的用法与 a、b 相同，但没有 c 引介处所的用法。

侯文列举了以下方言里连词"和"的读音与老北京话的"和（hàn）"相当：

　　山东沂蒙山区的平邑方言"和"有［xã⁵³］［xɛ⁵³］音（相当于北京的 hàn 和 hài）；
　　甘肃张掖市民乐县"和"有［xan］（去声）一读；
　　山西霍州东区连词"和"老年人有读［xan］（阴去）的。

那么"和"的 hàn 音是怎么得来的呢？换句话说"和（hàn）"的本字是什么呢？

俞敏（1988）对"和(hàn)"的语源做了简约的说明，认为源自"唤"：

1988年春，一位王老师，东北人，说话里就有"甲 huàn 乙，桌子 huàn 板凳"。我问他："你的东北话怎么跟别人不一样呢？"他说："我原籍唐山。"这下子我可找着那个"唤"了："我"先"唤你"，随后咱俩人一块儿"去"，多么顺理成章啊！hàn 不过是异化掉了个介音罢了！①

---

　　① 上引俞敏（1988）文有一段谈及"hàn（和）"等方言音该用什么字写的段落十分有趣，转引于下：
　　　　（1936年，笔者注）罗先生（莘田）在世时候儿说过"这个 hàn 是赵元任提倡起来的。"他还说："你们别学这一套。"我估摸着罗先生不喜欢这个话是因为它土。侯宝林同志说过："怎么焊？是气焊还是电焊？"从这两位地道的北京人的话里看出来：说它土，因为没个正字可写，又没法儿解释。（转句文，就是语源不清楚。）
　　接着，俞先生提到他的姨妈：
　　　　生在天津，嫁在天津，死在天津。他老人家好说"他 huàng 他，剪子 huàng 铺陈"。
　　改写"晃"么？怎么晃？是上下晃还是左右晃？
　　关于"huàng"音是怎么来的，笔者将另行着文探讨。

2008年我在电视中听见画面中一男子说"这事儿你怎么不唤我商量?"这是一个歧义句,既可理解为"你怎么不叫我来一起商量",又可以重新分析为"你怎么不跟我商量",显然,"唤"正是在这种典型语境中被重析为介词的。

  南朝·宋·刘义庆《世说新语·豪爽》:"武帝唤时贤共言伎蓺事,人皆多有所知,唯王都无所关,意色殊恶。"

"武帝唤时贤共言伎蓺事"这一句也属于可两解者:"武帝叫时贤共言伎蓺事"或"武帝跟时贤共言伎蓺事"。"唤"应是在这类语境中虚化的。

  既然"唤"虚化为介词有其特定的句法环境,那么这种现象一般不会仅仅限于某一地的方言,应该有一定的普遍性。换句话说,除了唐山话,其他方言里也应该可以找出类似的现象。事实正是这样:

  尹世超《哈尔滨方言词典》311页:"唤 xuan⁵³ 介词。跟,指示与动作有关的对方,从……那里;向:没钱~他借|有啥事~我说也行。"

  李行健《河北方言词汇编》680页连词"和"下记录天津地区吴桥用 huàn;

  678页介词"对"下记录"石家庄地区无极县用'换'"。

可见吴桥的 huàn 和无极的连词、介词"换"跟东北官话一样,也源自"唤"。③①但是,"唤"有[u]介音,北京话和平邑、民乐霍州等地的连—介词"hàn"没有[u]介音,何以见得"hàn"源自"唤"呢?

  关于[u]介音的丢失,俞先生认为是频率高的词里开合口混乱造成的。至于其原因,俞先生没多说。我们这里以动词"还"的音变为证。动词"还(huán)"当副词用时,北京话、东北话口语音读 hái,也有读 hán

---

① 张惠英(2010)据《珠江三角洲方言词汇对照》445页指出,粤语有些方言点如斗门斗门镇、台山台城、开平赤坎、恩平牛江的介词用"喊"[ham³³]。从本文的观点来看,这跟"唤"用作介词是平行现象,适有助于证明"和(hàn)"源自"唤"。

的，这跟"唤"连、介词读 hàn、hài 完全平行。此类语音异化是语义虚化引起的，是语法化在语音上的反映，即，词义的虚化引起语音的异化——脱落介音音素。语音与语义的关联在于区别性，脱落 [u] 介音，使动词（常用词）与副词或连—介词等虚词在语音上有了区别。

汉语方言中丢失 [u] 介音的现象很常见，如《徐州方言词典》记录"队、岁、伦"等字，徐州市区及西北县份今读合口呼，而东南县市今读开口呼。有些臻摄、止摄、蟹摄合口字北方官话区读合口呼，而在吴语或江淮方言里往往读开口呼，如"春、存、尊、孙、论"等。还有相反的情况，有些本应读合口呼的字在普通话里却读开口呼，如"扔、内、馁、雷、泪、嫩"。这说明 [u] 介音的有无是字音变异的常见现象。

至此，我们可以断定连—介词"和（hàn）"是个训读字，盖因其本字"唤"虚化为连—介词后发生了音变，无论在语音还是语义上人们已看不出、也感觉不到 hàn 跟"唤"的联系，所以从意义出发，选用了"和"这个字代表口语中读作 hàn 音的连—介词。

上面对台湾地区的四个特色词做了肤浅的考证，其实这四个词中，真正属于台湾特色的是"凯子"，它的产生有台湾当地的社会因素；"垃圾（lèsè）"与"hàn（和）"来自北京音，是从大陆带过去的；"糗"是闽语、客话等汉语方言中"丑"的同音假借字。

参考文献

陈刚、宋孝才、张秀珍：《现代北京口语词典》，语文出版社 1997 年版。

侯精一：《北京话连词"和"读"汗"音的微观分布——兼及台湾国语"和"读"汗"音溯源》，《语文研究》2010 年第 1 期。

李行健：《河北方言词汇编》，商务印书馆 1995 年版。

苏晓青、吕永卫：《徐州方言词典》，江苏教育出版社 1998 年版。

尹世超：《哈尔滨方言词典》，江苏教育出版社 1997 年版。

尹世超：《东北官话的介词》，戴昭明主编、周磊副主编《汉语方言语法研究和探索——首届国际汉语方言语法学术研讨会论文集》，黑龙江人民出版社 2003 年版。

俞敏：《北京话本字札记》，《方言》1988 年第 2 期；收入《俞敏语言学论文二集》，北京师范大学出版社 1992 年版。

张惠英：《北京土话连词"和"读"汉"音探源》，《中国语文》2010 年第 3 期。

赵元任：《语言问题》，商务印书馆1997年版。
竺家宁：《汉语词汇学》，台北五南图书出版公司1999年版。
《重编国语辞典》第三册，台湾商务印书馆1981年版。
中国辞典编纂处编：《国语辞典》，商务印书馆1937—1943年版。
周何主编：《国语活用辞典》，台北五南出版社2009年第3版。
《汉语大词典》，汉语大辞典出版社（上海）1990年版。
北京大学中文系语言学教研室编：《汉语方言词汇》第二版，语文出版社1995年版。
李宇明主编：《全球华语词典》，商务印书馆2010年版。
中国社会科学院语言研究所词典编辑室编：《现代汉语词典》第五版，商务印书馆2005年版。

语词小札

一　乐、爱、喜

了解古今词义之间的联系，有时可以帮助我们更好地理解和运用现代汉语的词语，下面举"乐、爱、喜"三个词说说。

乐

"乐意"在普通话里的意思是"愿意"，相反"不乐意"就是"不愿意"。比如说：让他吃饺子，他乐意；让他包饺子，他就不乐意了。"乐"字单说，今天没有"愿意"的意思，可是在古代，"乐"字单用也有"愿意"的意思：

（1）训不乐住洛，遂遁去。（干宝《搜神记》卷一；蓟子训不愿意在洛阳落脚，就避而离去了）

（2）三人临去曰："我等司命郎，感君接见之厚。欲连世封侯？欲数世天子？"钟曰："数世天子故当所乐。"（《异苑》卷四；那三个人临走时说："我们是司命郎，感谢你厚意相待，你是愿意连世封侯，还是愿意当数世天子？"钟说："当然愿意做数世天子了。"）

（3）（善慧仙人）答曰："我今当往普光佛所，欲施供养。"外道白言："师若去者，愿乐随从。"（《过去现在因果经》卷一；外道说："仙师如果到那儿去，我愿意跟您一块儿去。""愿乐"同义连文）

可见，"乐意"作"愿意"讲，是因为"乐"字古代就有"愿意"的意思。

"乐"字现在没有"喜爱"的意思,但在成语"喜闻乐见"中,"乐"和"喜"一样,都是"喜爱"的意思;而且在古代,"乐"字作"喜爱"讲,是司空见惯的:

(4) 子曰:"知者乐水,仁者乐山。知者动,仁者静。知者乐,仁者寿。"(《论语·雍也》;智者喜爱水,仁者喜爱山。智者性好动,仁者性好静。智者常快乐,仁者能长寿。"乐山、乐水"中的"乐"古读 yào)

(5) 寡妇哭城颓,此情非虚假;相乐不相得,抱恨黄泉下。(《乐府诗集》卷四十六《懊侬歌》;末句意为:相爱而不能在一起生活,只能抱恨而死。"乐"古读 yuè)

(6) 陛下爱才乐士,求之无倦。(《古小说钩沉·汉武故事》;"爱才"与"乐士"是同一意思,"爱"与"乐"是同义词。)

爱

"爱"字在普通话里有一种特殊用法,《现代汉语词典》概括为:"常常发生某种行为;容易发生某种变化:爱哭|爱开玩笑|铁爱生锈。"有趣的是,表示"常常发生某种行为"的用法,早在唐五代就已经见到:

(7) 山北沈侍郎主文年,特召温飞卿于帘前试之,为飞卿爱救人故也。(《摭言》卷十三;飞卿为温庭筠字。温在做诗赋方面经常救人之难。)

(8) 时时爱被翁婆怪,往往频遭伯叔嗔。(《父母恩重经讲经文》,《敦煌变文集》449 页)

这两句说做媳妇的经常受到公公、婆婆、大伯子、小叔子们的责怪。上下句对仗工整,"爱"与"频"互对,意思相同。

喜

"喜"字今天没有表示"常常发生某种行为"的用法,但是古代有,而且比"爱"字更早见,六朝文献中就已出现了:

(9) 有人问谢安石、王坦之优劣于桓公。桓公停欲言,中悔,曰:"卿喜传人语,不能复语卿。"(《世说新语·品藻》;有人问桓温:"谢安石和王坦之两人谁优谁劣?"桓公想了会儿要说,又反悔,说:"你这个人爱传话,不能再跟你说了。")

(10) 其国有水,昔日甚浅,后山崩截流,变为二池,毒龙居之,多有灾异。夏喜暴雨,冬则积雪,行人由之多致艰难。(《洛阳伽蓝记·城北》;"夏喜暴雨"即夏天经常下暴雨。)

(11) 有人问婆罗门言:"汝何故哭?"婆罗门言:"今此小儿,七日当死,愍其夭殇,以是哭耳。"时人语言:"人命难知,计算喜错,设七日头,或能不死,何为预哭?"(《百喻经》卷上;人的寿命长短难以预知,计算时常常会有差错,也许到了第七天也不会死,何必提前哭丧!)

"喜"和"爱"在"喜爱"一意义上是同义词,喜爱的事情人们就愿意做,经常做,所以辗转产生出"经常"的意义来。

[原载《普通话》(香港)1986 年第 4 期]

二 话说"少废话"

北京人吵架的时候,往往冲着对方喊:"你少废话!"所谓"少废话"是喝令对方闭嘴,意思跟"你别胡说八道"差不多。"少废话"的"少"已经不同于形容词"多少"的"少",而跟表示劝阻或禁止的"别""甭"作用大致相当,不过在感情色彩上略有不同罢了。为什么"少"会产生如此妙用呢?请先看下面两个例子:

  a. 少花钱，多办事。
  b. 少栽刺，多栽花。

  这两个列子都是对偶句，都以形容词"少"跟"多"相对仗，但是细加体味，两个"少"字意思不尽一样。a 例的"少"，就是"多少"的"少"的意思。b 是一句谚语，劝人在处世为人时要多说好话，少得罪人。其中的"少栽刺"其深层的语意是"尽量不要得罪人"，而不是"允许得罪少数几个人"的意思，这是跟 a 例的"少"不同的地方。再看另两个例子：

  c. 您身体不好，还是少管闲事。
  d. 这事儿跟你有甚么关系，你少管闲事！

  同样是"少管闲事"，但两例的意思并不完全相同。c 例的深层意思是"尽量不要管闲事"，但也可以理解为"管少点"。而 d 例的"少"已完全失去形容词的意义，"少管闲事"就是"别（或'不用'）管闲事"，少已虚化为表示禁止的副词。也就是说，从例 a → b、c → d 反映了"少"虚化为副词的过程，其中 b、c 二例似乎两解都说得通，是词义变化的过渡阶段，而词义变化的起因是出于修辞上的需要。说"少栽刺"（b）而不直说"别栽刺"，说"少管闲事"，（c）而不直说"别管闲事"，是为了避免把话说得太绝对，使意思表达得委婉些。
  这种用法的"少"并不是北京话的发明，明代吴承恩的《西游记》里已经可以看到：

  你莫要心焦，少得烦恼。（21 回）
  师父休怪，少要言语。（27 回）
  师父不必挂念，少要心焦。（36 回）

第一例"莫要"跟"少得"并说，第二例"休"跟"少要"并说，显然"少得"即"休得"、"少要"即"休要"之意。第三例的"少要"跟

"不必"并说,"少"也与"休"相当,用"少"不用"休",语气上委婉和缓得多。再往上推,金元戏曲作品里也有类似的用法,不过不用"少"而用跟"少"意思相近的"省可""省可里"("里"是语助词):

我孩儿安心,省可烦恼。(《董西厢》六折【豆叶黄】)
休道迟,莫见责,省可里便大惊小怪。(元曲《虎头牌》四折【滚绣球】)
你将我省可里推,我可也其实怕。(元曲《鸳鸯被》二折【小梁州】曲公篇)

第二例三句话中一用"休",一用"莫",一用"省可里",是同义词的变换使用,避免只重复使用一个词。"省可"的"省"有"少"义(见《韵会》),"省可"的"可"也有"少"义(今山西方言中仍保存了"可"的"少"义),是同义语素的并列使用,以构成双音词。不直说"休、莫"而说"省可",跟上边不直说"不要、别、不用"而说"少"一样,都是为了使语气变得和缓的表达方式。不过在现代北京话里"少"字表示禁止时,其语气可不见得比"别""不用"之类缓和,在有些场合反而显得更为强硬、严厉。比如"你别/不用废话!"跟"你少废话!"在北京人听来,后一种说法的分量要重,显得更不客气些。这可能因为"别、不用"表达直白,没有什么弦外之音;而"少"是一种曲的表达方式,所以听者能根据当时的语境,感受到更多的内涵。

(1) 冲(chòng):面对着。
(2) 甭:"不"和"用"的合音,读béng,有时也读bíng。

[原载《普通话》(香港)1989 年第 1 期]

三　反切趣话

反切是古人用两个汉字拼读一个字音的方法,前一个字代表被切字的声母,后一个字代表被切字的韵母和声调,这跟今天用拼音字母为汉字拼音的原理是相同的。比如说,都,当孤切。"当"表示"都"的上半部即声母,"孤"表示"都"下半部即韵母和声调。"当、孤"相切,得出"都"音。

早在汉末,经学家们已经使用反切为古代的经典做音注。到了魏晋南北朝,反切之风大盛,并且大大超出了为古书注音的范围。在士人学子中间把反切当作一种高雅的文字游戏,形成风气。

双声语

反切上字和被切字声母相同,是双声关系。在对话中使用双声语,在六朝时期并不少见,比如《南史·士戎传》载:

> 戎少有才气,而轻薄少行检,语好双声。江夏王义恭尝设斋,使戎布床。须臾王出,以床狭,乃自开床。戎曰:"官家恨狭,更广八分。"王笑曰:"卿岂善双声,乃辨士也。"文帝好与玄保棋,尝中使至,玄保曰:"今日上何召我耶?"戎曰:金沟清泚,铜池摇飏,既佳光景,当得剧棋。

这段话讲了两件事。一件是江夏王刘义恭设斋,让羊戎摆条桌,后来江夏王嫌条桌太窄,就自己动手加宽,于是羊戎便讲了两句话,全是双声语词。"官家""更广""恨狭""八分"两两为双声字。另一件讲宋文帝派人到羊戎家请其父玄保,玄保不知何事,羊戎说了四句十六个字,大意是:今天风光大好,应该痛痛快快地杀一场棋。那十六个字中,"金沟""既佳""光景""清泚""铜池""摇飏"各是一对对的双声字。像羊戎这样叠床架屋地使用双声语,并不是出于交际中的需要,纯粹是为了卖弄才华而已。连他父亲也嫌他轻浮,说"此儿必亡我家"。果不其然,羊戎后来因谤议时政而被赐死,正应了他父亲的话。

北魏杨衒之《洛阳伽蓝记》卷五记了一桩用双声语打嘴仗的趣事。说的是李元谦有一次从冠军(官名)郭文远家门前经过,见其门阀华美，乃曰："是谁第宅过佳？"婢春风出曰："郭冠军家。"元谦曰："凡婢双声。"春风曰："宁奴慢骂！"

好一个灵牙利齿的婢女，出口即成双声。反切的知识在当时何等流行，由此可见一斑。（"是谁""第宅""过佳""郭冠军家""慢骂"，每组都是同声母的字。）

隐语

六朝时期更为常见的是利用反切原理制作隐语，这种隐语的反切语是一种双反语。就是说，先用反切上字跟反切下字相切（所谓正切），再反过来用反切下字跟反切上字相切（所谓倒切），一共切出两个字音。比如《水经注·河水》卷四说一酿工善制美酒，酒名为"桑落"，

> 自王公庶友牵拂相招者，每云索郎有顾思同旅。语索郎，反语为桑落也。

索郎反切为"桑"。郎索倒切为"落"。这种隐语并无实际需要，不过追求时髦，附庸风雅罢了。

《隋唐嘉话》下卷写一人去拜访卢思道，见有一胡人也在座，就问是谁，卢思道不便直说，就用隐语回答说："从兄浩。"从兄即叔伯兄弟，自然也姓卢，卢浩相切为"老"，浩卢倒切为"胡"，则暗指此人为老胡也。古人泛称国外人为胡人，故"老胡"与现在北京人泛称外国人为"老外"乃同出一径。

在魏晋南北朝的志怪小说中，经常可以看到这种利用反切原理构成的隐语。比如《甄异记》中的死鬼自称为"高褐"实则为"葛蒿"的隐语。葛蒿指长满野草的坟冢，借指死鬼。《续异记》中有一蝼蛄变为人，人问其姓名，他说："仆姓卢，名钩。"卢钩就是蝼蛄的隐语。《孔氏志怪》写卢充跟崔氏亡女结婚的故事，崔氏女生一子，"即字温休。温休，盖幽婚也"。温休相切得"幽"，休温相切得"婚"，"幽婚"即"冥婚"之意，暗示此子是活人跟死鬼成婚于冥间而生的。

[原载《普通话》（香港）1987年第4期]

四 "望空便额"别解

"望空便额"一语,敦煌本《庐山远公话》中凡两见,但"望"字一处作"亡",一处作"忘":

(1) 于是道安闻语,作色动容,喷(责)善庆曰:"亡空便额。……"(《敦煌变文集》,185页)

(2) 于是善庆闻语,转更高声,遥指道安怒声责曰:"……贱奴拟问经文,座主忘空便额。……"(同上,186页)

陈治文先生校"亡"为"忘"之讹,"忘"字与"望"字为同音替代(见《敦煌变文词语校释拾遗》,载《中国语文》1982年第2期,下称"陈文"),甚是①。但他又以为"额"是"各支"的替代字,据"各支"训"击也",释"望空便额"为"朝空中抡拳挥掌作打击状之动作",则尚可商榷。因按照陈说,例(1)难以讲通。大概陈先生也看到这一点,所以他又说"上引第一句文字有颠倒,'望空便额'应与'责善庆曰'互乙"。按,互乙之说,根据似嫌不足。"望空便额"的准确解释,关键还在那个"额"字。

蒋礼鸿先生在《变文字义待质录》中曾推测"亡空便额"可能是"斥责的话"。他提到了一条十分重要的材料,现引于下(引文详略与蒋稍异):

宋昌藻,考功员外郎之问之子也。……刺史房琯以其名父之子,常接遇之。会有中使至州,琯使昌藻郊外接候。须臾却还,云:"被额"。房公顾左右何名为"额",有参军亦名家子,敛笏对曰:"查名诋诃为额。"——近代流俗,呼丈夫妇人纵放不拘礼度者为"查"。又

---

① "望"误为"忘",《敦煌变文集》中不为仅见,如《伍子胥变文》:"乞为指南,不敢忘食"(5页),校者即校"忘"为"望"。

有百数十种语,自相通解,谓之"查谈",大抵近猥僻。(《封氏闻见记》,卷十"查谈"条)

蒋云"查谈中的'额'不知和这里有没有关系",笔者认为这正是解通此语的关纽所在。"望空便额"的"额"正应训作"诋诃",亦即训斥、责骂之意。敦煌写卷《燕子赋》(伯2653、斯214):"雀儿被额,更害气咽。"① 此"被额"也指受到训斥,与上引宋昌藻所云"被额"义同。身为名门之后的宋昌藻和参军某皆能了解查谈"额"字的意思,并在口语中加以使用,而且,我们在当时的文献中至少已检得三例,这说明"额"字的这一特殊意义在当时的口语中是比较流行的。

"望空"何解?蒋谓:"《玉堂闲话》:'江南人呼轻薄之辞为覆窠。''亡空'或者是'覆窠'声近转成的。"蒋说可商。陈文谓"望空"为"朝空",甚近,但理解似过实。今以为"望空"从字面上讲虽为"朝空、向空"义,但"望空便额"用的是它的引申义,应作"平白、无据、无端"等讲,元曲《货郎旦》四折【四转】曲:"望空里揣与他个罪名儿,寻这等闲公事。"此"望空"即"平白、无端"意。故笔者以为"望空便额"的意思是:毫无根据(理由)就加以斥责。这种解释,《庐山远公话》的两例均能讲通:例(1)是道安指责善庆对他的辩难是无端的责骂(批评);例(2)可有两解:a. 我(善庆)要请教经文,你(道安)却平白无故责骂。b. 我要请教经文,你却说我无端指斥(笔者倾向于b)敦煌俗文学作品中有与"望空便额"结构、词义相同的语词,可作为上说的印证:

望风恶骂

燕子到来,即欲向前辞谢,不悉事由,望风恶骂。(《燕子赋》,《敦煌变文集》252页)

---

① 《敦煌变文集》259页注[七六]云,伯2653号作"雀儿被害页"。按,据北京图书馆所藏原卷胶片,"害页"字乃变文集编者误读,实为"额"字。斯214亦为此作。

这是雀儿的话。雀儿占了燕子的窠巢，辩解说：燕子回来我正要上前道歉，但燕子不了解情由就破口大骂。"望风"应释作"平白、无端"，若释作通常所谓"离得老远地"，则不合文义。

望风且嗔

> 须达买园既毕，遂与太子却归。忽于中途，逢着六师外道。未问委的，望风且嗔。（《降魔变文一卷》，同上第 372 页）

"望风且嗔"也是"无端责骂"之意。据上下文可知，须达与外道迎面相遇，是面对面说话，故"望风"也不是"离得老远地"之义。

上面二例子"望风恶骂"与"望风且嗔"之前分别有"不悉事由"和"未问委的"这样意思相同的话语，恐非偶然，应能说明"望风"一词与"不悉事由""未问委的"之义有关。进一步说，"望风"与"望空"义同，"风、空"均可指虚无之物，故其义可通用。如熟语"望风捕影"（见《中国谚语资料》，上海文艺出版社 1961 年版，第 376 页）又作"望空捕影"，如"你们不知道他在哪儿住，望空扑影，这案子怎么办呢？"（陈士和评书《聊斋·毛大福》第 31 页）将"望空便额"与"望风恶骂""望风且嗔"相比较，可以看出这三个四字语结构大致相同，"望空"与"望风"同义，"额"与"骂""嗔"同义，可以相信，它们只是同一意思的不同说法而已。

（原载《中国语文》1983 年第 2 期）

语言接触与元明时期的特殊判断句

过去读元杂剧和《水浒传》，遇到"某乃大刀关胜的便是"、"这位便是东京八十万禁军枪棒教头林武师林冲的便是"一类句子时，常常疑惑不解：其一，为什么要在人名后面加个"的"字，说成"关胜的"、"林冲的"呢？是不是前面省略了动词"叫作、称作"呢？其二，既然前面已经有了"是"或"乃"一类的系词准系词①，为什么句尾还要用"便是"呢？这不是画蛇添足吗？这种疑惑不仅是以现代汉语为语感的，而且也得到古代和近代介绍身份的判断句通例的支持。且看以下从先秦至元代的例子：

> 余，而所嫁妇人之父也。（《左传·宣公十五年》）
> 余是所嫁妇人之父也。（《论衡·死伪篇》）
> 陈胜者，阳城人也。（《史记·陈涉世家》）
> 陈婴者，故东阳令史。（又，《项羽本纪》）
> 身是张翼德也，可来共决死。（《三国志·蜀书·张飞传》）
> 文举至门，谓吏曰："我是李府君亲。"（《世说新语·言语》）
> 妾是公孙钟鼎女。（《伍子胥变文》）
> 小神乃天曹增福之神。（元刊杂剧《看钱奴》）
> 郭威道："咱是刘招讨帐前亲兵郭威。"（《新编五代史平话·周史平话》上）

---

① "乃"，古代有相当于系词的用法，杨树达《词诠》称为"不完全动词"。如："吕公女，乃吕后也。"（《史记·高祖纪》）"臣非知君，知君乃苏君。"（又《张仪传》）"乃"又作副词，常修饰系词"是"，"乃是"即"就是"、"却是"，故单用"乃"也为此义，所谓沾染而生义也。无论从哪一途径，"乃"都可以获得系词的用法，故此处将"乃"看作准系词。

这些例子有的主语后用系词"是"，句末用语气词"也"；有的或不用系词"是"，或不用句末语气词"也"；但都不见"N+的"短语，也不见前面用了"是"，句尾复用"便是"的。因此，按常例，上面两句或应说成"某乃大刀关胜（也）"，"这位便是……林武师林冲（也）"；或者说"某乃称作大刀关胜的"，"这位便是称作……林武师林冲的"（"关胜的""林冲的"后面隐含着中心语"人"，"的"字是结构助词），但元明特殊判断句的情况与常例完全不同，有必要对它产生的原因加以探讨。

一　特殊判断句句型归类

（以下各类句型中，S是全句主语，N为称谓名词）
A. "S+是+N的+便是"（"便是"或作"是也"）

　　（1）贫道是司马德操的便是了。（元刊杂剧《单刀会》二折白）
　　（2）小人是屠家张千的便是。（又《替杀妻》楔子白）
　　（3）某乃大刀关胜的便是。（《元曲选·争报恩》楔子）
　　（4）妾身是开封府上厅角妓李琼梅的便是。（《永乐大典戏文·三种小孙屠》三出）
　　（5）我这仁兄是梁山伯好汉中神行太保戴宗的便是。（《水浒》四十四回）
　　（6）小人便是白虎山前庄户孔亮的便是。（《水浒》五十八回）
　　（7）我乃是观音弟子木叉行者的便是。（《西游记》二本七出）
　　（8）自家不是别，乃是万俟丞相府中堂候官的是也。（《荆钗记》十九出）

B. "S+是+N+便是"（"便是"或作"是也"）

　　（9）某乃宋江便是。（《元曲选·李逵负荆》二折）

（10）小生是太守相公的表弟赵汝州是也。（又《红梨花》一折白）

（11）俺是沙陀李晋王太保李嗣源是也。（《残唐五代史演义传》七回）

（12）吾乃骠骑将军樊武瑞便是。（《禅真逸史》三十一回）

此式与 A 式的区别在于称谓名词 N 后没有"的"。

C. "S + N 的 + 便是"

（13）贫道，陈抟先生的便是。（元刊杂剧《陈抟高卧》一折白）

（14）自家姓任，任屠的便是。（又《任风子》一折白）

（15）自家，延寿马的便是。（《永乐大典戏文三种·宦门子弟错立身》二出白）

（16）小生孙华，小字虫儿的便是。（《元曲选·杀狗劝夫》楔子白）

此式主语后不用系词，人名后用"的"。

D. "S + N + 便是"

（17）老夫，王员外便是。（元刊杂剧《小张屠》楔子白）

（18）贫道，吕岩便是。（又《铁拐李》楔子白）

此式主语后不用系词，人名后也不用"的"。

从以上四种句型的例子知道，这类介绍人物身份的特殊判断句最早见于元人杂剧，主要盛用于元明戏剧及白话小说之中。虽然清代戏剧中也偶有其例，但应是对前代格式的袭用，并不真的反映当时的口语①。这四种句型的共同点是，句尾都有"便是"或"是也"（我们注意到元代可靠资

---

① 如《长生殿》十出："小子是这长安市上新丰馆大酒楼一个小二哥的便是。"《三侠五义》十回："我非别个，乃开封府包大人下赵虎的便是。"

料中均作"便是",明代也以"便是"为多;"是也"出现在明代资料中,《元曲选》宾白中偶作"是也"),其区别就在于主语后用不用"是",人名后用不用"的"。也就是说,主语后的系词和人名后的"的"都不是必要成分,而句末的"便是"或"是也"是必不可少的。如果把 A 式看作全式,那么,其他三式在形式上像是它的简式,其中 D 式最简。按照汉语的句法规则,如果把以上各类句型中的"N + 的"或 N 看作表语或名词谓语,那么"便是"或"是也"就该看作句末语气词,因为汉语的判断句是不能在主语和句尾同时使用系词的。但是,为什么到了元代忽然出现这种用系词"便是"充当句末语气词的新句式呢?为了正确认识这种特殊判断句的结构,以下两个问题是不能回避的:其一,"N + 的"短语中"的"的语法功能与性质;其二,"S + 是 + N 的 + 便是"句式产生的内因与外因。

二 "N + 底/的"短语

2.1 同时期文献用例

香坂顺一(1987)认为《水浒》中"人名 + 的"是"叫作……的"的意思,这从句义上可以讲得通,但句中并无"叫"类动词;而且我们发现,除了特殊判断句外,"N + 的"短语还在其他场合中使用,表示自指,有词缀化的倾向。以下仅举《永乐大典戏文三种》、元本《琵琶记》、元代白话碑等同时文献中的一些用例以窥一斑:

(19)(净)叫副末底过来!(《张协状元》五出【行香子】白)
(20)(外白)你叫副末底取员梦先生来员梦看。(同上,二出【千秋岁·同前】白)

"副末"是角色名,在戏文中扮演次要的男子。这两例中以谐谑的方式用角色行当名来指称戏文中的人物。"副末底"即指称副末其人,"底"用为称谓名词后缀。

(21)（净）媳妇拜告相公知："这贫女底，从幼来在庙中，旦夕里是我周济。"（同上，四十五出【鹅鸭满渡船】）

"贫女底"即称贫女其人（贫女是戏中女主人公的称名），"底"也用为称谓词后缀。《张协状元》被公认为戏文初期即南宋时期的作品。

(22) 哥哥底，娶为亲。谁知心走辊，便忘恩。（《小孙屠》二十一出【缕缕金·同前】）

《小孙屠》一般认为是元时南戏作品。
元刊本《琵琶记》①里的例子均作"N+的"：

(23) 臣邕的，臣邕的，荷蒙圣朝。臣邕的，臣邕的，拜还紫诰。念邕非嫌官小，那家乡万里遥，双亲又老。（十五出【滴溜子】）
(24) 天怜念，天怜念，蔡邕拜祷。双亲的，死生未保，可怜恩深难报。（同上）
(25)（生）冤家的，冤家的，苦苦见招，俺媳妇埋怨怎了。（十五出【归朝欢】）
(26) 黄允的便是桓帝时人，司徒袁隗要把从女嫁与黄允。（三十六出白）
(27) 我绝不学那黄允的。（同上，白）
(28) 这西河守的，便是战国时吴起，魏文侯交做西河郡守，母

---

① 《琵琶记》有多种版本，本文所用为钱南扬校注本。钱本以清陆贻典《校钞新刊元本蔡伯喈琵琶记》为底本。陆钞本依据的底本很古，全剧不分出，前有题目，与戏文三种相同。今将钱校本与毛晋《六十种曲》所收《琵琶记》相对照，发现毛晋本对称谓词"的"有如下改动：a. 曲文中的"N+的"基本未变，只有一处将唱词中的"双亲的"改为"双亲"，去掉了"的"。b. 道白中的"N+的"一律去掉了"的"字。这说明称谓词后缀"的"在明代基本上已不再广泛通用。曲文因受字数、格式、韵律的限制，不便随意改动，所以基本保留；即使这样，个别地方还是去掉了后缀"的"。另外，《宋元戏文辑佚·王祥卧冰》也有在亲属称谓词后加"的"的例子："儿夫的守奈园儿，寂寞痛苦伤悲。"

死不奔丧。(同上【生】白)

(29) 他公婆的亲看见。双双死,无钱送。(三十七出【犯衮】)

元代白话碑中有一例:

(30) 据丘神仙底,应系出家门人等,随处院舍都教免了差发税赋者。(1223年鳌屽重阳万寿宫圣旨碑①)

同碑下文另一处作"所据丘神仙,应系出家门人、精严住持院子底人等,并免差发税赋"。"丘神仙"后没有"底"字,但意思跟有"底"的没有区别。

以上各例中,"N+底/的"既可以做主语,又可以做宾语;N既可以是专有名词,也可以是称谓词。其中"贫女底、丘神仙底、邕的、黄允的"是人名,"副末底、西河守的"是角色名、官职名,"哥哥底、双亲的、公婆的、冤家的(指妻)"是亲属称谓。可以看出,这些"N+底/的"短语后面都不能补出相应的中心语,"N+底/的"就相当于N,去掉"底/的",于意义毫无妨碍(元代特殊判断句中的"N+的"也有这一特点)。这说明"N+底/的"中的"底/的"不是通常的结构助词,而应该看作表示自指的称谓名词后缀。同时从元代文献中结构助词"底"又作"的"来看,可以同样认定"N+的"的"的"也是"底"的轻声变体。

2.2 "N+方位词"短语 (N为称谓词)

拙文(1999)在讨论结构助词"底"的来源时,曾指出在"N+处所/方位"短语中,处所词、方位词发生语法化的事实,这应与称谓词后缀的来源直接有关。试看以下两例:

(31) 有钱石上好,无钱刘下好,士大夫张下好。(《全唐诗》卷

---

① 蔡美彪:《元代白话碑集录》,科学出版社1955年版,第1页("底"字漏录)。

八六七《选人语》)·

这是候选官职者总结仕途捷径的玩笑话,揭露了官场的黑暗。"石上、刘下、张下"分别指姓石、姓刘、姓张的掌选官。方位词"上/下"用在姓氏后已完全虚化,成为姓氏名词后缀。

(32)崔湜之为中书令,河东公张嘉贞为舍人,湜轻之,常呼为"张底"。后商量数事,意皆出人右。湜惊美久之,谓同官曰:"知无?张底乃我辈一班人,此终是其坐处。"死十余载,河东公竟为中书焉。(唐·刘𬤊《隋唐嘉话》下)

"张底"是对张嘉贞的称呼,"底"也是姓氏词后缀。从"石上、刘下、张下"的用法可以推知,"张底"的"底"应是源自方位词。

《全唐诗》和《隋唐嘉话》的例子表明,唐时方位词"上、下、底"已有语法化为姓氏名词后缀的用法。我们认为,元代文献里一般判断句和陈述句中的称谓词后缀"底/的"即源自唐代的姓氏词后缀"底"。期间经历了由"上、下、底"同时并做称谓词后缀,到后来只用"底"字;使用范围从姓氏词扩大到整个姓名,乃至亲属称名、官职名等,几乎所有称谓名词后面都可以加上后缀"底"。前举南戏和元代戏曲作品中的"N+底/的"如"贫女底、丘神仙底、黄允的、哥哥的"等称谓词短语正是唐代"张底"这一用法的扩大与发展。进而,我们推断元明特殊判断句A式和C式中的"N+的"也应与此有关。在A式"某乃大刀关胜的便是"、C式"自家,韩信的便是"中,"关胜的""韩信的"去掉"的"也于词义、句义无害,"的"也应看作词缀。

2.3 处所方位词与称谓

汉语的处所词、方位词与称谓名词有很密切的关系。拙文(1999)曾举《史记》与汉译佛经中此类例子多条,可参看;又举出"石上、刘下、张下、张底"等,除此之外,宋元明时代还有以"行"为后缀的"爹行、娘行、僧行"等称谓,拙文(1998)考证此类"行"的本字实为方位词

"上"。古代还有以建筑物名称用于尊称的，如陛下、阁下、令堂、堂上等。现代则有"这位、那位、委座、院座"等用于尊称。现代称呼单音节行政单位也往往要加上方位词后缀，如省里/上、县里/上、村里/上、所里、部里等。以人所处的方所位置指称其人，这是认知上的转喻。类似的情况一些外语里也有，如日语直接用方位指示词こちら、そちら（这里、那里）表谦称或尊称。总之，元代特殊判断句中"N+的"的"的"（本字为"底"）是源自方位词的称谓名词后缀。元代特殊判断句中为什么有时用N，有时用"N+的"做表语，我们推测这可能跟语气强弱的分别有关系。

三 "S+是+N（的）+便是"句式的形成

解释"S+是+N（的）+便是"句式的形成，关键要回答为什么主语后已有系词"是"，句尾还要再用"便是"。联系这种句式产生的社会历史背景，经考察分析，我们认为这很可能是在语言接触过程中，汉语的判断句与蒙古语等阿尔泰语的判断句句式相叠加而成的。

3.1 汉语的判断句经过了从古代无系词与有系词两类并存，到汉晋以后以有系词为主的过程；而且，系词也从"惟、为、是"并用变化为主要用"是"；"主语+是+表语"很早就成为汉语判断句的典型格式而固定下来，直到今天，这跟汉语SVO的语序特点是一致的。就是在元代产生上述特殊判断句的时代，"主语+是+表语"仍是主要形式。

3.2 我国北方少数民族语言绝大多数都属于阿尔泰语系，阿尔泰语是黏着语，靠格附加成分（也称后置词）表达语法意义。阿尔泰语又是SOV句型的语言，宾语位于动词的前边。据我们对突厥语、蒙古语、满语、朝鲜语（另有日语）的调查[①]，这些语言的判断句有一个共同的特点——在主语和谓语之间没有系词，名词谓语后边有表示肯定的判断动词或助词。比如"我是学生"这句话，以上各语言的语序为"我学生是"（满语"学生"后有表示处所方位的成分，朝鲜语、日语"我"后有格助

---

① 民族语言的有关情况是中国社会科学院少数民族文学研究所的同志提供的。

词)。历史上汉族与各少数民族长期杂居而处,语言接触的历史悠久,其结果必然带来两种语言的相互影响、相互渗透、相互融合。可以想见,在契丹、女真、蒙古等少数民族建立政权的辽、金、元等朝代,汉语受阿尔泰语的影响应更为普遍、深入。在汉语的 SVO 句式与阿尔泰语的 SOV 句式相碰撞时,无论是学说汉语的少数民族,还是与少数民族交往的汉族,都有可能使用一种兼容两种语法特点的叠加句式,即:

S V O + S O V → S V O V
我是学生 + 我学生是 →我是学生是

我们认为,元代特殊判断句 A 式"贫道是司马德操的便是"、B 式"某乃宋江便是"就是这样叠加而成的。所不同的是,句尾的"是"前有副词"便",作"便是",或"是"后有语气词"也",作"是也"。这主要是句子韵律上的需要,以双音节词结句,使句子更加和谐稳定,客观上也加强了确认语气。C 式"自家韩信的便是"、D 式"贫道吕岩便是"主语后不用系词,虽然不妨看作 A、B 两式的简式,但如果看作是对阿尔泰语判断句句式的直接套用模仿或者更中肯綮。当然,古汉语判断句本有主语后不用系词,句尾以"是也"结句的一类("S,N 是也"),这或许正是元代汉语可以套用蒙古语判断句句式的深层原因吧?(详见3.1)另外,从汉人的语言心理分析,处于叠加式判断句句尾的"便是"或"是也",与其看作后置的系词,不如看作语气词更合适,犹如古代的"S(+是)+N+也"句式〔余,而所嫁妇人之父也(《左传》)余是所嫁妇人之父也(《论衡》)〕和"S 者,N 是也"(详见4.1)。正因为新产生的叠加式经重新分析后可以被汉语的判断句框架容纳,所以它能在一段时期内通行。

3.3 元代另一种叠加式判断句——共时资料的旁证

从《蒙古秘史》的对译与总译知道,蒙古语判断句的主要结构是"SO 有",总译改为"S 是 O"。比如卷七处有以下二例("有"是蒙古语句末表示肯定的助动词的直译;"有来"是它的过去式的直译):

音译:必　王罕　备由(第446页)
对译:我　人名　有

总译：我是王罕
音译：王罕　额儿　帖讷　斡脱古　也客　罕　不列额（第451页）
对译：人名　在前　的　老　大　皇帝　有来
总译：王罕是在前的老皇帝

但是，我们在可靠的元代白话文献中经常可以找到一种叠加式判断句"S+是+O+有"，例如：

（33）金银是钞的本有。（《元典章·户部·卷六存留钞本》）
（34）孝道的勾当是德行的根本有。（《孝经直解·开宗明义章第一》）
（35）"你的师傅是什么人？""是汉儿人有。"（古本《老乞大》2b2）①
（36）这参是新罗参有，也著中。（同上，35a7）

这种特殊判断句很显然是汉语与阿尔泰语判断句相融合而产生的叠加式，即："S是O"＋"SO有"——"S是O有。"它跟前举"S是O便是"叠加式判断句的结构完全相同，差别仅在于一个句末用"便是"，一个用"有"，这只是用字上的不同选择。由于"有"和"是"词义的不同，我们推想，句末用"有"的叠加式恐怕不如用"便是"的易于被汉人接受，元杂剧等文艺作品中的叠加式判断句几乎都用"便是"或"是也"，恐怕正是这个原因；入明以后，句末为"便是/是也"的叠加式判断句还时或可见，而句末做"有"的则消失近尽，恐怕也是这个原因。

3.4　前置词与后置词的叠加——历时资料的旁证

在语言接触的过程中，叠加是一种普遍现象，不限于判断句。汉语一般使用前置的介词表达各种语法意义，可称为前置词型语言；蒙古语是用后置的格附加成分表达语法意义的，可称为后置型语言，在这两种语言接

---

① 古本《老乞大》是1998年韩国庆北大学教授南权熙在整理大邱市一私人藏书时发现的。经韩中两国学者初步研究，此本内容是元时语，未经明代改动。详见李泰洙（2000）及李泰洙、江蓝生（2000）。

触中会产生一种前置词与后置词兼用的叠加式。下面以分别代表元、明初、清三代语言的四种《老乞大》[①]为资料举例说明：

古本：从年时天旱，田禾不收，饥荒的上头，生出歹人来。（8a6）

谚解：从年时天旱，田禾不收，饥荒的上头，生出歹人来。（24a9）

新释：因去年年成荒旱，田禾没有收成的上头，就生出这些歹人来了。（9a5）

重刊：因去年年成荒旱，田禾没有收成，就生出歹人来了。（23b）

古本、谚解本用后置词"上头"表示原因，新释本改用前置后置叠加式"因……上头"表示，到了重刊本，仅用前置词"因"，回归汉语。这个例子比较能说明叠加式产生与消亡的过程与历史语言环境的变化有密切的关系[②]。

3.5　现代方言的旁证

使我们对这一看法增强信心的是，现代某些西北方言中还存在这种叠加式判断句的遗迹。

谢小安、张淑敏（1990），王森（1993）介绍了现在甘肃临夏方言的疑问句中有如下句式：

你是学生就是啦？（你是学生吧）
这个车子是你的就是啦？（这辆车子是你的吧）
兀个年轻人是皮革厂的厂长就是啦？（那个年轻人是皮革厂的厂长吧）

[①] 古本：古本《老乞大》；谚解：《老乞大谚解》（奎章阁本）；新释：《老乞大新释》（乾隆34年刊本）；重刊：《重刊老乞大》（乾隆60年刊本）。

[②] 叠加式是语言接触中常见的现象。如粤语把"你先走"说成"你行先"，长期生活在粤语区的外省人有时在口语中会不经意地说"你先走先"（中山大学唐钰明教授告知）。

"啦"为疑问语气词,读轻声。"啦"前面的句子是判断句,为"S+是+N+就是"式,跟元代的B式相同,只不过把"便是"换成了"就是"。

与肯定式相应,临夏方言的判断句否定式为"S+是+N+不是":

阿哥是怕人的人不是。(阿哥不是怕人的人)
这个水是冰的不是。(这水不是凉的)
你是工人不是哩?(你不是工人吧)
我谦虚的不是,也保守的不是。(我不是谦虚,也不是保守)
我新衣裳没有的,有了没穿的不是。(我是没有新衣裳,不是有而不穿)

从否定句先在主语后出现系词"是",又在谓语后用"不是"加以否定来看,这种句型显然不是汉语原有的,也应看作SVO型语言与SOV型语言相融合的叠加式(临夏地区是蒙、藏、回等民族杂居地,藏语也是SOV型语言)。蒙语的否定词出现在句尾,不仅现代如此,古本《老乞大》里也反映了这种语序:

"恁这马是一主儿的那,是各自的?""一主儿的不是,这四个伴当是四个主儿。"(2a7)
秋里系铖铁,寻常的不是,有玲珑花样的。(33b7)
俺买呵,买一两个,自穿的不是,一发买将去要觅些利钱。(36a5;《谚解》本改为:"我买时,不是买自穿的"54a2)

谢小安等人的文章中说,无论是肯定句还是否定句,主语后面的"是"读音都很轻,相当于语气词。这说明临夏方言的叠加式判断句在说话人心理上更侧重于SOV型语言一边,但从起源上说,这种出现两次系词的判断句应是SVO型和SOV型两种语言接触而产生的叠加式。

3.6 上面的事实都说明在语言接触过程中叠加式的出现是常见的语言现象,与此同时也反映出这种兼容两种语言格式的句式并不稳固,它随语言接触的环境、态势的变化而变化。如 2.4 节列举的由"X 的上头"到"因 X 的上头"再到"因 X";再如上举例（36）古本《老乞大》做"这参是新罗参有",为叠加式,明初谚解本改作"这参是新罗参也",用语气词"也"替代了句末的"有",开始向汉语靠拢;到了清代乾隆年间的《新释》本和《重刊》本又改作"这参是新罗参",回归汉语。从"S 是 O 有"到"S 是 O 也"再到"S 是 O",具体地显示了叠加式判断句是怎样随着蒙古语由强势语言变为弱势语言而逐步回归汉语的判断句结构的。

四　问题讨论

4.1　香坂顺一（1986）认为上述以"便是"结尾的句型是受上古以"是也"结句的判断句的启发而产生的。我们把这种句型分为两类：

（i）"S，N 是也"

　　孟子曰："圣人，百世之师也，伯夷、柳下惠是也。"（《孟子·尽心下》）

　　臣闻七十里为政于天下者，汤是也。（又，《梁惠王下》）

　　若昔三代圣王，尧、舜、禹、汤、文、武是也。（《墨子》）

（ii）"S，N 者是也"

　　夫国亦有猛狗，用事者是也。（《晏子春秋·内篇问上》）

《孟子》二例只在句尾出现一次"是",跟元代一句之内出现两次系词的 A、B 两式完全不同;跟主语后不用"是"的 C、D 式句型有相似处,但语义关系很不相同。

关于这类句子中的"是"是否为系词,前人多有讨论,意见也不完全一致。一种意见认为其中的"是"仍是指示代词,是复指前面所谈及的人、事和情况的（如王力,1980）;另一种意见认为"是"是表示确认加强语气的（如洪心衡,1964）;当然,也有人把此类"是"分析成系词。我们认为,这种句型里的"是"还不能看作系词。据许多学者研究,系词

"是"在先秦时代的确切用例较少，因此有人把先秦作为系词"是"的萌芽期（如杨伯峻、何乐士，1992），郭锡良（1990）则认为系词"是"产生在西汉（或战国末期）时期。不管怎么说，先秦文献里能确认为系词的用例很少，因此很难想象，怎么在《孟子》里一下子出现了十几例。更为重要的是，"是"由指示代词语法化为系词的特定语境是在谓语之前，而不是在谓语之后。一个刚刚完成语法化的新成分最初的句法位置应该就是使它发生语法化的位置，而不太可能在语法化之初就频繁移动其句法位置。据此，我们也倾向于不把上举各例"是也"的"是"看作后置的系词，而是看作复指代词。这种复指的"是"此后发生语法化，由于其句法位置在句尾，又由于古代判断句可以仅以"也"结句（复指成分非必要），所以"是+也"逐渐由词组凝结为一个表示确认强调语气的助词"是也"。这类以"是也"结尾的文言判断句式，在后代的文献中并不罕见，可以认为是沿袭仿用，甚至连元明白话文献也可见其例：自家，北番一个虎狼军将是也。（《幽闺记》三出〔点绛唇〕白）| 某，姓宋名江，字公明，绰号顺天呼保义者是也。（《李逵负荆》一折）| 自家，完颜女真人氏，名茶茶者是也。（《虎头牌》一折）当然，这种仿用是带有时代特点的。

我们认为，元明时代的特殊判断句C、D式跟先秦某些以"是也"结尾的句子只是形似，没有直接的来源关系。从共时文献提供的资料来看，C、D两式皆以"便是"结句，跟A、B两式应是共源的判断句系统，不能把它们与A、B两式割裂开来看。说它们共源，是指它们都跟阿尔泰语的判断句型有关。C式D式很像是阿尔泰语判断句的直译（带"的"的C式为强调式），而A、B两式则是汉语与阿尔泰语判断句相融合的叠加式。对于一种新成分或与汉语常规句型完全不同的新句型的出现，如果不能从汉语自身发展的规律得到解释，就要联系这种新成分、新句型出现的社会历史背景来寻找原因。A、B、C、D四种特殊判断句型同时出现在元代，而不是其他朝代，决非偶然。退一步说，即使把C、D两种句型看作是古汉语以"是也"结尾的判断句的仿用，那么这种系词后置的判断句型之所以在元代口语中被激活，也还是要从元代特殊语言背景去找原因。前面曾指出，元代资料中写作"便是"，明代资料中多作"是也"，这种现象倒很可能是有意向古汉语以"是也"结尾的判断句靠拢的反映。

4.2 袁宾(1992)指出某些汉译佛经和唐宋与佛经有关的文献中,有以"是也"或"是"结尾的特殊判断句,并认为唐宋以及元代文献中的"主语+表语+是"的判断句正是来源于佛经。到底应该怎样看待此类句子,这是本文必须面对的又一问题。先看佛经中的例子(引自袁文):

尔时导师,即我身是。五百贾客,诸弟子皆是。(《生经·佛说堕珠著海中经》)

佛告舍利弗:时孔雀王者,我身是也;时国王,汝身是;时夫人者,今调达妇是;时猎师者,调达是也。(《旧杂譬喻经》卷上 第二)

佛告诸比丘:童子者,吾身是也;妻者,俱夷是;四姓者,调达是。(《六度集经》四十五)

以上诸例可归纳为三种类型:

(a)"N_1者,N_2是也":时孔雀王者,我身是也 | 童子者,吾身是也。

(b)"N_1者,N_2是":时夫人者,调达妇是 | 四姓者,调达是。

(c)"N_1,N_2是":时国王,汝身是 | 尔时导师,即我身是。

其中a式与前举先秦文献里以"是也"结句式的判断句相似,由于汉魏六朝与先秦时代相距不算十分久远,可以认为a式是先秦句式的仿用。在《旧杂譬喻经》例中,a、b、c三式出现在同一段话之中,b、c两式似乎是为避免句式单一而对a式所做的简化,即:b省去"也",c省去"也"和"者"。但是令人生疑的是,按照古汉语判断句句法,如对位于句末的"是也"加以省略,则只可省去"是",不能省去"也",为什么汉译佛经却做相反的选择?带着这个问题,我请教了英国牛津大学专攻佛典的研究员自运尼师。她告诉我,梵文文法,判断句主语与表语间不用be动词。汉语说"我是学生",梵文作"我,学生";但在强调说明时,可在表语后加上be动词,作"我,学生是"。这使我推想,汉译佛经中以"是"结尾的特殊判断句很可能是译者受梵文影响而产生的句式。上引佛经各例都是在强调事实真相时的解释说明,不是一般的陈述介绍,正是强调式。这种以单个"是"字结尾的判断句在此前和同时期的其他汉语文献中还未曾见到,这也说明这种句式的出现应有特殊背景。从语言类型上看,梵文和阿尔泰语的判断句有相似处,即在主语和表语间都不用系词。它们也有不同处,即阿尔泰语在句末通常要用判断动词或助词,而梵文一般不用;但梵文的强调式判断句可在句末用"是",因此从句子表层看,梵文的强调式判断句跟阿尔泰语的判断句很相似。如果不从文献的时代背景和特质去找原因,不分清时代层次,就会把元明时期的特殊判断句的来源上推到汉译佛经的特殊判断句[①]。

袁宾在文中还举出唐宋文献中的特例,如:

我丈夫,张协是。(《张协状元》第三十五出)
佛之弟子,不是余人,即舍利弗是。(《敦煌变文集·降魔变文》)
若说我家夫主,佛弟难陀是也。(又,《难陀出家缘起》)
道信禅师,贫道是也。(《五灯会元》卷二 牛头山法融禅师)

《张协状元》的判断句中仅一例以"是"字结尾(其他都出现在主语和谓语之间),出现在【五更传】唱词中。这段唱词的韵脚字为"是、飞、底、睡、第、义",因此,应是出于韵脚的需要才将"是"字后置的。

---

① 杨永龙教授用计算机检索到佛经文献中也有少数"S 是 N 是也"式判断句:

时彼世中正定深满功德威持咒神王者,亦非别人,即是海妙深持自在智通菩萨摩诃萨是也。(《大乘同性经》卷上,《大正藏》卷十六,P645b)
又彼过去伽罗尸弃辟支佛边,手执伞盖,作荫人者,还是即今此耶输陀比丘身是。(《佛本行集经》,《大正藏》卷三 P823b)

在五代禅宗语录《祖堂集》中也看到少数例子:

白牛是能证之人,故即是文殊是也。(卷二十"五冠山瑞云寺和尚")

这类"S 是 N 是也"句式应是汉语"S 是 N"和"S,N 是也"两种判断句格式的叠加,"是也"的"是"已失去原先的指代性,"是 + 也"重新分析为一个表示肯定的语气词"是也",可看作语气词"也"的强调式。

《降魔变文》"即舍利弗是"跟佛经"即我身是"句式一样,应是同类题材文献对佛经句式的沿用。另两句以"是也"结尾的判断句,可以看作是对自先秦"圣人,百世之师也,伯夷、柳下惠是也"。到汉魏六朝佛经"时孔雀王者,我身是也"句式的继承①。袁文曾指出这些用例都出现在跟佛经题材和佛教有关的文献里,恐怕跟汉译佛经文献语言的影响密切相关,这个推断是有道理的。总之,对于上述几个例子应联系汉语语法史、联系时代社会背景和文献的性质做具体分析,有的或是对古代"是也"后置判断句式的变换仿用,有的恐怕要从横向寻找原因。

五 结语

在汉语判断句的发展历程中,出现了两次异质语言的影响。第一次是汉译佛经语言的影响,其实质是梵文佛典文法通过译经者的汉语译文影响汉语。在佛典译文的影响下,一是汉语文献中出现了少数以"是"结尾的特殊判断句,尽管这类句子很少见,且都出现在与佛教有关的特定文献中;二是在汉魏六朝激活了先秦以"是也"结尾的判断句,这有利于这种句型得以断续沿用到近代汉语。第二次是金元时期阿尔泰语对汉语的影响,其影响面比前一次要大,要广。在四种特殊判断句句式中,有类似阿尔泰语直译体的C、D型,也有汉语与阿尔泰语相融合的叠加式A、B型。虽然C、D式与先秦以"是也"结尾的判断句形似,但不能机械地认为二者有直接来源关系;另一方面也不能否认,由于汉语古代就有这种"是也"后置的句式,而且在汉魏六朝乃至唐宋时期的文献中时有出现,这就提供了元明时代的汉语比较能容纳C、D式的内在语言条件。

语言接触是元明特殊判断句产生的直接动因,但由语言接触而产生的

---

① 对元代特殊判断句A、C两式在N和"便是"之间加"的"的用法提两点不成熟的想法。一是日语和朝鲜语的判断句有"S+N+是"和"S+N+的+是"两种,加"的"的一般用在解释原因或强调的场合,可称为强式。对比元代特殊判断句也有加"的"和不加"的"之分,我们推想,很可能加"的"的那种是一种强调式的判断句,由于汉语正好有在称谓词后面加词缀"底/的"表示自指的用法,于是就被用在了强式判断句中。另一种可能是跟古代判断句"S,N者是也"句型有关,这个句型自先秦到元明的文言文中一直沿用,由于"者"与"的"相对应,于是就把"N者是也"改为"N的是也"。

新句型能否立得住,能立多久,还要看它与汉语语法有无相容性,能否真正融入汉语语法中去。由于元明时期的特殊判断句(尤其是 A、B 式)跟汉语的判断句结构差异太大,所以它们随着元朝的灭亡逐渐退出了语法史舞台。

主要引书目录

额尔登泰、乌云达赉校勘:《蒙古秘史》,内蒙古人民出版社 1980 年版。

(明)方汝浩:《禅真逸史》,浙江古籍出版社 1987 年版。

(元)高明著,钱南扬校注:《元本琵琶记校注》,上海古籍出版社 1980 年版。

钱南扬校注:《永乐大典戏文三种》,中华书局 1979 年版。

徐沁君校:《元刊杂剧三十种》,中华书局 1980 年版。

佚名(一说为罗贯中作):《残唐五代史演义传》,宝文堂书店 1983 年版。

佚名:《新编五代史平话》,中国古典文学出版社 1954 年版。

臧晋叔编:《元曲选》,中华书局 1979 年版。

《孝经直解》(原题《新刊全相成斋孝经直解》),来薰阁,影元刊本 1938 年版。

《幽闺记》、《荆钗记》,据毛晋(明)编《六十种曲》,中华书局 1982 年版。

《元典章》(原题《大元圣政国朝典章》),[日]影元刊本。

参考文献

道布:《蒙古语简志》,民族出版社 1983 年版。

董秀芳:《古汉语中的后置词"所"——兼论古汉语中表方位的后置词系统》,《四川大学学报》1998 年第 2 期。

郭锡良:《关于系词"是"产生时代和来源论争的几点认识》,《王力先生纪念论文集》,商务印书馆 1996 年版。

洪心衡:《〈孟子〉里的"是"字研究》,《中国语文》1964 年第 4 期。

江蓝生:《后置词"行"考辨》,《语文研究》1998 年第 1 期。

江蓝生:《处所词的领格用法与结构助词"底"的由来》,《中国语文》1999 年第 2 期。

李泰洙:《〈老乞大〉四种从句句尾助词比较研究》,《中国语文》2000 年第 1 期。

李泰洙、江蓝生:《〈老乞大〉语序研究》,《语言研究》2000 年第 3 期。

[日]太田辰夫:《中国语史通考》,白帝社 1988 年版。

王力:《中国文法中的系词》,《龙虫并雕斋文集》第一册,中华书局 1980 年版。

王森:《甘肃临夏方言的两种语序》,《方言》1993年第3期。

王森:《东干话的语序》,《中国语文》2001年第3期。

[日] 香坂顺一:《白話語彙の研究》,光生馆1986年版。

[日] 香坂顺一:《〈水浒〉語彙の研究》,光生馆1987年版。

谢小安、张淑敏:《甘肃临夏方言的疑问句》,《中国语文》1990年第6期。

杨伯峻、何乐士:《古汉语语法及其发展》,语文出版社1992年版。

袁宾:《近代汉语概论》,上海教育出版社1992年版。

(原载《语言学论丛》第二十八辑,商务印书馆2003年版)

也说"汉儿言语"[①]

1954年，著名日本汉语学家太田辰夫先生发表了《关于汉儿言语——试论白话发展史》一文，对于汉语史研究特别是汉语白话发展史研究来说，这是一篇见解独到，具有重要意义的学术论文。在这篇文章以及早一年发表的另一篇论文《〈老乞大〉的语言》中，太田先生考证了宋以后"汉人、南人"之别，"汉儿、汉儿言语"所指，自北朝以来"汉儿言语"的发展轨迹以及反映"汉儿言语"的历史文献等。其考据的审慎和眼光的敏锐，即使在时隔半个多世纪的今天也很令人钦佩。但是由于研究资料等条件的局限，当时对于"汉儿言语"面貌的了解还是比较粗疏的，本文拟在前人研究的基础上对时贤与笔者个人研究的成果加以综合归纳，以推动这项对语言接触与汉语白话史研究有重要意义的课题持续、深入地进行下去。

一 "汉儿言语"的兴起及其主要研究资料

据太田先生考证，宋以后"汉人"多与"南人"并举，这种分别并非自元朝始，早在北朝时期就已有"汉儿"与"吴儿"的分别。"汉儿"

[①] 十年前，我应邀在法国国家科研中心东亚语言研究所访问研究，与贝罗贝先生合作撰写了有关"汉儿言语"的比拟式的论文。贝罗贝先生早年毕业于北京大学中文系，我们是校友兼同行，在学术研究上多所切磋交流，启发良多。多年来贝罗贝先生在繁忙的学术行政领导工作之余一直坚持汉语语法史研究，且续有创获，跟他有相同经历的我，很能体会他的坚韧，而作为一个外国人研究汉语史，他所付出的辛苦却是包括我在内的常人所难以想象的，对此我深表钦佩。在贝先生六十五岁华诞之际，谨以此文表示敬意和祝贺。

另外，1987年我在日本京都大学人文科学研究所做访问学者一年，其间参加了太田辰夫先生在京都产业大学主持的中古汉语研读会，太田先生是"汉儿言语"研究的先行者，在此也一并表达内心的敬仰与怀念。

一词出现在反映北方社会生活、历史的文献中，如北朝《折杨柳歌辞》：
"我是虏家儿，不解汉儿歌。"（《北史》中也频频出现"汉儿"一词。）
文献数据显示，北朝胡汉之别并不严格以血统论，而是泛指中国北方的汉
人和汉化了的北方民族，与此相对，南方的汉人被称作"吴儿"。这一分
别唐代依然沿用，日本所谓"汉音、吴音"也基于自南北朝至唐五代间这
种"吴、汉"的区别。"汉儿"与"汉人"所指相同，只有称呼上的雅俗
之别，"汉人"是文的称呼，"汉儿"是口语的。元朝时把汉人分为两种，
所谓"汉人、汉儿"，狭义的指金国统治下的汉民族，广义的指除了北方
汉人之外，还包括契丹、高丽、女真、渤海等北方已经汉化了的民族在
内。所谓"汉儿言语"，是在北方汉人和汉化了的北方民族之间通行的共
同语。

"汉儿言语"在中国北方的推广和流行，历史久远，不自金元始。我
们知道，自东汉末年开始，中国陷入了战乱频仍的时期，大规模的、频繁
的迁徙加速了北方不同民族成分之间的融合，也促进了汉语与操阿尔泰语
的北方各民族语言的接触。经过五胡十六国的战乱后，中国北方长期由异
民族统治，建立后赵的石勒为羯人，北魏、东魏、北齐都是鲜卑人建
立的。

北魏孝文帝推行禁止说"北语"（鲜卑语等其他少数民族语言）的政
策，从国家制度层面加速了鲜卑等族与汉族的同化，推动了汉语在北方各
地的推广和通行。另一方面，与北魏不同，北齐、北周推重鲜卑语，汉人
出于谋生出世的需要也要学习鲜卑语言和文化。鲜卑等异族人在学讲汉语
时不可避免地会把母语的某些特点带进来，而汉人在跟北方异族人交际时
也会反过来尽量向这种不标准、不地道的汉语靠近，久而久之，连北地汉
人的语言也会被这种不地道的汉语同化。可以设想，这一时期在北方通行
的口语应是一种不标准的、带有阿尔泰语某些特点的汉语，可称之为某种
程度的混合语，它就是"汉儿言语"的最初形态。

社会的动乱变迁同样也加速了江南与中原语言文化的接触，北齐颜之
推《颜氏家训·音辞》篇说当时汉语的状况是"南染吴越，北杂夷虏"。
永嘉之乱后，北方士族南渡（317），南朝建都建业，一时间江南士族纷纷
仿效洛阳风气，学习起洛阳话来。《宋书》卷八十一《顾琛传》载："先

时宋世江东贵达者会稽孔季恭、恭子灵符、吴兴邱渊之及琛吴音不变。"陈寅恪据此判断："其余士人，虽本吴人，亦不操吴音，断可知矣。"（见《东晋南朝之吴语》）周一良具体说明了侨居扬州的中原人与吴人语言相互影响的过程："盖扬州之侨人不自觉中受吴人熏染，于中原与吴人语言以外渐形成一种混合之语音。同时扬州土著士大夫求与侨人沆瀣一气，竟弃吴语而效侨人之中原语音。然未必能得其似。中原语音反因吴人之模拟施用，益糅入南方成分。此种特殊语音，视扬州闾里小人之纯粹吴语固异，视百年未变之楚音（此指北方语言）亦自不同。""这种吴人口中的北语，隔了多少年之后，连侨人也受到同化，一样地说那种不南不北的吴化洛阳语了。这种吴化洛阳语相当于蓝青官话，因为是官话，所以只行于士族间。"（见《南朝境内之各种人及政府对待之政策》）这种语言接触文化交融的情况在唐诗中也时有反映，例如：刘禹锡《武陵抒怀》诗："邻里皆迁客，儿童习左言。"王维《送李判官赴江东》："封章通左语，冠冕化文身。"贾岛《送人南归》："虽然南地远，见说北人多。"张籍《永嘉行》："北人避胡皆在南，南人至今能晋语。"所谓"左言"即指江东吴地的语言。"南染吴越，北杂夷虏"的结果是，中原汉语因地域的分割、人文语言环境的改变，在长期的发展变化过程中发生了分化。夹杂"夷虏"之语的即通行于北方的"汉儿言语"，糅染"吴越"之音的应是建业一带深受吴语影响的汉语，从今天的杭州话可见其一斑。

　　研究"汉儿言语"，追索其发展轨迹，必然要借助各代的有关资料，然而，北朝时期的资料极少，只在《北齐书》、《北史》、《隋书》中留下一些片言只语。宋辽金时期较前略多，最重要的为北宋徐梦莘的《三朝北盟会编》，其中卷二十《宣和乙巳奉使金国行程录》有一段文字很能说明汉语作为北地各民族中介语的作用：

> 第三十三程。自黄龙府六十里至托撒孛董寨，府为契丹东寨，当契丹强盛时，擒获异国人则迁徙散处于此。南有渤海，北有铁离吐浑，东南有高丽靺鞨，东有女真韦室，东北有乌舍，西北有契丹、回纥、党项，西南有奚，故此地杂诸国风俗，凡聚会处诸国人言语不通，则各为汉语以证方能辨之。

太田先生征引了这段文字，他说：在这样远离中国本土的地方（据考黄龙府为今长春以北的农安县），北宋末年早已通行汉语的情况是值得注意的。他并且断言：那种汉语必定是极其鄙俗的口语。但是这种鄙俗的汉语其词汇、句法特点到底是什么样的？由于数据缺乏而难以详知（太田先生文中举了一些零星的词语，如第二人称代词"你"、以及"捎空、歹"等）。十多年前我在阅读宋人笔记时看到一则很有用的资料，已转引于《重读〈刘知远诸宫调〉》一文，现再举于下：

  宋洪迈《夷坚丙志》卷十八《契丹诵诗》云："契丹小儿初读书，先以俗语颠倒其文句而习之，至有一字用两三字者。顷奉使金国时，接伴副使秘书少监王补每为余言以为笑。如'鸟宿池中树，僧敲月下门'两句，其读诗则曰：'月明里和尚门子打，水底里树上老鸦坐'，大率如此。补，锦州人，亦一契丹也。"

这段记载包含的信息很多，其一，它反映了契丹人重视学习汉文化，其后代要学习唐代诗歌。其二，这是契丹人按契丹语词序念诵贾岛诗句的生动例子（契丹语属蒙古语族），其中"和尚门子打"（宾语前置）、"树上老鸦坐"（处所补语前置）这种"颠倒其文句"的读法正是SOV句型的反映，乃是当地"俗语"的通例，所以可以用来教小孩子。其三，王补身为契丹人，却每每拿这种鄙俗的汉语当笑话，可知他本人已经完全汉化了，也可以看出这种北地通行的俗语跟中原汉语的区别是相当明显的。

女真自十二世纪崛起东北，国号"金"，定都上京会宁（后迁至燕京、开封），1125年灭辽，1127年灭北宋，疆域直至淮河以北，统治中国长达120年之久。女真在统一中国北部的过程中，曾多次进行大规模移民，让汉人、契丹人等充实京师。为防止异族人"怀二三之心"，又命女真人迁入原辽宋旧地，数量达几百万。这种大换班加速了民族的融合。女真人入主中原后，为了维系和加强自己的政权，也广泛接受了包括科举制度在内的汉族文化，迅速地走向汉化。金海陵王完颜亮汉化尤深，能作汉诗，他登位后停止以女真同化天下的政策。在汉字楷体和契丹字体制的基础上创制的女真字使用不广，即使皇家子弟读书，也是"每日先教汉字"（《金史》卷九十八《完颜匡传》）。世宗大定（1232）以后，汉语文字逐渐成为官方语言，以至后来女真人竟对本民族语言"或不通晓"了。（《金史》卷三十九《乐志》）

北方各族之间的文化交流影响是相互的，在女真统治中国淮河以北达一个多世纪的时间里，汉人也受到女真文化的同化，特别是燕云地区的汉人，经过辽金数百年统治，已呈"胡化"倾向。此间出使金国的南宋官员亲眼目睹了这种变化。楼钥《攻媿集》卷一一一《北行日录上》记载：金世宗大定九年（宋干道五年），楼钥从使金国贺正旦，沿途所见，北宋故地"只是旧时风范，但改变衣装耳"。及过白沟，"人物衣装，又非河北。北男子多露头，妇人多耆婆。把车人曰：'只过白沟，都是北人，人便别也。'"（白沟在涿州境内，原是辽宋界河）陆游在一首诗中也记述了这种物是人非的沧桑之变："上源驿中槌画鼓，汉使做客胡做主，舞女不记宣和妆，庐儿尽能女真语。"（《得韩无咎书寄使北时宴东都驿中所作小阕》庐儿：家奴，仆从）

这个时期可以作为考察"汉儿言语"面貌的文学作品为金代的两种诸宫调：《刘知远诸宫调》和董解元《西厢记诸宫调》。拙文（1999b）举出前者有些句式可以看出阿尔泰语的影响。其一，方位词"前、前面"用如格助词，表示动作的对象或方向，如："每番只是人前走踢行拳，凶顽无赖"（对他人拳打脚踢）、"九州岛安抚，三翁前面，捧盏跪劝香醪"（向三翁劝酒）；其二，出现"像"义动词"似"后置的比拟式，如"紫玉似颜色"、"倾盆也似雨降"，这种用法此前未见，与阿尔泰语比拟式相合；其三，异常语序：宾语前置、处所补语前置，如"莫想清凉伞儿打"（打清凉伞儿）、"唐末龙蛇未辨，布衣下官家潜隐"（官家潜藏在布衣人中）。这两句异常的语序跟契丹小儿念诵的俗语"月明里和尚门子打，水底里树上老鸦坐"如出一辙。但是，像这样的数据不仅是绝无仅有，而且由于是戏曲韵文，在文体上也必然有许多局限。

比较能观察到"汉儿言语"庐山真面目的白话资料在元代。元代白话文献大体可以分成两大类：

（甲）纯汉语的资料，如元杂剧、散曲、南戏和讲史平话等。其中元人杂剧和散曲中可以看到一些受蒙古语词汇和语法影响的痕迹，而平话类作品中则有相当的文言成分。

（乙）直讲、直译体白话。其中有典章吏牍体白话如《元典章》、《通制条格》和蒙语直译体白话碑文等。直讲体即大臣用当时的口语给皇帝讲解汉文典籍的白话讲章，如许衡《大学要略》、《大学直解》，贯云石《孝经直解》，吴澄《经筵讲义》等。最重要的元代白话数据是朝鲜很早以来就广泛使用的汉语教科书《老乞大》、《朴通事》，它的语言跟直讲体十分接近，比直讲体还要口语化，更能反映当时北方汉语口语的真实面貌。据太田先生考证，二书最初成书于元代，作者不明，应是高丽侨民。《老乞大》的著者应是住在东北沈阳或辽阳一带的人，《朴通事》的著者可能是常住北京的人，两书应是用通行于东北至华北一带的汉语口语写成的。元朝灭亡以后，"汉儿言语"势力衰退，南北通行官话。成宗因二书语言"乃元朝时语也，与今华语顿异，多有未解处"，遂下令"且选其能汉语者，删改《老乞大》《朴通事》"。（《成宗实录》十一年十月十九日条）于是在1480—1483年间由两名中国人修订，其后（16世纪前半叶）朝鲜语言学家崔世珍为修订本加上了谚解。谚解本可作为元、明间的资料，在1998年之前，国内外研究者所看到和利用的就是这两种谚解本。

值得万分庆幸的是，1998年初，韩国庆北大学教授南权熙在大邱发现了一种与谚解本内容有异的《老乞大》，次年初，我从韩国博士生李泰洙那里看到这本书的复印件，经反复细看比较后认定，这就是崔世珍在为《老乞大》《朴通事》做注的《单字解》和《老朴集览》中所称的"古本"或"旧本"，其内容编写于元代无疑。古本《老乞大》的发现对研究"汉儿言语"具有十分重要的意义，因为作为教科书，它的语言应该比较标准，应是一种实际存在、且有广泛适用性的语言，能够反映当时通行于北方的汉语的真实面貌。在为古本《老乞大》的发现而震惊与庆幸的同时，也深为对二书研究做出杰出成绩的太田先生没能看到而深感遗憾。由于古本《老乞大》（以下简称"古本"）的发现，使我们可以把它跟反映明初语言的谚解本（以下简称"谚解"）和刊行于清代乾隆年间的《老乞大新释》（1761年，以下简称"新释"）和《重刊老乞大》（1795年，以下简称"重刊")加以比较,从而发现"汉儿言语"与明清时期的汉语的异同,归纳出其特点等。下文对"汉儿言语"特点的归纳很多都借助于这种比对。

二 "汉儿言语"的特点

"汉儿"一词北朝已见,但是"汉儿言语"一词却是在《老乞大》里才看到的。古本《老乞大》中凡四处六见,例如:

> 恁是高丽人,却怎么汉儿言语说的好?俺汉儿(上)学文书来的上头,些小汉儿言语省得有。(1a)
> 如今朝廷一统天下,世间用着的是汉儿言语。我这高丽言语只是高丽地面里行的,过的义州,汉儿田地里来,都是汉儿言语。(2a)

由此可知,元朝"一统天下"后口语中通行的是自北朝以来在口语中自然形成的"汉儿言语",北方各民族包括作为统治者的蒙古族在内都是用这种语言跟汉人或他们相互间进行交际的。那么这种语言有哪些特点,它跟中原地区的正统汉语之间有些什么区别?根据中外学者目前研究的结果,大家都承认这种汉语在语音、词汇、语法各方面都或多或少地受到阿尔泰语的影响,关键是要厘清这些影响到底程度有多大?具体表现在哪些方面?为此,必须要从类型学上把握汉语与阿尔泰语这两种语言的主要特征,才能准确而敏锐地捕捉有关的语言现象。语言接触最深度的影响体现在语法层面,在语法上,阿尔泰语与汉语的主要区别在于:

(1)词序不同。汉语是 SVO 型语言,宾语一般置于动词后面;而阿尔泰语是 SOV 性语言,宾语置于动词前面。

(2)汉语是孤立语,没有严格意义的形态变化,主要靠前置的虚词表达各种语法关系和语法意义。阿尔泰语是黏着语,有格范畴,用后置的格助词表示语法关系和语法意义。

可以说,元代白话数据中的种种异常现象几乎都跟这两种语言的上述根本区别有关。

根据前辈、时贤也包括笔者个人的研究，本文拟将"汉儿言语"的主要特点初步归纳为以下十一个方面：（一）复数词尾的特殊用法；（二）第一人称复数代词区分包括式与排除式；（三）方位词充当各类语法标记；（四）宾语前置；（五）句末使用表示肯定的语助词"有"；（六）判断词后置与迭加式判断句；（七）动词"有"表示人或事物所在位置、处所；（八）"像"义动词后置的比拟式；（九）副词的异常位置；（十）在表示行为动作方向或场所的句子中，处所名词前置，不用介词；（十一）比较句中用状中式替代述补式。由于有关论文和专著对上述各点多有详考，为避重复烦琐，本文对有些特点仅点到为止，有的略作举例性的简介，有的则稍加说明。

（一）复数词尾的特殊用法（例句引自拙文 1999a，祖生利 2001、2002 等）

在金元白话资料中，复数词尾主要用在指人名词后表示多数。除此之外，还可以用在以下三种场合，显示出独有的特点。

（1）指示代词"这（的）、那（的）"之后加复数词尾"懑、每"，指"这些人、那些人"，有的相当于"他们"（宋金用"懑"，元代用"每"，明代用"们"）如：

李洪义、李洪信，如狼虎；棘针裩、倒上树，曾想他劣缺名目，向这懑眉尖上存住。（《刘知远诸宫调》2.32【中吕调·木笪绥】）

南宋《挥麈录余话·王俊首岳侯状》中也一见："我去后，将来必共这懑一处。"

金元资料中"那每、这的每、那的每"指"他们"的例子如：

那每殷勤的请你，待对面商议。（《董解元西厢记诸宫调》卷三）
这的每寺院里、房舍里使臣休安下者。（元代白话碑）
俺众人与南人每一处商量来，那的每也则这般说有。（《元典章·户部》）

(2) 可用于动植物乃至无生命的事物

汉语的复数词尾仅用于指人名词之后，不能用于动植物，更不能用于无生命的事物。但是在"汉儿言语"资料里，表示复数的"每、们"等却无此限制。用于非指人名词后最常见的是牲口，如"马每、驴每、头口每、骟马每"（见于古本《老乞大》、元人散曲、《元朝秘史》等多种资料，《老乞大谚解》、《朴通事谚解》"每"写作"们"）。此外还可以用于无生命的事物之后，例如"窗隔每、椅卓每"（钱霖《般涉调·哨遍》），"角头每"（《朴通事谚解》），"经文每、印板每"（元代白话碑），"草地每"（《元典章·兵部》）等。

(3) 单数人称代词、名词后加"每、们"（据莫超，2008）

你不须提起蔡伯喈，说着他每忒歹。（《琵琶记》第三十八出）
小姐，你拣个好财主每、好秀才每，或招或嫁，可不好那？（元曲《鸳鸯被》一折）（牢子云）你是甚么人？（正末云）叔待，孩儿每是个庄家。（元曲《黑旋风》三折）

这种用法的"每、们"已不表示复数，虚化为纯粹的语助词。据莫超（2008）考证，在《蒙古秘史》中有这种用法，说明元杂剧中的此类用法并非没有来历。

(二) 第一人称复数代词区分包括式与排除式

"咱、咱每/们"为包括式（inclusive），包括交谈对方在内；"俺、俺每、我们"等为排除式（exclusive），不包括交谈对方在内[①]。

(三) 方位词充当各类语法标记

由于汉语没有后置的格助词，而方位词的语法位置总是在名词、代词、动词等类词的后面，相同的句法位置，使得方位词被借来充当阿尔泰

[①] 万波1996年《方言》第2期介绍江西安义方言包括式：俺，"我尔"的合音，指代说话者和听话者双方，只表双数；表多数用"俺大家"。排除式：我侪，不包括听话一方，与北京话"我们"也可以是包括式不同。

北京话：咱们（包括）　　　　我们大家（多数，包括）我们（排除/包括）
安义话：俺（我和你，双数，包括）俺大家（多数，包括）我侪（排除）

语的各类格助词。

（1）表示行为动作对象的标记"～行（上）、～根底"等（拙文1998考证"行"为"上"的轻读音变）

宋元明白话文献后置词"～行"有两种句式：

A式："动/介＋N行（＋VP）"（向咱行、向谁行宿）

B式："N行＋VP"（君王行奏、谁行借）

二式的区别在于前面是否用动词或介词。在金元以前的文献中一般都用动/介词（A式），如：

> 若言无意向咱行，为甚梦中频梦见？（柳永词；无意到我这里）
> 低声问向谁行宿，城上已三更。（周邦彦词；在哪里过夜的）

但在金元白话文献中前面不用动词、介词的B式很常见，例如：

> 动不动君王行奏。（《金钱记》三折；向君王奏）
> 我官人行说了。（《魔合罗》三折；我对官人说了）
> 嫂嫂母亲行更加十分孝。（《替杀妻》二折；嫂嫂对母亲更加孝顺）
> 大师行深深的拜了。（《西厢记》一本二折；对着大师深深地拜了）
> 床头金尽谁行借？（元·乔吉《山坡羊》散曲；向谁借）
> 你这等贼心贼肝，我行须使不得。（《水浒传》十四回；对我可使不得）

以上各例不用表示对象的动词或介词"向、到"等，径用方位词"行（上）"表示动作行为的对象。这种用法跟《蒙古秘史》汉语对译完全一致：

音译：成吉思　合罕　亦　秃儿坚　突儿　兀禄　客　列列勒敦
对译：太祖　　皇帝　　　人名　　　　行　　不　　　说话

（成吉思汗不跟亦秃儿坚说话。"～行"对译蒙语位格助词）

《蒙古秘史》汉语对译中还用"行"对译与格助词和宾格助词，此不赘引。可以认为，A式是汉语自古以来就有的，B式是元代汉语受蒙古语格范畴影响而产生的新兴句式。

除了用"行（上）"，《老乞大》中还用"根底"表示行为动作跟随的对象，例如：你谁根底学文书来？（古本、谚解本1a10、2a9），而乾隆二本分别作："你跟着谁学书来着？"（新释1b2）"你跟着谁学书来？"（重刊2a9）

（2）表示原因的标记"～上头／～上"（据太田，1953；拙文，1999a；李泰洙，2003）

瘦鳖上离了兹（慈）亲，悍然地两脚到您庄院。（金《刘知远诸宫调》1.11【商调·抛球乐】）

意思是：因为心情郁闷离家出走，不知不觉来到您家庄院。"瘦鳖上"的"上"即表原因。

请看《老乞大》四个本子中表示原因的不同说法：

古本：从年时天旱，田禾不收，饥荒的上头，生出歹人来。（8a6）

谚解：从年时天旱，田禾不收，饥荒的上头，生出歹人来。（24a9）

新释：因去年年成荒旱，田禾没有收成的上头，就生出这些歹人来了。（9a5）

重刊：因去年年成荒旱，田禾没有收成，就生出歹人来了。（23b）

《古本》、《谚解》本中用后置于小句的"～上头"表示原因，意思是"因为去年天旱没有收成、闹饥荒，所以生出坏人来"。但此句在《新释》里被改作"因 X 的上头",前面加上了介词"因"。到了《重刊》本,删除了"的上头",只在句前加了个"因"。其变化可图示为:X 的上头——因＋X 的上头——因 X。另一处情况相仿:

古本:底似的汉儿言语说不得的上头,不敢言语。(15a1;底似:抵死。用为程度副词,相当于"十分")
谚解:他汉儿言语说不得的,因此上不敢说语(话)。(46b7)
新释:他不懂汉人说的官话,故此不敢说话。(17a3)
重刊:他不懂中国的话,故此不能说话。(47b2)

《古本》作"X 的上头",《谚解》本作"因此上",《新释》和《重刊》只用连词"故此"。前后的变化为:X 的上头——因此上——故此。其中"因此上"的结构为:"因 此上",后来重新分析为"因此 上"。

由上可以看出元代"汉儿言语"用方位词"上头"或"上"表示原因(后置式),明初开始用"因＋X 的上头／上"(叠加式),清代基本改用了前置式"因"或干脆另用连词"故此"。

(3)表示凭借、工具的标记"～里、～根底"(据李泰洙,2003;祖生利,2000)

长生天气里,大福荫护助里皇帝圣旨。(《元代白话碑》第51页)

此句意思是托着上天大福荫保佑的皇帝的圣智,"里"用在名词后,表示凭借、托福的"托"。到了明初,一般在前面加上动词"托着",用叠加式"托着＋X＋里":

孩儿在都,托着爷娘福荫里,身已安乐,不须忧念。(《朴通事谚解》10b)
古本:车子水里去呵,水里行不得,舡里载着有。(31b4)
谚解:车子水里去时,水里行不得,须用船里载着。(39b7)
《古本》作"舡＋里"(后置式),《谚解》作"用＋船＋里"(迭加式)。

元人杂剧中也有用例：

>　　这手帕剪了做靴檐，染了做鞋面，㨂了做铺持。一万分好待你，好觑你，如今刀子根底，我敢割得来分零麻碎。(元刊杂剧《诈妮子调风月》二折[上小楼])

"刀子根底"即"用刀子"，"根底"用在名词后面表示工具格。

（4）表示动作的起点、方向、场所的"～里、～前"（例句引自李泰洙，2003）

这些语法功能在汉语里通常用介词"从、从打、到、往、在"等表示，但在"汉儿言语"资料中大量出现不用介词、仅用方位词"里、前"表示的用法。如：

>　　恁高丽田地里将什么行货来？(古本《老乞大》20b；你从高丽地面带了什么货物来了？)《谚解》同此，仅把"恁"改为"你"(2a)。
>　　咱每则这后园里大(去)净手不好那？(同上11a；咱们就到这后园子里解手岂不好？)《谚解》同此，仅把"每"改为"们"，"则"改为"只"(33b)。
>　　到晚师傅行撒签背念书。(同上1b；晚上在师傅跟前撒签背念书)《谚解》同此，仅把"行"改为"前"(3a)。

（四）宾语前置句（例句引自李泰洙，2003）

如前所说，阿尔泰语的宾语通常都置于动词之前：OV、SOV；汉语一般则是置于动词之后：VO、SVO。宾语前置的情况在金元白话文献中十分常见，前已举《刘知远诸宫调》例，下面再以《老乞大》各本为例：

>　　《古本》：布帐子疾忙打起者，铺陈整顿者，房子里搬入去者。鞍子辔头，自己睡卧房子里放者，上头着披毡盖者。那的之后，锣锅安了者，疾忙茶饭做者。(32a2)
>　　《谚解》：把账房忙打起来，铺陈整顿了，搬到账房。鞍子辔头，

搬到自己睡处放下，上头把毡子盖了。然后埋好了锣锅，疾忙做茶饭。(37b1)

稍加对比就可看出，《古本》的 OV 句在《谚解》本中大多改为 VO 句，有的改为"把"字句。如"布帐子疾忙打起"改为把字句"把账房忙打起来"；"锣锅安了"改为"埋好了锣锅"；"疾忙茶饭做者"改为"疾忙做茶饭"等。以下几组例子都是《古本》为 OV 句，其他各本改为 VO 句的例子：

《古本》：咱每为父母心尽了，不曾落后。(31a)
《谚解》：咱们尽了为父母的心，不曾落后。(38b)
《古本》：咱每结相识行呵，休说那你歹我好，朋友的面皮休教羞了。(32a7)
《新释》：咱们会相与人，不要说你歹我好，不要羞了朋友的面皮。(37b6)

《古本》：为什么这般的歹人有？(8a5)
《谚解》：为什么有这般的歹人？(24a6)
《新释》：为什么有歹人呢？(9a4)
《重刊》：为什么有歹人？(24a4)

《古本》：卖的好弓有么？(27b10)
《谚解》、《新释》和《重刊》：有卖的好弓么？(27b4、32b1、29a2)

在否定判断句中《古本》否定判断词"不是"位于句末，其他三本改为前置：

《古本》：俺买呵，买一两个，自穿的不是，一发买将去要觅些利钱。(36a5)

《谚解》：我买时，不是买自穿的，一发买将去要觅些利钱。（54a2）

《新释》和《重刊》：我买去，不是自家穿的，……（41b9、56a3）

黄征（1996）举出《敦煌变文集》中所见蕃语痕迹：五毒噴心便起｜方便与舜｜王子此度且放｜李陵蕃中在（另一处写作"陵在蕃中"）。黄谓之"倒装句"，其实为OV句式。

（五）句末使用表示肯定语助词"有"（据太田，1953；李泰洙，2003等）

《老乞大集览》卷上"汉儿人有"条下云："元时语必于言终用有字。如语助而实非语助，今俗不用。"这种句末助词"有"主要出现在陈述句、判断句句尾，表示肯定语气。用于陈述句的例子如：

这钞里头真假俺高丽人不识有。（古本《老乞大》37b）
家里都好吗？都安乐好有。（同上20b）
一个手打呵，响不得有；一个脚行呵，去不得有。（同上31b）

在下的作乱呵，有罪过有；众人中争斗呵，有伤损有。（《孝经直解·纪孝行章第十》）

用于判断句中的更为多见，例如：

你的师傅是什么人？是汉儿人有。（古本《老乞大》2b）
这段子外路的，不是服地段子有。（同上，27b）
孝道的勾当，是德行的根本有。（《孝经直解·开宗明义章第一》）
金银是钞的本有。（《元典章·户部·卷六·存留钞本》）
将他一个怀孕的妇人拿住，问他："你是什么人氏有？"（《蒙古秘史》）

句末语气助词"有"在明代文献中较少看到,《老乞大谚解》中有一例,《朴通事谚解》中见到两例,应是明初修改未尽所遗。《朴通事谚解》中的两例是:

  无赃时有什么事?律条里明白有。(下16a;律条里明明白白写着呢)
  《西游记》热闹,闷时节好看有。(下17a)

这种仅见于元代白话文献的句末助词"有",用于陈述句的是语气词,而用于判断句的则是蒙古语句末表判断的助动词的直译,当它融进汉语时被重新分析为句末语气词,崔世珍说"有""如语助而实非语助"恐怕与"有"的两种不同性质有关。

  (六)判断词后置与叠加式判断句(据拙文2003)

  汉语的判断句经过了从古代无系词与有系词两类并存,到汉晋以后以有系词为主的过程;系词从"惟、为、是"并用变化为主要用"是";"主语+是+表语"很早就成为汉语判断句的典型格式而固定下来。但是,在元人杂剧和元末明初白话小说《水浒传》中有甲乙两种用于自我介绍的特殊判断句,其共同点是判断词"便是"位于句末。

  甲式:"S+N(的)+便是":

  老夫,王员外便是。(元刊《小张屠》)
  贫道,吕岩便是。(又,《铁拐李》)
  贫道,陈抟先生的便是。(又,《陈抟高卧》)
  小生孙华,小字虫儿的便是。(《元曲选·杀狗劝夫》)

  乙式:"S+是+N(的)+便是",可称为叠加式判断句:

  贫道是司马德操的便是了。(元刊《单刀会》)
  小人便是白虎山前庄户孔亮的便是。(《水浒》五十八回)
  某乃宋江便是。(《元曲选·李逵负荆》)

这两类特殊判断句的出现跟蒙古语的判断句句法有关。通过《蒙古秘史》的对译和总译可以看出，甲类是蒙古语判断句的直译：

音译：必　王罕　备由（卷七446）
对译：我　人名　有　　"SO有"
总译：我是王罕　　　　"S是O"

"有"是蒙古语句末表示肯定的助动词的直译，对译句"我王罕有"总译为"我是王罕"。所以元代"汉儿言语"中甲类特殊判断句就是把"我王罕有"的"有"改为汉语的"便是"而来的。用双音节的"便是"结句更合汉语的韵律。

乙类迭加式判断句是汉语判断式"S是N"与蒙古语判断式"SN有"相迭加融合而成的。即：

S是N + SN有——S是N有

"S是N有"判断句的用例已在上文举过，在使用中为了向汉语靠拢，又把句末的助动词"有"改为汉语的判断词"便是"，这样就产生了迭加式"贫道是司马德操的便是"这类特殊判断句了。

（七）动词"有"表示人或事物所在位置、处所（例句引自李崇兴，1998；李泰洙，2003等）

汉语存在义动词为"在"和"有"，其区别是表示人或物存在的处所、位置用动词"在"（可带处所宾语），如"老李在吗"，"老李在家"；表示有无用"有"（不带处所宾语），如"屋里有人"，"河里有只小船"。但元代白话数据中该用"在"的地方多见用"有"的：

　　大都有的大小衙门里官人每令使每要了肚皮的，交台里首者；外头有的，按察司首者。（《元典章·刑部十》）

意思是：在大都（即后来的北京）的大小官吏中向令使们索贿的，由台里举发；在大都之外的索贿官吏由按察司举发。"大都有的"指在大都的，"外头有的"指在京城之外的。

如果问人在不在某处，应该用"在"不用"有"，而元代白话数据中多见用"有"者，例如：

> 不免叫一声，店主人有么？（元曲《盆儿鬼》一折［金盏儿］白）
>
> 这店里卖毛施布的高丽客人李舍有么？（《古本》20a、《谚解》63b）

此句本是询问"李舍在不在这店里"，但清代《新释》本却按汉语理解为"这店里有没有李舍"，因此改为：这店里却有卖毛蓝布的朝鲜客人李舍么？（23a）

汉语回答"在不在"问句时应该用"在"或"不在"，而不用"有"或"没有"，但是元代数据中多见用"有"回答的用例。试比较《老乞大》四个本子对处所问句作答的差异：

> 《古本》：店在那里？兀那西头有。（19b）
> 《谚解》：店在那里？那西头有。（19b）
> 《新释》：店在那里？在那西头有。（19b）
> 《重刊》：店在哪里？在那西头。（19b）

四本中只有《重刊》用"在"回答，符合汉语通例。《新释》用"在……有"迭加式作答，应是为迁就《古本》而做的变通，严格地说那种回答与问句不完全对应。

"有"表位置或处所还经常用在让某人待在某处等着的场合，如元杂剧中的"一壁有者"（在一旁等着）：

> 子龙，且一壁有者。（《隔江斗智》二折白）

从《老乞大》各本的异文也能看出"有"是元代的特殊用法：

《古本》：你都这里有者，我税契去。(25b)
《谚解》：你都这里等候着，我税契去。(18b)
《新释》和《重刊》都改为"你们在这里等候着"(29a、19a)

（八）"像"义动词后置的比拟式（据拙文1992、1999a）

汉语的比拟式在从先秦到唐宋这段漫长的岁月里，基本上都是"如X一般"这样的句式（全式），也有少数省去"像"义动词的"X一般"句式（简式）。全式、简式的语法功能几乎清一色做谓语，从五代开始，才见到为数有限的简式做状语的例子，可看作复句的紧缩。例如：

大人才见两僧，生佛一般礼拜。(《祖堂集》4.38；可扩展为：像见了生佛一般，恭敬礼拜)
烂冬瓜相似变将去，土里埋将去。(《五灯会元》395页；可扩展为：像烂冬瓜相似，一日日变将去)

也就是说，在12、13世纪以前，汉语的比拟式在形式和语法功能上都是比较单一的。

但是到了金元时期，白话文献中出现了功能和形式都与前代不同的新的比拟式：X+似+NP/VP。其特点是：

其一，"X+似/也似"前面一律不用像义动词，但后面一定要有NP或VP。

其二，"X+似/也似"的语法功能是做修饰语，或修饰NP做定语，或修饰VP做状语。例如：

把山海似深恩掉在脑后。(金《董解元西厢记诸宫调》卷二)
虎狼似恶公人，扑鲁推拥厅前跪。(元曲《魔合罗》4折)
做娘的剜心似痛杀杀刀攒腹，做爷的滴血似扑簌簌泪满腮。(元曲《看钱奴》2折)

绛云也似丹脸若频婆。(元曲《西蜀梦》3折)
　　这镘刀是俺亲眷家的,不付能哀告借将来,风刃也似快。(古本《老乞大》6a)
　　阔里吉思戏言也似说来也者。(《元典章·刑部》)
　　宋江探头看时,一只快船飞也似从上水头摇将下来。(《水浒》37回)

金元比拟式与前代的区别在于:
　　(i) 句式结构不同
　　　　前代:"如 + X + 一般"(全式)　　"X + 一般"(简式)。
　　　　金元:"X + 似 + NP/VP":前面不用"像"义动词;后面必须有中心语 NP 或 VP。
　　(ii) 语法功能不同
　　　　(全式)"D + X + Z"做谓语。
　　　　(简式)"X + Z"做谓语,少数做状语(复句紧缩而成)。
　　　　"X + 似 + NP""X + 似"做定语,不能做谓语。
　　　　"X + 似 + VP""X + 似"做状语,不能做谓语。
　　金元"X + 似 + NP/VP"比拟式的来源与阿尔泰语如蒙古语的比拟表达式有关。蒙古语的比拟表达方式是在名词、代词或少数动词后面加上后置词 metü,然后再接中心语:

```
ral     metü    ularan    tur
火      似      红        旗        (像火一样红的旗子)
mori    nisqu   metü      qaruluna
马      飞      似        跑        (马像飞一样地跑)
```

至于"似"又作"也似",拙文(1992 等)认为是为了避免歧义而添加的助词。上面两句如果直译,就成了"火似红旗","马飞似跑"。直译有歧义,"似"前加上助词"也"作"火也似红旗""马飞也似跑"就不会有这种误会了。

(九) 副词的异常位置（据江蓝生、李泰洙，2000）
(1) 程度副词远离被饰成分

汉语的程度副词修饰形容词时，一般紧位于该形容词前，而在反映"汉儿言语"的资料中，程度副词却不与被饰成分相邻，例如：

那般时，马每分外吃的饱。（古本《老乞大》7b2；吃的分外饱）
这里有五虎先生，最算的好有，咱每那里算去来。（同上，39a8；算的最好）
咳，这官人好寻思、计量大。（《朴通事谚解》22b8；寻思、计量好大）
徐五的徒弟李大，……那厮十分做的好。（同上，25b9；做的十分好）

(2) "程度副词+禁止词"，与汉语词序相反

程度副词与禁止词共现时，汉语通常的词序是禁止词在前，而《老》《朴》与汉语词序相反。

古本：你底似的休早行，俺听得前头路涩有。（8a；底似：抵死。用如"很、十分"）
谚解：你十分休要早行，我听得前头路瀶。（24a3）

在清代的《新释》、《重刊》中，上句话被改为"你们不要十分早行，……"调整了程度副词与禁止词"休"的位置。

《朴通事谚解》中也有与《老乞大》相同的情况，这说明"汉儿言语"程度副词与禁止词的语序跟现代汉语相反：

你十分休小看人（36b）
我再没高的了，官人十分休驳弹。（37b8）

这种异常的词序是因为：阿尔泰语这类句子的词序是"程度副词（+宾

语）+动词+否定词"，汉语则为"否定词+程度副词+动词（+宾语）"，在接触中为兼顾两种语言的要求被调整为"程度副词+否定词+动词（+宾语）"。

（十）处所名词前置，前面不加介词

在表示行为动作方向或场所的句子中，如果处所名词前置，汉语通常要前加介词，而元时经常不用介词。（据江蓝生、李泰洙，2000）

古本：主人家，别处快铡刀借一个去。
谚解：主人家，别处快铡刀借一个来。

《新释》、《重刊》把这句话改为："主人家，你可往别处借一把快铡刀来。"在处所词"别处"前面加上了介词"往"。再如：

古本：咱每铺里商量去来。（26b）
谚解：咱们铺里商量去来。（21b）

《新释》、《重刊》把这句话改为："咱们且到铺里商量去。"（30a、22b）在"铺里"前面加上了介词"到"。

在这类句子中，处所名词前不加介词，有时会产生歧义，分不清处所名词是指目的地还是出发地。例如："我先番大都来时，……"（古本《老乞大》8a）根据上下文，"大都"应是终点，但是《新释》、《重刊》误解为起点，把这句改为"我前番从北京来时……"

你税了契时，到明日，俺下处送来。（古本25b、谚解18a）

"俺下处送来"，汉语标准说法应该为"送到俺下处来"，"俺下处"做处所补语。

到了《新释》本里正式改为："你税了契，明日送到我下处来罢。"（29a；《重刊》本同此，只是句末没有"罢"字）

另外，《古本》"房子里搬入去"（32a）《谚解》改为"搬到账房"

(37b);《古本》"自己睡卧房子里放者"(32a),《谚解》改为"搬到自己睡处放下"(37b)等,都是把前置的处所词后移为处所补语的例子。

(十一)比较句中用状中式替代述补式(据江蓝生、李泰洙,2000)

古本和谚解本《老乞大》中有一些状中表达式在汉语里通常用述补式表达,例如:

这桥便是我夜来说的桥,比在前哏好有。(古本 11a10;比从前好得很或比从前好多了)

《谚解》后一句作"比在前十分好"(35a),也是状语表达式。这种现象的产生应该跟蒙古语里没有像汉语那么发达的补语表达方式有关,所以汉语用补语来表达的,蒙古语大都用状语来表达(参见道布,1983)①。

通观上面列举的材料,我们不得不承认:"汉儿言语"在一定程度上偏离了汉语的正宗。这种偏离其实都是阿尔泰语的语法范畴和 SOV 型词序对汉语的影响与渗透所致。其中复数词尾的泛用、第一人称代词复数区别包括式与排除式、方位词充当格标记等是语法范畴的影响与渗透;而其他方面如宾语前置、系词后置的判断句、"像"义动词后置的比拟式、处所名词前置不用介词以及副词的异常位置等都是 SOV 型词序的复制或结构再造。在漫长的历史进程中,北方说阿尔泰语的民族在学说汉语的过程中把母语中的格范畴、词序等带到汉语口语中来;另一方面,长期生活在北方、跟北方各民族密切接触的汉族也会自觉不自觉地向这种不太标准的汉语靠拢。这两方面共同作用的结果,使得"汉儿言语"在语法上形成了上

---

① 道布(1983)说蒙古语没有像汉语那样发达的补语表达式,往往用状中式替代述补式。例如:

这毛太生长(这家伙的毛长得太长了)
米太放入(米放得太多了)
啊,你好修理(啊,你修理得真好)
这花真美好缝,啧啧(这朵花绣得真漂亮)
好冷啊,厉害冷有啊(冷得厉害呀)
今天厉害热有(热得厉害)
嗨,你又错做(你又做错了)
泥稀和需要(泥要和得稀一点)

述各种特色。

"汉儿言语"在语法上的特点肯定不止以上诸点，这里只是举其大要者，随着资料的开拓和研究的深入，相信对它的了解会更加全面，也更加细密。

三 现代西北方言——"汉儿言语"的活化石

随着元蒙王朝的灭亡，汉族在明朝重新执掌政权，"汉儿言语"走向衰落，迅速被共同语官话替代。有清一代，女真族的后裔满人入主中原（清太宗讳言北宋末年由女真、金朝挑起的"靖康之变"，刻意模糊本民族的历史，把国号"金"改为"清"，把"女真"改为"满族"），但如前所说，早在金代女真人的汉化程度就很高，对本民族语言"或不通晓"者大有人在，历明至清就更不用说了。满族初入关时采用满汉双语制，到嘉庆时已通用汉语，"汉儿言语"失去了复辟的土壤。

"汉儿言语"虽然在东北华北一带逐渐销声匿迹，但作为历史上的真实存在，它还是留下了自己的遗迹。例如复数词尾用于牲畜的特殊用法在河北藁城方言里遗存（见杨耐思、沈士英，1958）；东北、华北、西北等广大北方地区都保留了第一人称复数代词区分包括式与排除式的特点，跟南方（除极少数方言点外）无此区分形成鲜明的对照；迭加式判断句"俺是某某的便是"在戏剧、曲艺等文艺作品中时而使用；用动词"有"表示"在"的用法保留在点名时的应答句中；"像"义动词后置的比拟式没有原样保留，而是在"似"后添加助词"的"，把动词"似"改造为助词"似的"后留存下来。如此等等，不一而足。

真正能集中反映"汉儿言语"遗风流绪的是甘肃、青海、宁夏、陕西、新疆等西北地区的汉语方言。把古代"汉儿言语"跟西北地区方言语法的描写数据相比较，能够清楚地看出二者之间的血缘关系，我们完全可以说：西北方言就是"汉儿言语"的活化石。下面拟用上文概括的特点作为参照点来观察西北方言与"汉儿言语"之间的渊源关系。

(一) 关于复数词尾的泛化用法

莫超（2008）介绍在甘肃省兰州市区及所辖县区、洮河下游、临夏州等地区复数词尾"们"可用在非指人名词如牲口和无生命的东西后面，如"牲口们、树们、衣裳们、米们、油们、酒们、这些砖们、那些新戏们"等。而且，"们"也能用在单数名词后面，如"热头们（太阳）、月亮们、天气们、这个老汉们、这本书们"等。可见，金元"汉儿言语"复数词尾的用法至今仍较完整地保留在甘肃一些地区。过去学者们曾对元代文献中的这类特殊用法是否反映当时的实际口语还保有疑惑，甘肃方言里的上述用法对此做出了肯定的回答。

(二) 关于宾语前置

宾语前置的句式普遍存在于甘肃、青海、新疆等西北方言中。受事宾语后面分不带格标记和带格标记两种类型。宾格标记多用"哈"（黄伯荣，1996），也有用"啦"或"啊"（读 za；莫超，2008）的。

王森（1993）介绍甘肃临夏方言的"宾+动"式：

我箱子揭开者三块钱拿出来了。（我打开箱子拿出了三块钱）
我我的亲人想者。（我想我的亲人）
他他的成绩知道了。（他知道了他的成绩）
我今个才他哈认下了。（我今天才认识了他）

动词"有、没有"的宾语也前置，如：

你们学校几个老师有唡？（你们学校有几个老师？）
解放前河州城里医院没有，西医没有。
南疆方言：我你这种女婿就没有瞧上。（我就没瞧上你这种女婿；引自石毓智 2008）

莫超（2008）指出，临夏话里如果语境中施事、受事明确，则不需要加宾语标记，如"警察小偷抓下了"也可以说"小偷警察抓下了"，不会产生误会。如果可能产生歧义，就要在受事后面加上宾语标记"啦"或"啊"，例如：

> 我他啦电话早打过了。（我给他早就打过电话了）
> 我啦后人们钱给的多着哩。（儿女们给了我好多钱）

宾语前置的否定句，否定动词位于句末，作"OV 的不要"、"OV 的不是"：

> 新开荒地肥料上的不要。（新开荒的地不要上肥料）
> 账那么个算的不是，致么个算的是。（账不是那么算，是这么算）

张成材（1998）介绍西宁方言有"宾+动"式：

> 你茶喝，馍馍吃。（你喝茶，吃馒头）
> 爸爸一个洋糖给了。（叔叔给了一块水果糖）

黄伯荣（1996）描写青海话受事宾语带格标记"哈"：

> 我开水哈喝了。（我喝了开水）
> 我你哈没见。（我没见你）

处所宾语也位于趋向动词"来/去"之前：

> 西宁话：家上海去过，我还没去过。（他去过上海，我还没去过；张成材，1998）
> 陕西延川话：你学校去格来？（你去过学校了吗？"来"为语助词；张崇，1990）

总的来看，受事宾语后带不带格标记并没有严格的规定，但是可以看出有不带格标记的趋势，只有在可能产生歧义的情况下宾格标记才是必要的。这种趋势的原因应该是普通话的影响。

另外，西北方言里有些"把"字句的底层实际是 OV 式，"把"字相当于前置的宾格标记，这是"汉儿言语"在汉语词序的影响下所做的结构调整。例如（引自石毓智，2008）：

> 青海话：我把你没见。（也可以说：我你哈没见。）
> 西宁话：到这会儿着你还把我打，把我骂。
> 青海话：王秘书把介绍信没开。
> 兰州话：我把他们的名字知道。
> 西宁话：我把你没认得。
> 南疆方言：我把你还不知道？
> 新疆话：把吐鲁番的葡萄任何人都喜欢。

在这些"把"字句中，谓语动词有的是否定式（没见、没开、没认得、不知道），有的是光杆动词（打、骂、开），有的是低及物性的动词（知道、认得、喜欢），标准的汉语在上述情况下一般都不会用"把"字句。

（三）关于特殊判断句

目前尚未掌握西北方言中是否有"S + N 是"式判断句，但甘肃临夏方言中可见与其相对的否定式"S + N 的不是"（据谢小安、张淑敏，1990；王森，1993）：

> 我谦虚的不是，也保守的不是。（我不是谦虚，也不是保守）
> 我新衣裳没有的，有了没穿的不是。（我是没有新衣裳，不是有而不穿）

这跟古本《老乞大》中"寻常的不是，有玲珑花样的"（33b）、"俺买呵，买一两个，自穿的不是，一发买将去要觅些利钱"（36a）完全一样（《谚解》本改为:"我买时,不是买自穿的"54a)。

叠加式判断句"S+是+N+就是"存留在临夏方言的疑问句中:

> 你是学生就是啦?(你是学生吧?)
> 这个车子是你的就是啦?(这辆车子是你的吧?)
> 兀个年轻人是皮革厂的厂长就是啦?(那个年轻人是皮革厂的厂长吧?)

这说明"汉儿言语"的叠加式判断句的使用已有了限制,仅存留在疑问句中;把元明时期的"便是"换成了口语词"就是",也符合时代的特色。

与肯定式不同,迭加式判断句的否定式使用比较自由,不限于疑问句:

> 阿哥是怕人的人不是。(阿哥不是怕人的人)
> 这个水是冰的不是。(这水不是凉的)
> 你是工人不是啡?(你不是工人吧)

(四) 关于副词的异常位置

(ⅰ) 副词远离被饰成分

莫超(2008)介绍在甘肃各地方言中以下二例有歧义:

> 人都还没来(北京话:一个也没来;甘肃话:A. 一个也没来;B. 人还没都来)
> 这次考试都不要给及格(北京话:全都不给及格;甘肃话:A. 全都不给及格;B. 不要都给及格)

歧义句的造成是由于表示范围的副词"都"没有紧挨在它所修饰的动词前面,如果把第一句改为"人还没都来"、"这次考试不要都给及格"就不会产生歧解了。

临夏话"这个还不算,还比这麻烦的事情有呢"(比这麻烦的事情还有呢)这句话符合阿尔泰语"状语+宾语+动词"的词序。

(ii)"程度副词+否定词+VP"表示程度轻

当程度副词与否定词连用表示程度不重时,北京话用"不+程度副词+VP",如"不很疼"表示不太疼。莫超(2008)指出甘肃话与此相反,"程度副词+不+VP"表示"不大VP"、"不太VP":

  这个人很不说话。(不大说话)
  他很不喝酒。(不大喝酒)
  我的枪法很不准。(不太准)

(iii)"状语+禁止副词/疑问副词+VP"

甘肃中部、银川、西宁等地在否定句中普遍采用这一词序,以甘肃为例:

  你胡不要拉。(不要胡拉)
  你乱别说。(不要乱说)
  你话怎么好好不说。(怎么不好好说话)
  这几年我们家这么着没团圆过。(没像这样团圆过)

有时状语为单音节形容词:

  你深不要挖。(不要深挖)
  多不买煞?(不多买点吗)
  东西乱不要摆。(不要乱摆)

当谓语动词带宾语时,宾语前置,如临夏方言:

  有的小学生书好好地不念者。
  房子各处胡不要盖。("不要"连读)

张成材（1998）也指出了西宁方言中否定词在其所修饰的状语后面：

> 他常常按时不上班。
> 你阿蒙好好不学习？（阿蒙：怎么）
> 之个小说我仔细没看过。

李树俨、张安生（1996）指出：银川方言否定句中程度副词"甚、太"等可以放在禁止词"罢（不要）"之前，也可以放在其后。

> 辣子甚罢种得稠了。（辣椒别种太稠了）
> 辣子罢甚种得稠了。
> 饭太罢舀得满了。（饭别舀得太满了）
> 饭罢太舀得满了。

前一种词序是"汉儿言语"式的，后一种正在向普通话靠拢，但程度副词还是远离被饰成分。

（五）在表示行为动作方向或场所的句子中，处所名词前置，不用介词

> 西宁话：昨晚夕，我你家里去了。（昨晚我到你家去了；张成材1998）
> 临夏话：娃娃病下了，我还医院里没看去。（我还没到医院看去；王森，1993）

这两例里的方位词"里"并非必需，把它看作处所补语标记的遗存也不无可能。

> 临夏话：别人家背后你的脊梁不要叫戳着。（别叫别人在背后戳你的脊梁）

张崇（1990）描写陕西延川话"主语+处所名词+趋向动词"的词序，由于处所名词前不用介词，因此往往造成歧义，分不清处所词是目的地还是出发地：

你山里上去（你上山去/你从山里上去）
他延川回来了（他回到延川了/他从延川回来了）

这跟前面介绍的"汉儿言语"的情况相同。

结　语

迄今为止汉语学界对西北方言的描写和研究是很不够的，但即使从这些一鳞半爪的现象中，也可以看出它跟"汉儿言语"血脉相连的关系，有些特点简直如出一辙地惊人相似。西北方言的现状让我们更加确信："汉儿言语"是北朝以来特别是辽金元各代在北方地区口语中普遍通行的语言，它保留了汉语的基本特点，但也一定程度地吸收了阿尔泰语的语法范畴、复制重组了阿尔泰语的某些句型。今天的西北方言是"汉儿言语"的流，它能够历经历史的沧桑之变而较好地保留"汉儿言语"的面貌，是因为这一大片地方自古以来就是民族杂居混处的地区，语言接触密切，而且，这种环境很少因为改朝换代而改变，只要人文语言环境不变，它就可以继续存在下去。过去因为西北方言既不是少数民族语言，又不像东南方言那样跟普通话有很大的差别，因此一直未能得到应有的重视，这是十分可惜的。今天，随着社会的开放、经济的发展，那种相对封闭的环境日渐被打破，西北方言中的"汉儿言语"元素势必会受到普通话越来越强有力的冲击，语言研究者应该怀着紧迫感加强对它的调查研究，让这块宝贵的语言化石在汉语史、中华民族交融史研究中发挥应有的作用。

主要引书目录

（宋）徐梦莘：《三朝北盟会编》，光绪三十四年许涵度校刊本。
（宋）楼钥：《攻媿集》卷111《北行日录》上，四部丛刊本。

《元代汉语本〈老乞大〉》,(韩)庆北大学出版部古典丛书9,庆北大学出版部影印2000年版。

《老乞大谚解》,[韩]奎章阁丛书第九,京城大学法文学部影印1844年版。

《朴通事谚解》,[韩]奎章阁丛书第八,京城大学法文学部影印1844年版。

《老乞大新释》,[韩]奎章阁藏书4871号。

《重刊老乞大谚解》,[韩]弘文阁1984年版。

祖生利、李崇兴点校:《大元圣政国朝典章·刑部》,山西古籍出版社2004年版。

额尔登泰、乌云达赉校勘:《〈蒙古秘史〉校勘本》,内蒙古人民出版社1980年版。

《孝经直解》(原题《新刊全相成斋孝经直解》),来熏阁影元刊本1938年版。

蔡美彪:《元代白话碑集录》,科学出版社1955年版。

徐沁君点校:《新校元刊杂剧三十种》,中华书局1980年版。

臧晋叔编:《元曲选》,中华书局1979年版。

《刘知远诸宫调》,文物出版社影印金刻本1958年版。

参考文献

陈寅恪:《东晋南朝之吴语》,《中研院史语所集刊》1936年第七本第1页。

道布:《蒙古语简志》,民族出版社1983年版。

傅乐焕:《宋人使辽语录行程考》,北京大学《国学季刊》1935年5卷4号。

胡双宝:《读桥本万太郎〈语言地理类型学〉》,《语文研究》1986年第2期。

黄伯荣等:《汉语方言语法类编》,青岛出版社1996年版。

黄征:《敦煌俗语法研究之一》,《敦煌吐鲁番研究》1996年第1卷。

贾敬颜:《汉人考》,《中国社会科学》1985年第6期。

江蓝生:《助词"似的"的语法意义及其来源》,《中国语文》1992年第6期;又见《近代汉语探源》,商务印书馆2000年版。

江蓝生:《后置词"行"考辨》,《语文研究》1998年第1期;又见《近代汉语探源》,商务印书馆2000年版。

江蓝生:《从语言渗透看汉语比拟式的发展》,《中国社会科学》1999a年第4期;又见《近代汉语探源》,商务印书馆2000年版。

江蓝生:《重读〈刘知远诸宫调〉》,《文史》第三辑总第四十八辑;又见《近代汉语探源》,商务印书馆2000年版。

江蓝生:《〈老乞大〉语序研究》,《语言研究》2000年第3期;又见江蓝生《近代汉语研究新论》,商务印书馆2008年版。

江蓝生:《语言接触与元明时期的特殊判断句》,《语言学论丛》第二十八辑,商务印书馆 2003 年版；又见江蓝生《近代汉语研究新论》，商务印书馆 2008 年版。

康保成：《元杂剧呼妻为大嫂与兄弟共妻古俗》，《扬州大学学报》1997 年第 6 期。

李崇兴等：《元语言词典》，上海教育出版社 1998 年版。

李树俨、张安生：《银川方言词典·引论》，江苏教育出版社 1996 年版。

李泰洙：《〈老乞大〉四种版本语言研究》，语文出版社 2003 年版。

马长寿：《碑铭所见前秦至隋初的关中部族》，中华书局 1985 年版。

莫超：《甘肃汉语方言语法特点综论》，巴黎语言接触研讨会论文 2008 年。

桥本万太郎：《北方汉语的结构发展》，《语言研究》1983 年第 1 期。

太田辰夫：《〈老乞大〉的语言》，《中国语学研究会论集》1953 年第 1 号；又见江蓝生、白维国译《中国语史通考》，重庆出版社 1991 年版。

太田辰夫：《关于汉儿言语——试论白话发展史》，《神户外国语大学论丛》1954 年 5—3 期；又见江蓝生、白维国译《中国语史通考》，重庆出版社 1991 年版。

［日］太田辰夫：《中国语史通考》，白帝社 1988 年版；江蓝生、白维国中译本《汉语史通考》，重庆出版社 1991 年版。

山川英彦：《〈元朝秘史〉总译语法札记》，《名古屋大学文学部研究论文集》。

石毓智：《汉语方言变化的两种动因及其性质差异》，《民族语文》2008 年第 6 期。

王森：《甘肃临夏方言的两种语序》，《方言》1993 年第 3 期。

薛瑞兆：《金代科举》，中国社会科学出版社 2004 年版。

杨耐思、沈士英：《藁城方言里的"们"》，《中国语文》1958 年第 6 期。

余志鸿：《元代汉语的后置词"行"》，《语文研究》1983 年第 3 期。

余志鸿：《元代汉语"～行"的语法意义》，《语文研究》1987 年第 2 期。

余志鸿：《〈蒙古秘史〉的特殊语法——论元代汉语的时体制》，《语言研究》1988a 年第 1 期。

余志鸿：《〈蒙古秘史〉的特殊语法——OV 型和 POS 结构》，《语言研究》1988b 年第 2 期。

余志鸿：《元代汉语的后置词系统》，《民族语文》1992 年第 3 期。

张成材：《西宁方言词典·引论》，江苏教育出版社 1998 年版。

张崇：《延川县方志》，语文出版社 1990 年版。

张庆：《唐代妇女的流行服装》，《文史知识》1997 年第 3 期。

周一良：《南朝境内之各种人及政府对待之政策》，《中研院史语所集刊》1938 年第七本第四分。

朱德熙：《老乞大谚解》《朴通事谚解》书后，《北京大学学报》1958 年第 2 期。

祖生利：《元代白话碑研究》，中国社会科学院研究生院博士学位论文 2000 年。

祖生利：《元代白话碑文中代词的特殊用法》，《民族语文》2001 年第 5 期。

祖生利：《元代白话碑文中复数词尾"每"的特殊用法》，《语言研究》2002 年第 6 期。

变形重叠与元杂剧中的四字格状态形容词

引　言

　　元人杂剧和散曲中有异常丰富的拟声词和拟态词（一般称绘景词），通常把这类词归为状态形容词。这些拟声拟态词不仅有单音节的、双音节的，而且还有三音节、四音节的，这类词的大量使用，使元曲的语言诙谐幽默，异常形象，反映了当时民间口语真实、生动的面貌，是汉语词汇史上引人注目的、极具时代特色的语言现象。请看元杂剧《魔合罗》一折【油葫芦】这段曲文：

> 恰便似画出潇湘水墨图，淋的我湿渌渌。更那堪吉丢古堆波浪渲城渠，你看他吸留忽剌水流乞留曲律路，更和这失留疏剌风摆希留急了树，怎当他乞纽忽浓的泥，更和他疋丢扑搭的淤。我与你便急章拘诸慢行的赤留出律去，我则索滴羞跌屑整身躯。

这段曲文描写人物在风雨交加、道路泥泞中行走的情景，其中一连用了十个四字格拟声拟态词，即：

> 吉丢古堆、吸留忽剌、乞留曲律、失留疏剌、希留急了、
> 乞纽忽浓、疋丢扑搭、急章拘诸、赤留出律、滴羞跌屑。

这样遣词造句虽不免有刻意堆砌之嫌，但很好地渲染了场景气氛，也适合人物反复咏唱表演，这正是俗文学诙谐夸张风格的体现；对于语言研究者

来说，这些丰富的口语状态形容词恰是难得一求的研究资料。这些拟声拟态词的构造类型众多，语音结构复杂独特，对它们进行深入研究，不仅可以对元代状态形容词的特殊构词现象做出正确的分析和归纳，而且，由于这些现象上有源，下有流，对它们的正确认识还便于溯源探流，把古今相关语言现象贯通起来，从而更全面地认识汉语多种构词方式及其规律，也能对现代汉语各方言中的类似现象做出更加深刻贴切的解释。此外，对此类状态形容词内部结构的深入剖析和科学解释，也会为传统训诂学开辟新的天地，打开新的境界。

以往对元曲拟声拟态词进行系统研究的文章较少，大都侧重于描写表层构词方式、构造类型和语法功能，而对这类词在语音上的构词规律及其深层词法结构还缺乏深入的研究和认识。本文认为，元曲中有相当一批两音节以上的拟声拟态词其实是某一单音节或双音节词的变音重叠式，限于篇幅，本文拟以《元曲选》中与变音重叠有关的四字格拟声拟态词为对象，分析其中变音重叠式的语音结构和模式，并拟对其历史渊源和产生动因略加考求，旨在从语音语法和语义三者之间的联系中探究这种变音重叠式的性质和特点。

一

1.0　重叠是一种语法手段，通过这种手段产生的新形式称作重叠式。一般把重叠之前的形式称作基式，把重叠之后的形式称作重叠式。

重叠式可分为不变形重叠和变形重叠两大类。所谓不变形重叠是指：重叠部分保留基式的声韵调不变，和基式同音。如：看看、快快、家家、咚咚。所谓变形重叠是指：重叠部分和基式不同音，或者声母有别，或者韵母有异，或者声调有变。如"蹀躞"（声母不同）、"缱绻"（韵母不同）、"慢慢儿"（第二个"慢"声调变阴平）等。因此，所谓变形重叠实际就是前面引言中提到的变音重叠。

变形重叠又分顺向重叠和逆向重叠两种类型。顺向重叠指：基式在前，重叠部分在后；逆向重叠指：重叠部分在前，基式在后。从目前调查的情况来看，变声重叠是顺向的，变韵重叠是逆向的。（详见朱德熙

1982)

1.1 判定一个复音节词是否为变形重叠式的标准

孙景涛（1998）认为，古汉语中一些连绵词实际上是单音节词的重叠形式，如：转—辗转、阔—契阔、卷—缱绻、婉—燕婉、沐—霢霂、豫—犹豫、躇—踌躇、旅—庐旅、厌邑等。他提出了区分重叠形式的三个步骤：

（1）先看这个双音形式中是否有一个可以独立运用于他处的音节（语素），如果有，便有可能是派生形式。

（2）要看这个音节（语素）跟这个双音形式是否有意义上的联系。如果有并且这种意义联系属于类别性的，并且只有这一个音节（语素）跟它参加构成的双音形式有这种意义联系，那么这个双音形式就是派生形式。

（3）要看这两个构成成分之间的语音关系，如果完全相同（表现在文字上即重言），并且符合上述要求，它就是重叠词；如果语音上不尽相同，但是其差别可以归入某种类型，即能找到许多平行的例子，这个双音形式仍可确定为重叠词。

用上述标准检验，他所举的连绵词都可以看作某单音节词的逆向变韵重叠形式。本文认为这个区分标准是比较严密的，可以以此作为判别是否为变形重叠式的主要标准。

1.2 根据上述观点，古汉语中的有些连绵词其实就是某一单音词的变形重叠形式，换言之，双声叠韵分别属于变韵重叠和变声重叠。如果一个双声叠韵连绵词，有一个并且只有一个语素是可以单独使用的，那么，这个连绵词就是该语素的变形重叠形式。孙景涛文中所举变形重叠式都是逆向变韵式，这里补充顺向变声式的例子。

蹀——蹀躞

用孙景涛的三个步骤检验，可以认定"蹀躞"是"蹀"的变形重叠式。首先，"蹀"是可以独立使用的单音节动词，其义为踏，蹈。可用于人，也可用于马。

《广雅·释诂一》:"蹀,履也。"
《淮南子·俶真》:"足蹀阳阿之舞,而手会绿水之趋。"
《赭白马赋》:"眷西极而骧首,望朔云而蹀足。"(南朝宋 颜延之)

其次,"蹀"(踏、蹈)跟"蹀躞"(小步行走)有类别性的意义上的联系,都是表示行走义的,而且只有"蹀"这一个音节跟"蹀躞"有这种意义联系。第三,"蹀"与"躞"语音不相同,但二者有叠韵关系。从以上三点来看,可以判定"蹀躞"实为"蹀"的变形重叠式。"蹀"是基式,"躞"是变式,"蹀躞"是顺向变声重叠。

团——团圞

"团"义为圆;"圞"字《说文》未收,始见于《广韵》。《广韵》平声桓韵"圞":"团圞,圆也。"《广韵》不作"圞,圆也",而作"团圞,圆也",这说明"圞"字一般是不单用的,它本身并无"圆"义。合理的解释是:"团圞"被看作叠韵连绵词,叠韵连绵词"团圞"的意义是"圆"。"团圞"的"圆"义源自"团","圞"字无义,不能单独使用。"团圞"与"团"意义相同,"团"与"圞"声母不同,韵母相同,是叠韵关系,因此可以认定"团圞"为"团"的顺向变声重叠式。

须——须臾

"须"和"须臾"都有"片刻、一会儿"义,如《荀子·劝学》:"吾尝终日而思矣,不如须臾之所学也。"《荀子·王制》:"贤能不待次而举,罢不能不待须而废。"杨倞注:"须,须臾也。""须臾"的词义源自"须","臾"不能单用;"须"和"臾"声母不同韵母相同(古皆为侯部字),是叠韵关系,因此"须臾"是"须"的顺向变声重叠形式。

值得注意的是,有的单音词可以分别从顺向和逆向两个方向进行变形重叠。比如上面所举的"须",既可顺向变声重叠为"须臾",又可逆向变韵重叠为"斯须"[①]。

须——斯须

[①] "须臾、斯须"的例子承郑州大学文学院研究生游超峰同志告知,谨致谢意。

"斯须"也为"片刻、一会儿"义，如《礼记·祭义》："礼乐不可斯须去身。"郑玄注："斯须，犹须臾也。""斯"字单用无"片刻"义，"斯"和"须"声母相同（古皆为心母字）韵母不同，是双声关系，因此可以认定"斯须"是"须"的逆向变韵重叠形式。

单音词"须"顺向变声重叠为"须臾"、逆向变韵重叠为"斯须"的事实告诉我们，有些单音词可以从正反两个方向变形重叠，从而分别产生两个意义相同的双音词。这跟某一单音词先顺向变声重叠为双音词，新产生的双音词再逆向变韵重叠为四字格的情况不同（详见下文），这一发现丰富了我们对古代变形重叠现象的认识。

二

2.0 不变形重叠式可以多次重叠，这不言而喻，比如：小手冻得通红通红通红的、刷刷刷刷一阵脚步声、咕嘟咕嘟咕嘟灌了一肚子凉水，还有文革中常说常见的"最最最"等。那么变形重叠式是否也能够进行多次重叠呢？本文的回答是肯定的。本节将以动词、形容词、名词、拟声词从单音节变形重叠为双音节、进而变形重叠为三音节、四音节的实例论证上述观点，各类词仅举一例说明。

2.1 单音节动词的多次变形重叠：蹀—蹀躞—跌躞躞/滴羞蹀躞

上一节已经论证"蹀躞"实为"蹀"的变形重叠式。"蹀"是基式，"躞"是变式，"蹀躞"是顺向变声重叠。

"蹀"本为动词，重叠式"蹀躞"除了仍做动词外，新产生了状态形容词用法，描状小步行走貌；马行貌。例如：

丈夫生世会几时，安能蹀躞垂羽翼？（南朝宋鲍照《拟行路难》诗之六；此以小步行走喻不得肆意施展抱负）

蹀躞骀先驾，笼铜报鼓催。（唐柳宗元《同刘二十八院长述旧言怀感时书事赠二君子》诗）

四蹄蹀躞如流星，两耳尖修如削竹。（元萨都剌《题画马图诗》）

到了元代，"蹀躞"不仅有多个变体，还出现了三音节、四音节重叠形式。其变体可分为两组，一组是"跌屑、叠屑、滴屑、铁屑"等，另一组是"笃簌、笃速、都速"等①。从"笃速"又作"都速"来看，这组词形很可能已不读入声。"跌屑"组跟"笃簌"组之间存在着不圆唇与圆唇的对立。值得注意的是，这些变体一般不独立使用，大都以三字格或四字格的形式出现（以下各例皆采自元杂剧）。

三字格

（甲）述补式"动/形+AB"：颤笃簌、战笃速、慌笃速等

甲式中动词或形容词的意义跟 AB 相关、一致，或者说 AB 是描绘其前动词或形容词的状态的。

> 伯伯也，早吓得你颤笃簌魂魄悠悠。（《桃花女》一折【赚煞】）
> 教我战笃速如发疟，汗淋漓似水浇。（《罗李郎》二折【梧桐树】）
> 他为甚的便慌笃速，一句句紧支吾。（《神奴儿》三折【红绣鞋】）

（乙）不完全重叠式（仅重叠下字）ABB：笃速速、笃簌簌、跌躞躞、叠屑屑、滴屑屑、铁屑屑等

> 我数日前笃速速眼跳，昨夜里便急爆灯花。（《薛仁贵》四折【殿前欢】）
> 风飕飕遍身麻，则我这笃簌簌连身战，冻钦钦手脚难拳。（《五侯宴》三折）

---

① 现代汉语"哆嗦"（duō·suo）一词是"笃速"的现代变体，词义与"笃速"相同，指"因受外界刺激而身体不由自主地颤动"，只能用于人或动物，不能像"花枝蹀躞"那样用于植物。北京话里的俗语词"得色"（dè·se）应是"哆嗦"变韵（也变调）而来。其义为：a 形容人因得意而张扬，犹如"抖起来"的"抖"。例如：刚当上个小科长就 dè·se 起来了丨这两年挣了点儿钱儿，瞧把他给 dè·se 的。b 引申为胡乱消费。例如：一个月的工资，不到一礼拜就叫他给 dè·se 光了。显然，此二义都源自原词的抖动义。"哆嗦"意义具体，指动作；dè·se 意义抽象，指行为，通过变韵构词，区别既有联系又有细微差别的词义。

那厮热拖拖的才出气,那厮他跌蹬蹬的恰还魂。(《燕青博鱼》二折【金盏儿】)
　　叠屑屑魂飞胆落,扑速速肉颤身摇。(《魔合罗》二折【喜迁莺】)
　　涎邓邓眼睛剜,滴屑屑手脚卸,碜可可心肝摘。(《李逵负荆》四折【离亭宴】)
　　铁屑屑手腕软,直挺挺腿怎拳。(《铁拐李》二折【煞尾】)

（丙）述补式"动/形＋BB"：战簌簌、慌速速、急簌簌等
　　丙式取自甲乙二式,前字取甲式中作为意义标记的动词、形容词,后字取乙式中的重叠下字。只有联系甲乙二式,才能看清丙式的深层结构：原连绵词的下字重叠后脱离其上字,用在与原连绵词意义一致的动词、形容词后边表示状态。这是一种结构特殊的短语形式。

四字格
　　（甲）A'B'AB式：(a) 滴羞蹀躞、滴羞跌屑；(b) 滴羞笃速、滴羞都苏
　　四字格A'B'AB是原连绵词基式AB的逆向变韵重叠形式。A'B'与AB的声母相同,韵母a组有部分相同(不圆唇),b组不同(圆唇)。

　　吓的我手儿脚儿滴羞蹀躞战笃速。(《赵李让肥》四折【挂玉钩】)
　　今日今日羞辱,不由我滴羞跌屑怕怖。(《后庭花》二折【斗蛤蟆】)
　　吓的我心儿胆儿急獐拘猪的自昏迷,手儿脚儿滴羞笃速的似呆痴。(《薛仁贵》三折【尧民歌】)
　　吓的我慌慌张张手脚滴羞都苏战。(《青衫泪》二折【醉太平】)

这几例A'B'AB都做状语。从(a)组的A'B'跟AB声母相同、韵母部分相同,而(b)组仅声母同、韵母不同来看,A'B'AB式最初应是(a)组的AB的逆向变韵重叠形式,就是说,"蹀躞"是这个变韵重叠四

字格的直接来源。

（乙）A里AB：蹀里蹀斜（"蹀斜"为"蹀躞"的变体）

虽然有这小丫头迎儿，奴家见他拿东拿西，蹀里蹀斜，也不靠他。（《金瓶梅词话》第一回）

与甲式变韵重叠不同，乙式第二音节的声母韵母跟原连绵词的前后字毫不相干，只是个衬音词，只起填补音节的作用。这种格式在元曲中还未出现，但在后来逐渐模式化，成为一种定式，在现代汉语中有能产性，如：啰里啰唆、慌里慌张、哆里哆嗦、邋里邋遢、肮里肮脏、古里古怪等，石锓（2005）有详考。

由上可知，单音节动词"蹀"通过顺向改变声母方式产生重叠式"蹀躞"，"蹀躞"可兼做动词和状态形容词；"蹀躞"的变体"叠屑"、"笃速"等重叠下字，产生三字格重叠式"叠屑屑"、"笃速速"等；"蹀躞"及其变体通过逆向变韵方式产生重叠式"滴羞蹀躞"、"滴羞笃速"等；"蹀躞"重叠为"A里AB"式，第二音节固定为"里"，中缀化，与变音无关。三字格、四字格大都只做状态形容词。其过程大致为：蹀（A）—蹀躞（AB）—蹀躞躞（ABB）/滴羞蹀躞（A'B'AB）—蹀里蹀躞（A里AB）。

2.2 单音节形容词的多次变形重叠：团—团栾—剔团栾/剔留突栾

"团"顺向变声重叠为"团圞"（也作"团栾"），重叠后，"团栾"除仍做形容词外，又可做动词，义为"团聚"，例如：

积翠扈游花匼匝，披香寓值月团圞。（唐·任华《杂言寄杜拾遗》诗；形容词）

兄弟团圞乐，羁孤远近归。（唐·杜荀鹤《乱后山中作》诗；动词）

"团"字顺向变声、逆向变韵产生不完全重叠式A'AB：剔团栾。例如：

> 剔团栾的睁察杀人眼。(金《董西厢》卷二)
> 把剔团栾明月深深拜。(《墙头马上》二折)

"剔"和"团"声母相同韵母不同,"剔"字是"团"字逆向变韵重叠后产生的音节,也就是说"剔团栾"是"团团栾"的变体。这从"剔透"一词可以得到印证:

> 元·刘庭信《一枝花·咏别》曲:"心剔透,性和暖。"

"剔透"形容聪明灵巧。"剔"字本无聪明灵巧义,此义从"透"字而得,"剔"与"透"声母相同韵母不同,"剔"是"透"逆向变韵重叠而产生的音节。"剔"字出现在"团、透"这些声母为 tʻ- 的字前,决非偶然①。

"剔团栾"是"团"字同时向正反两个方向变形重叠的三字重叠形式,这跟第一节谈到的"须臾、斯须"大同小异。相同处在于它们都是从正反两个方向进行变形重叠的,不同处在于"斯须、须臾"分作两个同义词,而"剔团栾"却构成一个三音节状态形容词(没有"剔团"一词),这跟元明时期状态形容词的三音节、四音节化趋势有关。

邓享璋(2007)记录了福建建瓯话和盖竹话中的准重叠形式,所谓准重叠形式,其实就是本文所讨论的变形重叠式。我们欣喜地看到,在这两地方言中完整地保留着变形重叠的一叠式 AB,三字格二叠式 A'AB 和四字格二叠式 A'B'AB。例如:

建瓯	疤 pa^1	pa^1la^1	$pi^1pa^1la^1$	$pi^1li^1pa^1la^1$
	糊 ku^3	ku^3lu^3	$ki^3ku^3lu^3$	$ki^3li^3ku^3lu^3$
盖竹	哐 $kʻua^3$	$kʻua^3la^3$	$kʻi^3kʻua^3la^3$	$kʻi^3li^3kʻua^3la^3$
	哈 ha^2	ha^2la^2	$hi^2ha^2la^2$	($ha^2la^2hi^2li^2$)

---

① "剔"本是"团、透"等 [tʻ-] 声母字逆向变韵而产生的表音字,本身没有意义,但是,由于它处于形容词的前面,占据的是程度副词的位置,因此被后人误认为是程度副词(详见下文)。

本文对"剔团栾"所做的解释跟建瓯话、盖竹话的三音节重叠式正相对应，这说明元杂剧中的变形重叠具有一定的普遍性，并不限于北方话。

"团"的反切分音词是"突栾"（宋·宋祁《宋景文公笔记·释俗》："孙炎作反切，谓'团'曰'突栾'……"宋洪迈《容斋三笔·切脚语》："世人语音有以切脚而称者，亦间见之于书史中。如以'蓬'为'勃笼'……'团'为'突栾。'"）分音词是单音词在词的双音化过程中音节求偶的产物，大多数分音词有音无字，用同音字替代。反切词和变形重叠双音词有共同处，它们都由单音节词变为双音节单纯词，而且二者上下字的语音或相近或相同，因而在实际语用过程中，人们往往把分音词跟变形双音节重叠式同等看待。比如"团栾"再重叠——逆向变韵重叠应该产生四字格"剔留团栾"，但我们在文献中没找到"剔留团栾"，只看到"剔留突栾"和"剔留秃鲁"：

　　身长一丈，膀阔三停，横里五尺，竖里一丈，剔留秃栾，恰似个西瓜模样。（《独角牛》二折）
　　恰便似烟熏的子路，墨洒就的金刚，横里一丈，竖里一丈，剔留秃鲁，不知什么模样！（《飞刀对箭》二折）
　　看他两个眼，剔留秃鲁的，他是个真贼。（《降桑椹》一折）

"剔留秃栾"中没有出现"团"字，词义没有明显的单个承担者，而是由整个四字格来表达，因而其词汇化的程度也更高。至于"秃栾"变"秃鲁"，应是在连绵词语音统协规律作用下，使"秃栾"变成叠韵形式"秃鲁"的。

2.3　单音节名词的多次变形重叠：毂—毂辘/骨碌—骨碌碌/急留骨碌

"毂辘"指车轮，也作"轱辘"。今疑其为"毂"的变形重叠形式。"毂"本指车轮的中心部位（周围与车辐的一端相接，中有圆孔，用以插轴），后又代称车轮，"毂辘"应是其顺向变声重叠式。其做名词写作"毂辘、轱辘"，其做动词写作"骨碌"。"骨碌"的不完全重叠式为"骨碌碌"，完全重叠式为"急留骨碌、急留古鲁"，三字格和四字格是状态形容词，形容滚动、转动貌。如：

> 莫不要亏图咱性命，骨碌碌怪眼睁，早吓的咱先挺。(《朱砂担》一折)
> 起几个骨碌碌的轰雷，更一阵朴簌簌的怪风。(《柳毅传书》二折)
> 我则见一个镘儿乞丢磕塔稳，更和一个字儿急留骨碌滚。(《燕青博鱼》二折)
> 直杀的马头前急留古鲁，乱滚滚死死死死人头。(《气英布》三折)

单音节名词多次变形重叠的另一个例子是：角—角落（阁落、旮旯）—阁落落/犄里旮旯。"旮旯"是"角落（阁落）"的方言变音，这些形式还活在口语中，大家都很熟悉，就不再举书证了。"角落、阁落落"仍是名词，只有"犄里旮旯"新增了状态形容词的用法。

2.4　单音节拟声词的多次变形重叠

拟声词多次重叠的现象在元杂剧中最为多见，一般是先分音，然后再变形重叠，仅举一组例子：

> 刷—疏剌—疏剌剌/失留疏剌

"刷"形容风声，分音为"疏剌"，元杂剧中未见其分音形式"疏剌"用例（多用"刷刷"），但"疏剌剌"极多见，应是"疏剌"的不完全重叠式。如：

> 听疏剌剌晚风，风声落万松。(《张生煮海》一折)
> 黑黯黯冻云垂，疏剌剌寒风起。(《杀狗劝夫》二折)

四字格"失留疏剌、吸留疏剌"等是"疏剌"的完全重叠式：

更和这失留疏剌风摆吸留急了树。(《魔合罗》一折;疑"吸留急了"的"急"是"忽"之误,"吸留忽了"即"吸留忽剌")

元杂剧中有许多拟声词变形重叠式至今仍在北方地区活跃着,如形容水声、风声的"哗"先分音后变形重叠为三字格、四字格:

哗—忽剌—忽剌剌—吸留忽剌/吸里忽剌

现代汉语演变为:哗—哗啦—哗啦啦/稀里哗啦。

元曲中"叭"形容烦絮的说话声或敲击声,其分音变形重叠式为:

叭—不剌—不剌剌—必留不剌/必力不剌

这些都很好理解,这里就不举书证了。

现代北京话里拟声词的变形重叠式非常发达,孟琮(1983)举例甚多,比如:哐—哐啷—哐啷啷—清零哐啷等。

我们注意到,无论分音还是变声重叠,第二个音节多为[l-]母,研究者多称之为嵌l词①。选择[l-]母的原因可能有二:其一为生理上的,[l-]母为舌头边音,发音比较省力方便;其二为音理上的,[l-]母的拼合能力强,适应范围广,几乎跟各种韵母都能拼合。

2.5 根据上面对变形重叠规律的认识,再来解释元杂剧《魔合罗》中出现的十个四字格状态形容词的结构和意义就不那么困难了。除"吸留忽剌、失留疏剌、希留急了、滴羞跌屑"在上文已随例解释过外,其余六个词可解释如下:

"吉丢古堆"为"古堆"的逆向变韵重叠式。"古堆"隆起物或隆起貌,曲文中形容波浪翻滚貌。

---

① 王洪君(1994)指出嵌l词为双音单纯词,宋人笔记及元曲已多见,其定形在精见组合流之前。王文还指出分音词取抑扬格:前轻后重,前暗后亮——全词形成强度的轻重对比和响度的暗亮对比。

"乞留曲律"："曲"顺向变声重叠为"曲律"，"曲律"逆向变韵重叠为"乞留曲律"。曲文中形容道路曲曲弯弯。

"乞纽忽浓"："忽浓"是方言单音形容词［xuŋ］（平声）的分音（现河南、湖北某些方言中仍存此词），词义为物软烂状，如"［xuŋ］柿子好吃"。"忽浓"逆向变韵重叠为"乞纽忽浓"，"乞"与"希"音近。曲文中形容道路泥泞貌。

"疋丢扑搭"：象声词"扑搭"逆向变韵重叠为"疋丢扑搭"，曲文中形容在烂泥中行走的声音。

"急章拘诸"："拘"顺向变声重叠为"拘诸"，"拘诸"逆向变韵重叠为"急章拘诸"，形容心情紧张貌。"拘诸"元曲中又作"拘猪、拒住"等。

"赤留出律"："出"为行走打滑义，字书作"走"旁加"出"，顺向变声重叠为"出律"，"出律"逆向变韵重叠为"赤留出律"，形容路滑难行貌。

2.6 我们注意到，变形重叠的一个规律是：顺向变声，逆向变韵。这是为什么呢？我们认为，是为了使重叠式保持基式声韵调的大框架不改变。也就是说，要保持基式的声母，那么逆向重叠只能变韵母，不能改变声母；要保持基式韵母不变，顺向重叠只能变声母不能变韵母。遵循这一规则，尽管词的音节变长了，但前面的声母、后面的韵母都维持了原基式的格局没有改变，只是将原基式抻长了罢了。这就是说，变式要以基式为基础，要受基式声韵框架的约束，不能打破基式原有的声韵格局去任意变化。

刘丹青（1988）介绍了汉藏语系重叠式的各种类型，其中谈到我国南方少数民族语言也有变形重叠现象，从他所举的例子来看，这些有变形重叠现象的少数民族语言并不存在如同汉语那样的顺向变声、逆向变韵的规则。比如景颇语既可以顺向变声重叠，也可以顺向变韵重叠；黔东苗语有逆向变韵重叠，但武鸣壮语、西双版纳傣语都可以顺向变韵。由此可以看出汉藏语系的各分支语言在采用变形重叠这一语音、语法手段上既有共性，又有各自的特性。打通汉语与少数民族语言的界限，对这些跨语言的同类现象进行全面深入的调查研究，应该是一个很有意义的课题。

三

3.0 本节拟探讨多次变形重叠的动因,即是什么因素促动一个单音词多次变形重叠的?与不变形重叠式相比,变形重叠式有什么特殊的语法意义?下文把 AB/BA 式称为一叠式,把 ABB、A'AB 称为三字格二叠式,把 A'B'AB 称为四字格二叠式。

3.1 一叠式的产生主要是单音词在词的双音化过程中音节求偶的产物。一叠式的词性与基式不尽相同,大都发生了变化,只有拟声词的重叠式词性不变。例如:"蹀"本是动词,"蹀躞"兼做动词和状态形容词。"团"本是性质形容词,"团栾"兼做性质形容词和状态形容词(甚至后来又引申为动词"团聚")。名词的一叠式有的词性未变,仍是名词,如"角—角落",有的除仍为名词外也产生了新的用法,如"毂—毂辘/骨碌","毂辘"是名词,"骨碌"是动词。拟声词的一叠式仍为拟声词,如"哗—哗啦、啪—劈啪"。

三字格、四字格二叠式词性几乎都是状态形容词,不仅失去原来的词性,而且也不再兼类使用。如"跌躞躞、滴羞蹀躞、剔团栾、剔留秃栾、骨碌碌、急留骨碌、哗啦啦、吸留哗啦"等,只有少数名词的三字格二叠式仍是名词性的,如"阁(角)落落",但是其四字格二叠式"犄里旮旯"可做状态形容词用,如"犄里旮旯地到处躲"、"连那犄里旮旯的地方都找遍了"(只做定语和状语,不做谓语)。在各类单音节词中,除了拟声词(拟声词本来就是描摹声音状态的),性质形容词的重叠式最易产生描状性,动词次之;名词的重叠式最不容易产生描状性。

从以上情况可以看出,变形重叠是使词产生描状性、变为状态形容词的语法手段,当一次变形重叠不足以产生描状性或描状性不够强时,就需要进行二次变形重叠;当三字格不足以产生描状性时,就采用四字格变形重叠的方式;有的一叠式虽然已新产生出一定的描状性,但描状性还不够强(还兼有其他词性)也有必要再次变形重叠。由此来看,多次变形重叠是为了满足增强词汇描状性的需要而采用的强化手段。另外从语法化角度来看,变形重叠式比之不变形重叠式词汇化的程度要高,因为变形重叠词音节之间的边界更加模糊，难以再分割，更像一个复音节的单纯词。

3.2　戴浩一、张敏（1997、2001）等人指出重叠形式和它负载的意义之间的联系并不是任意的，而是由语言的像似性质所促动的。像似性（iconicity）指的是语言符号及其结构和它们所代表的概念内容或外在现实及其结构之间存在着的某种相似性。多次变形重叠也能够用语言的相似性质来解释。试将下面两组重叠式加以比较：

（甲）啪　啪啪　啪啪啪啪
（乙）啪　啪啦　啪啦啪啦/噼里啪啦

甲组是不变形重叠式，描摹的是类同声音的两次或多次复现，重叠式所描摹的是连续但有一定间隔的声音。乙组"啪啦"描摹的是有轻重分别的复合声音，不像"啪啪"那么单纯；"啪啦啪啦"比"啪啪啪啪"有连贯性，但"啪啦啪啦"之间还是有一定的间隔，只有"噼里啪啦"最能描摹出连续无间隔的声音。多次变形重叠式在描摹声音或其他状态的持续性、连贯性方面要比不变形重叠式更相似、更生动、更能传达说话者的主观感情色彩。

四

4.0　这一节拟讨论变形重叠这一语言现象在词汇史研究中的重要意义和应用价值。

4.1　变形重叠规律的揭示使我们对连绵词的特点有了进一步的科学认识，即双声、叠韵连绵词都属于语音平面的变形重叠。将这一认识运用于传统小学，可以使我们对古代文献中的一些词汇和语法现象认识得更加深刻到位，从而提升传统训诂学的科学性和实用性。比如：

《诗经·豳风·七月》："一之日觱发，二之日栗烈。"毛亨传："觱发，风寒也。"

其实"觱发"就是"发发"的逆向变韵重叠形式，"栗烈"就是"烈烈"的逆向变韵重叠形式。这从郑玄的笺注可以知道它们意义上的联系：

《诗经·小雅·四月》:"冬日烈烈,飘风发发。"郑玄笺:"烈烈,犹栗烈也。"

郑玄的注只说明"烈烈"和"栗烈"是同义词,并未揭示二者之间的语音关系。我们有了变形重叠的观念,就能敏锐地看出"髮发"与"发发"、"栗烈"与"烈烈"的深层关系,认识到它们不是一般的同义词关系,而是变形重叠式与不变形重叠式的关系。《诗经》中"发发"和"烈烈"这种不变形的重叠式多见(如《诗经·小雅·蓼莪》:"南山烈烈,飘风发发。"毛亨传:"发发,疾貌。")而"髮发"和"栗烈"这种变形重叠式较少见,这是比较正常的。由此可见,用变形重叠理论为武器,可以突破以往训诂学理论和方法上的某些局限,使词义训释开辟出一片新的天地。

4.2 变形重叠的方向性、变形重叠的多次性规律的揭示,使我们掌握了分析变形重叠词语音结构层次的一把钥匙,同时也能够便捷地找到决定变形重叠词语义的语素所在。从变形重叠的方向来说,目前我们掌握如下几种类型:

AB(踸踔)
BA(燕婉)
AB/BA(须臾/斯须)
A'AB(剔团圞)
A'B'AB(滴羞踸踔、吸力忽剌)

即:顺向变声、逆向变韵、从正反双向分别产生两个同义变形重叠双音词、先顺向变声或分音产生一个变形重叠双音词,然后再逆向变韵重叠产生一个三音节或四音节词变形重叠词。

当我们面临一个疑难四字格形容词如"急章拘诸"(又作"急獐拘住、急章拒猪"等)时,我们首先看出"急章"是"拘诸"的逆向变韵重叠,其次,我们又看出"拘、诸"是叠韵关系,有可能"诸"是"拘"

的顺向变声重叠形式，"诸"不担负实际词义，这个四字格的词义核心在语素"拘"上。这样，再根据几个用例的上下文语境就可以对此词作出比较妥帖的解释了。

变形重叠的观念有助于防止词义训释中的望文生义。如《宋史·兵志》有"踢跳"一词："昌祚等乃以牌子踢跳闪烁，振以响环，贼马惊溃。"一般容易把"踢跳"理解为又踢又跳，但玩味例句，"踢跳"义为上下蹦跳，并无"踢"义，"踢跳"应是"跳"的逆向变韵重叠词。后来"踢跳"产生了"又踢又跳"的意义，但那正是语用过程中望文生义所致，我们应该把其初始义与后起义区别开来，这样才能反映词汇发展的真实面貌。"剔团栾、剔透、踢跳"这些前字为 [t'i] 的词，都是声母为 [t'-] 的单音词（团、透、跳）逆向变韵而产生的音节。用变形重叠的观点分析这些词，方能透过现象见本质。

4.3 变形重叠理论在俗语词训释上也有极大的实用价值，它可以解释以往解释不了的一些疑难词语，纠正以往的训释错误，使人豁然开朗。

如上所论，元杂剧中的三字格、四字格状态形容词实际上有的是双音词的变形重叠，有的是单音词的多次变形重叠，还有的则是单音词分音后的变形重叠形式。由于过去对这一现象缺乏研究和认识，在词义训释中不是隔靴搔痒，就是讹误重重。以下举在曲辞训释方面影响较大的《宋金元明清曲辞通释》（简称《通释》）一书为例，略加说明。

（1）纸提条、纸题条

我将这第三封扯做纸题条。（马致远《荐福碑》二【醉太平】）

把衣服扯得似纸提条。（《还牢末》二【梧叶儿】）

我要禁持你至容易，（唱）只消得二指阔纸提条。（《铁拐李》一【油葫芦】）

《通释》：纸提条，即纸条儿。一作"纸题条"。提、题，皆为句中衬字，无义。

今按，"纸提条、纸题条"即纸条条。"提条"是"条"的逆向变韵重叠形式。

（2）剔团栾、剔秃栾、踢团栾

断人肠的是剔团栾月色挂妆楼。（《窦娥冤》一【混江龙】）
剔秃栾一轮天外月。（元小令《清江引·托咏》）
见冰轮飞出云衢，踢团栾碾破银河路，放寒光照九区。（明散套《醉花阴·玉宇金风送残暑》）

《通释》：剔团栾，就是非常圆、滴溜圆的意思。剔，形容圆的副词，有甚、极、很、挺等义，犹云"滴溜儿"。团栾，圆貌。

今按，"剔"是"团"逆向变韵重叠形式，"栾"是"团"的顺向变声重叠形式，"剔团栾"就相当于"团团团"。由于"剔"经常处于形容词"团栾"和"透"（玲珑剔透）之前，占据的是程度副词的位置，久而久之，被误解为程度副词。例如，诗人臧克家《大别山》诗："流泉到处卖弄清响，把石子冲洗得光滑剔亮。""剔亮"即极亮，"剔"用作程度副词是句法位置引起的重新分析。

（3）呆答孩、呆打孩、呆打颏

则索呆答孩倚定门儿待。（元《西厢记》四本一折【混江龙】）
吓的我呆打颏空张着口，惊急力，怕抬头。（元《朱砂担》二【牧羊关】）
越教我呆打孩心绪慵劳。（明《冲漠子》三【滚绣球】）

《通释》：呆答孩，发呆的样子。亦作"呆打颏、呆打孩"。答孩、打颏、打孩，是异形同音的语助词，犹如现在口语中的"呀咳"，用来形容发呆的。……一说答孩、打颏、打都是"抬颏"的借用。抬颏，本义是抬起下巴，表示庄严的样子。引申为面部没有表情，姑备一说。

今按，"呆答孩"等实为"呆獃"（ái dāi "呆"旧读 ái）。"答孩"相切为"猷"。

(4) 七林林、缉林林、七林侵、七淋侵、七临侵、齐临临

我这里七林林转过庭槐,慢腾腾行过厅阶,孤桩桩靠定明亮楅。(《黄粱梦》)

咱也曾湿浸浸卧雪眠霜,咱也曾磕擦擦登山蓦岭,咱也曾缉林林劫寨偷营。(《气英布》)

亏心的议者,七淋侵几千般等的雕鞍卸,滴留扑摔的菱花缺。(元小令)

打得他七林侵寻鬼窟,荒笃速拜神坛。(明朱有燉小令)

一个个战抖搜心胆寒,一个个七临侵手脚残,管教认得俺杀人不眨眼的魔君这一番。(《英雄成败》)

《通释》:七林林,意为悄悄地、慢慢地。也作"缉林林、七林侵、七淋侵、七临侵、齐临临",音近义并同。

今按,"七林林"等中的前两个音节"七林"实际上代表的是一个单音词的反切分音形式。《广韵》骎,七林切。据《汉语大词典》,重叠词"骎骎"有如下几个义项:(i) 马行走貌(诗经)。(ii) 急速奔驰貌;疾速(南北朝)。急促;匆忙(南北朝)。(iii) 渐进貌(唐)。据此,上面四个例子可分为两组,两组词义不同。前两例为一组,词义为"渐进貌";后两例为一组,词义为"急促、匆忙貌"。

4.4 上举数例可见变形重叠理论实用价值之一斑。我们感叹,在汉语词汇发展变化的历程中,尚有许多新的现象有待我们去发掘、去认识。即以元杂剧中的三字格、四字格状态形容词而言,还有许多类型值得关注。例如有一种 ABB、ABC、ABBC 型三字格、四字格,其中的 AB 实际上是 C 的分音形式,如:

忒楞—忒楞楞—忒楞楞腾("忒楞"切"腾")
疏刺—疏刺刺—疏刺刺刷("疏刺"切"刷")
(赤力)—赤力力—赤力力尺("赤力"切"尺",通常作

"咻")
厮琅—厮琅琅—厮琅琅汤（"汤"shāng 与"厮琅"的切音相近）
支楞—支楞争（ABC"支楞"切"争"）
支楞—支楞楞—支楞楞争

这些现象都提醒我们，在关注语法构词的同时，也应对语音构词有关的现象给予更多的关注。而且，我们还应该着力于古今语言现象的融会贯通，开阔视野，溯源探流，以今识古，以古知今，开拓词汇史研究的新境界。

参考文献

曹先擢：《诗经叠字》，《语言学论丛》第七辑，商务印书馆 1980 年版。
邓享璋：《闽中、闽北方言分音词的性质与来源》，《语文研究》2007 年第 1 期。
郭小武：《试论叠韵连绵字的统谐规律》，《中国语文》1993 年第 3 期。
刘丹青：《苏州方言重叠式研究》，《语言研究》1986 年第 1 期。
刘丹青：《汉藏语系重叠形式的分析模式》，《语言研究》1988 年第 1 期。
马重奇：《漳州方言的重叠式形容词》，《中国语文》1995 年第 2 期。
孟琮：《北京话的拟声词》，《语言研究与探索》（一），北京大学出版社 1983 年版。
沈家煊：《句法里的像似性问题》，《外语教学与研究》1993 年第 1 期。
石定栩：《形容词重叠式的句法地位》，《汉语学报》2000 年第 2 期。
石锓：《论"A 里 AB"重叠形式的历史来源》，《中国语文》2005 年第 1 期。
孙景涛：《古代汉语重叠词的内部构造》，《古汉语语法论集》，语文出版社 1998 年版。
唐志东：《信宜方言前字变音重叠式》，《语言研究》1998 年第 2 期。
王洪君：《汉语常用的两种语音构词法》，《语言研究》1994 年第 4 期。
王学奇、王静竹：《宋金元明清曲辞通释》，语文出版社 2002 年版。
徐杰：《"重叠"语法手段与"疑问"语法范畴》，《汉语学报》2000 年第 2 期。
张敏：《从类型学和认知语法的角度看重叠现象》，《国外语言学》1997 年第 2 期。
张敏：《汉语方言重叠式语义模式的研究》，《中国语文研究》（香港）2001 年第 1 期。
朱德熙：《潮阳话和北京话重叠式象声词的构造》，《方言》1982 年第 2 期。

（原载《历史语言学研究》第一辑，商务印书馆 2008 年版，收入本集时有增改）

跨层非短语结构"的话"的词汇化

1　开头的话

1.1　"的话"是现代汉语口头和书面上使用频率都很高的助词，它最主要的语法功能是在主语后面做话题标记（老王的话，人很实在｜爬楼梯的话，他比我强），在条件小句句尾表示假设语气（下雨的话，我就不去了），此外也可以在句中表示一般的停顿语气（今天呢，大家对我的话，进行了耐心的帮助）。关于"的话"的句法功能、性质和作用，学者及一些通行的虚词词典都多所论及，但是关于"的话"的来源，讨论者寥寥，至今语焉不详。这个人们每天都会用到的常用词，居然在大型辞书如《辞源》、《辞海》、《汉语大词典》中都查找不到，其原因，可能跟它的结构不像个复合词有关。

1.2　语法化通常包括虚化（有实在意义的词演变为意义空灵的语法成分的过程）和词汇化（短语或词组逐渐凝固或变得紧凑而变为单词的过程）两个重要方面，"的话"成词是词汇化现象，而且是不在同一个句法层次上（在"X 的话"结构中，"的"属于修饰语 X 的后附成分，"话"是中心语），只是表层形式上相邻近的两个成分的组合，因谓之"跨层非短语结构"。按照汉语的句法规则，结构助词"的"和名词"话"根本不能结合成一个词，更何论充当一个句法成分而独立使用，有人对把它看作一个助词持怀疑态度的原因正在于此。但是从它的句法特征和表达功能来看，它确实是一个能够独立使用的、有语法意义的最小单位，应该看作一个虚词。

"的"与"话"结合成一个跨层结构的语法词的情况要比一般跨层结

构双音词复杂的多,既有共性,又有其特殊的动因和机制。正确揭示这种跨层结构语法化的演变过程,演变机制,可以更深刻地认识语法化现象的复杂性、多样性及其本质特征,用汉语特色的语法化现象和理论来丰富一般语法化理论。

1.3 在正式讨论问题之前,还需要明确本文涉及的"话题标记、假设助词、停顿助词"等几个概念之间的关系。汉语句子的话题标记有不同的来源和形成途径,因而也有多种标记。由于词、短语和分句都可以充当话题成分,又由于话题后必有停顿,因此停顿(现代书面上用","号标示)、语气词(如"也、呵、呢、么、啊")、假设分句后的助词(如"者、时、的话"①)等都可以充当话题标记。本文认为助词"的话"的直接来源是话题句(名词和名词性短语是最典型的话题),助词"时"的直接来源是时间条件假设分句,但是由于话题句与假设句有同质关系:话题是预设的陈述对象,而假设是以一个虚拟的条件为话题,二者有本质上的相似性(假设分句都可以看作话题成分,但话题成分却并不都是假设分句),于是通过功能扩展,它们的语法功能又都相通。为了对"的话"的各种语法功能加以区别,文中拟称假设条件分句后的"的话"为假设助词,称其他话题成分后面的助词"的话"为"话题标记",称以上两种用法之外纯表停顿语气的"的话"为停顿助词。

---

① 除此之外,元明清白话文献中也可见"的"作假设助词的用法。香坂顺一(1987)曾举出《水浒》中的例子(470、501页),如:"我若是躲闪一棒的,不是好汉。"(28回)"你晓事的,留下那十两银子还了我,我便饶了你。"(14回)在时代相近的其他资料里也有反映,把元明清四种版本的《老乞大》中的假设句加以对照,可以证明"的"确实相当于假设助词"时":

旧本:既你待卖时,咱每商量。(22a8)
谚解:你既要卖时,咱们商量。(7b2/142)
新释:你总要卖的,咱们好商量。(25a10)
重刊:你总要卖呢,咱们好商量。(7b10/148)

《新释》的"的"与《旧本》和《谚解》的假设助词"时"相对应,又与《重刊》的假设语气词"呢"相对应,说明它的作用是表示假设语气,"的"就相当于后来的"的话"。

2 "的话"的来源

2.1 主要资料——《绿野仙踪》

"的话"最早出现在清代白话小说中,但是较少见。前人只在《儒林外史》(作者吴敬梓 1701—1754)和《儿女英雄传》(作者文康,同治年间 1862—1874 年尚在世)中各发现一例:

> 差人道:"……老实一句,'打开板壁讲亮话',这事一些半些,几十两银子的话,横竖作不来。没有三百,也要二百两银子,才有商议。"(《儒林外史》14 回,张谊生 2001 举)
>
> 华忠道:"……还有一句话嘱咐你,这项银子,可关乎着老爷的大事;大爷的话,路上就有护送你的人,可也得加倍小心。"(《儿女英雄传》3 回,太田 1957 举)

这两例"的话"都用在名词性成分后面,格式都是"NP 的话",一个用在数量名词短语后面,一个用在称谓呼语后面。

从《儒林外史》的用例可以推断助词"的话"至迟在清代中叶就已出现,但仅靠这两个例子(二例时间相距一百多年)很难掌握"的话"产生之初的详细情况。我们通过计算机检索了《金瓶梅》、《红楼梦》等十几种明清小说资料,《金瓶梅》不用说,连《红楼梦》里也未见可确认为助词"的话"的例子(《红》假设语气用"呢",少数用"时"),倒是在乾隆时期的小说《绿野仙踪》中找到了一些确切的用例,成为本文立论的主要材料和依据。

《绿野仙踪》,作者李百川(约 1720—约 1771),书创作于乾隆 18 年(1753 年)至乾隆 27 年(1762 年)间,稍晚于《儒林外史》、《红楼梦》,有抄本 100 回(北京大学图书馆藏)和刻本 80 回,此据北京大学出版社百回排印本。这部书比《儒林外史》晚不多少年,但助词"的话"的用例有十几处,是目前所见到的最早、最重要的资料。

2.2《绿野仙踪》中的话题标记"的话"

A."NP 的话"

（1）萧麻子道："苗三爷的话，我责备了他半夜，为他多嘴。……"（《绿》57·454；述题小句中的第一个"他"回指话题）

（2）萧麻子道："苗三爷的银子，都交在我身上。温大爷的话，我与你们尽心办理。"（《绿》57·456）

（3）苏氏回复道："太太的话，我费了无限唇话，倒也有点允意……"（《绿》83·676）

（4）周琏听了这几句话，便和提入冰盆内一样，呆了好半晌，方向苏氏道："你还须与我在太太前留神。老爷的话，我再设法。"（《绿》83·677）

B."VP 的话"

（5）内中有几个道："他如今四面添了巡逻，日夜稽查，投降的话，断断不能。……"（《绿》34·265；此言"投降，断断不能"）

（6）于冰道："你今年秋天，恐有美中不足，然亦不过一二年，便都是顺境了。生子的话，就在下月，定产麟儿。"（《绿》70·558）

（7）我若过去，他不知怎么欢喜。这喊叫不依从的话，是断断没有的。（《绿》81；此言不可能喊叫不依从）

C."至于 NP/VP 的话"

（8）知县道："这宗银子和赃罚银子一样，例上应该入官。至于遮羞钱的话，朝廷家没有与你留下这条例。"（《绿》22·161）

（9）（周琏）道："这有什么不依，便与他终生不见面，何妨？至于我父母的话，我一力担承。家中上下，有一个敢藐视你，你只和我说。"（《绿》87·718）

（10）如今你穷困之至，求他推念先人奉上垂怜。至于凑办厚礼

的话，徒费钱而且坏事。(《绿》43·332)

这类话题句前用介词"至于"，后用助词"的话"。"至于"用于转换话题的场合，它跟"关于、对于"等介词一样，用词汇手段使话题概念范畴凸显出来，不妨把它看作个前置的话题标记。

《绿野仙踪》为我们提供了助词"的话"相当数量的早期用例，但仅从这些例子还很难看出它演变为助词的诱因和过程，为此我们对"话"的词义变化以及这个时代与"的话"相关的句法结构进行了全面的考察，发现在"话"的词义发展过程中，有一种特殊的泛化指代义。

2.3　"话"的指代性

2.3.1　"那话（儿）"

"话"是个名词，最基本的意义是"话语"。到了唐代又特指"说唱的故事"，如元稹《酬翰林白学士代书一百韵》诗："翰墨题名尽，光阴听话移。"自注："又尝于新昌宅，说《一枝花话》，自寅至巳，犹未毕词也。"后来所说的"话本"，就指宋元以来艺人说唱故事的底本。到了金元明戏曲作品和明清白话小说中，"话"产生了一种新的用法，即用在指代词"那"后面（"这"极少见），"那话（儿）"做主语、宾语，指代不便或不愿明说的人、事或物，例如：

(11) 不合道，浑如那话初出产门来。(《董西厢》卷2，指男根)

(12) 顾三郎悄悄问道："那话儿歇在那里？"(《古今小说》卷21《临安里钱婆留发迹》，指王节使家小所在的船)

(13) (丑)这个果然有些本事，快拿那话儿来。(末)什么话儿？(丑)戴在头上生疼的。(净取盔跪介)(《幽闺记》九出，指头盔)

(14) 你去，你去，我知道了。说的那话儿，早早的送将来。(《闹铜台》三折王太守白，指银两)

(15) 我不管你，但是有些儿伤损，我只把那话儿念动念动，你就是死了。(《西游记》16回，指紧箍咒)

(16) 骨查腊收泪看时，巴恍龙两手擎拳，双眸紧闭，眼见的那

话儿了。(《禅真后史》29回，指人将死)

（17）多是那话儿见我们在此，想躲在黑暗里去了。（明王錂《春芜记·阻遇》，指宋玉)

（18）我在这里算着，那话已有个完的意思。（《儒林外史》32回，指银子)

（19）(宝玉）心下自思："这话他如何知道？他既连这样机密事都知道了，大约别的瞒不过他……"（《红》33回，指红汗巾子事)

2.3.2 "VP/NP 的话"

A. 在这种格式中，"话"的意义较"那话（儿）"虚泛，已基本不指代具体的人或物，仅指代事情、情况或抽象的话题等。"话"处于定心结构的中心语位置。

（20）冯紫英道："这个脸上，是前日打围，在铁网山教兔鹘捎一翅膀。"宝玉道："几时的话？"（《红》26回，指冯受伤的事)

（21）凤姐笑道："怨不得你不懂，这是四五门子的话呢！"（《红》27回，指掌故)

（22）探春笑道："林姐姐终不脱南边人的话。"（《红》84回，指话题)

（23）宝二爷定亲的话，不许混吵嚷；若有多嘴的，堤防着他的皮。(《红》90回，指事情)

（24）凤姐道："是他么？他怎么肯这样？是再没有的话。"（《红》112回，指事情)

（25）"无闻"二字不是不能发达作官的话。(《红》82回，指意思)

B. "把 VP/NP 的话说了一遍"

"VP/NP 的话"短语经常被介词"把/将"提在"说"义动词前面，"VP/NP 的话"短语是"说"的受事，"说"义动词必带补语，"话"指代有定的情况、情节。

(26) 李逵却把夜来同娘到岭上要水吃，因此杀死大虫的话，说了一遍。(《水》43回)

(27) 这道国把往回一路的话，告诉了一遍。(《金》38回)

(28) 贾珍见问，便将里面无人的话说了出来。(《红》13回)

(29) 道婆们将昨夜听见的响动，被煤气熏着，今早不见有妙玉，庵里软梯刀鞘的话说了一遍。(《红》112回)

(30) 公子便把失了那块砚台的话说出来。(《儿》13回)

C. "说NP/VP的话"（"说"代表跟说话义有关的动词，如"讲、提、商议、问"等）

（甲）"NP/VP的话"是"说"义动词的宾语，"话"是中心语，仍有"话题"义，"说……的话"就是"说跟……有关的话题"。例如：

(31) 公孙见过乃祖，进房去见母亲刘氏，母亲问了些路上的话，慰劳了一番，进房歇息。(《儒林外史》8回)

(32) 薛姨妈感激不尽，说了些薛蟠的话。(《红》97回)

(33) 大爷，你可千千万万见了这两个人的面再商量走的话，不然，就在那店里耽搁一半天倒使得。(《儿》3回)

（乙）修饰语"NP/VP"就是中心语"话"的内容，二者具有同一性；"说NP/VP的话"就相当于"说NP/VP"，"的话"近似于一个羡余成分，去掉它对句义也没有什么影响。由于语义重心前移，短语内部结构关系发生了由"说……话"向"说NP/VP"变化的趋势。

（i）修饰语为NP

(34) 伯爵道："休说五两的话，要我手段，五两银子要不了你的……"(《金》45回，不要说给五两银子)

(35) 据我看，园里这一项费用也竟可以免的，说不得当日的话。(《红》78回，说不得当年，比不得当年)

(36) 若要官中的,直管要去,别提这月钱的话。(《红》83 回,别提这月钱)

(37) 列公,话下且慢讲那位姑娘的话,百忙里先把安公子和张金凤的情形交待明白。(《儿》8 回,且慢讲那位姑娘)

(38) 及至奴才说到那弹弓的话,他便说:"这更不必讲了。"(《儿》14 回,说到那弹弓)

(ii) 修饰语为 VP

(39) 尤氏等送邢夫人王夫人二人散去,便往凤姐房里来商议怎么办生日的话。(《红》43 回,商议怎么办生日,而不是商议话)

(40) 两人吃着酒,段祥又问起那妇人的话,于冰备细说了一遍。(《绿》8 回,问起那妇人,不是问妇人说的话)

(41) (公子)又给嬷嬷爹写了一个字条儿,说已经到了茌平的话。(《儿》4 回,说已经到了茌平)

(42) 讼师答应立刻先替他写两封外国信:一封给仇五科的洋东,说要退机器的话;一封是给新衙门的。(《官场现形记》9 回,说要退机器)

(iii) 修饰语是"VP 不 VP"

(43) 这原不是什么争大争小的事,讲不到有脸没脸的话上。(《红》55 回,谈不到有脸没脸)

(44) 一家子骨肉,说什么年轻不年轻的话。(《红》11 回,说什么年轻不年轻)

(45) 十三妹用手把他扶起来,说:"你且起来,我才说去不去的话。"(《儿》22 回,我才说去还是不去)

C 之(乙)类各例中"的话"的"话"虽然并没有完全虚化,但跟 A、B 两类和 C 之(甲)不同,这类例句显示出即使略去"的话"也无碍句意的特点。这表明"的话"词汇化的诱因在于结构内部的语义关系发生了变化。即：在"说VP/NP的话"小句中，"NP/VP"就是"话"的具体内容，这使得"说"义动词的语义指向发生了变化：由明确指向中心语"话"，变为侧重指向修饰语，即修饰语"NP/VP"有变为"说"义动词宾语的倾向，这样原来的中心语"话"就容易被架空，在语义上"说NP/VP的话"就等同于"说NP/VP"；语义重心前移，引发结构关系的变动，"的"由后附于NP/VP变为前附于"话"，在语音上"的话"也会发生轻读现象。上述种种变化，都为"的话"演变为后附的话题标记提供了前提。时间名词"时"语法化为假设助词的过程也有与此类似的现象。时间词"时"最初处于定心结构的中心语位置，后来也是因为语义重心前移，"时"被架空而演变为假设助词的（详见拙文，2002）。

2.3.3 元明清小说中的大量语言事实，为探究助词"的话"的来历提供了重要的信息和线索。最迟在金元时代，名词"话、话儿"有指代义，可以代指某人、某物、某事。这种用法最初是为了应隐晦表达的需要而产生的，后来其指代义不断泛化，正是"话"的泛化指代性使它可以比较便利地在短语或小句后面充当被饰成分。

那么，这种指代不便明说的人或事物的用法为什么由"话"而不是由其他名词承担呢？我们认为，这跟"话"与话题的语义联系直接有关。如前所说，"话"的基本词义为"话语"，话语所及就是话题，话题的内容无非是交谈中涉及的有关人、事、物。因此，在实际的话语交际中很容易引发这样的语用推理：所谓"说话"，其实就是说有关的人、事、物（这也是唐代把说故事叫作"说话"的原因），在一定的语境里，所说的"话"指某人，在另一语境中，"话"指某事或某物，"把……的话说了一遍"，其实就是"把……的事情、情况说了一遍"，于是通过这种转喻性的语用推理，名词"话"就产生出了指代义。

尽管 2.3.2 节中的 C 之（乙）类现象揭示了"的话"语法化的诱因，但是上述各类处于宾语位置上的"NP/VP 的话"并不具备使"的话"演变为话题标记的条件，还需要相应的机制才能最终完成这一演变。

2.4 省略、移位与话题标记"的话"的产生

C 之（乙）类"说 NP/VP 的话"短语提供了"的话"语义虚化、结构关系变动的初始条件，但在"说……话"框架的背景下，它的进一步虚化受到"说"义动词的制约，很难彻底演变为助词；即使介词"将/把"把"NP/VP 的话"提到了"说"义动词的前面，但是仍然没有摆脱"说"义动词的控制。看来，"NP/VP 的话"只有跳出这个框架，位移至主语或条件分句的位置上才有可能完成质的飞跃。这里所说的移位是指把本不处于句首位置的句法成分前移到句首位置，并加上停顿（或助词），使之成为语用上的话题成分①。

下面，我们试用还原法来解释《儒林外史》、《绿野仙踪》中的三类话题句是经过省略和移位才成为话题句的。

2.4.1 "NP 的话"话题句

我们先以前举《儒林外史》中的话题句为例，这是迄今所知最早的一例：

> 打开板壁讲亮话，这事一些半些，几十两银子的话，横竖作不来②。

对此话题句进行还原，就是在"几十两银子的话"前添加"说"义动词，成为："说几十两银子的话，横竖做不来。"由于在"说几十两银子的话"短语中"几十两银子"就是"话"的内容，"说几十两银子的话"在语义上就是"说几十两银子"，所以"的话"变得羡余，当省去"说"，并把"几十两银子的话"置于句首时，"的话"就被重新分析为后附的话题标记。

请将下面三栏例句横向一一加以对照。中间一栏"NP 的话"移至句

---

① 袁毓林（2002）举了一些口语中通过移位生成的话题句，例如：
　a. 我觉得篇幅吧，太长了，……
　b. 篇幅吧，我觉得太长了，……（张、方，第 27 页）
② 通观早期助词"的话"出现的语境（话题句），应把《儒林外史》"几十两银子的话，横竖作不来"看作名词主语话题句，而不应该看作假设句。

前，但还没有摆脱句尾"说"义动词的支配；右栏既移位又去掉"说"义动词，"的话"演变为话题标记。也就是说，去掉左栏各句中的"说"义动词（及其前后附加成分），就可以生成右栏的话题主语句，前提是左栏各例中的"NP的话"都不是领属关系，NP就是"话"的内容（带#号的句子是笔者自拟的，下同）。

说NP的话	NP的话……说	NP的话
a. 休说五两的话。（《金》）	#五两的话休说。	#五两的话，根本用不了。
b. 且慢讲那位姑娘的话。（《红》）	#那位姑娘的话且慢讲。	#那位姑娘的话，我还没见过。
c. 别提这月钱的话。（《红》）	#这月钱的话别提。	#这月钱的话，不归他管。

这说明NP与"话"的同一性是"的话"语法化的诱因，而省略和移位是"的话"演变为话题标记的重要机制（参看下文例53、54）。

2.4.2 "VP的话"话题句

前面2.2节举出《绿野仙踪》中"VP的话"话题句（5）、（6）、（7）三例。严格地说，这三例中"的话"的"话"还有一定的指代义，虚化未尽，还处于可两解的状况中。比如，例（5）"投降的话，断断不能"，"投降的话"可以理解为"投降的事"；例（7）"这喊叫不依从的话，是断断没有的"，可理解为"这喊叫不依从的情况"。从这种可以做双重分析的例句更可以看出"话"的泛化指代性跟"的话"词汇化的内在关系。下面以例（6）为例详加说明。

例（6）的上下文如下：

a.（朱文炜道）就是小侄，也还问终身的归结并生子的年头。
b.（于冰道）生子的话，就在下月，定产麟儿。

a句可简化为"问生子的年头"（"问"也是"说"义动词），由于"话"的泛化指代性，我们完全可以用"话"替换"年头"，改为"问生子的话"；b句"生子的话"既可理解为"生子的年头"，也可理解为话题小句。"问生子的话"的话题化就是省略"问"，并把"生子的话"移至句首完成的。

2.4.3 "至于 NP/VP 的话"话题句

"至于"的功能是引出话题，它跟"要说"的功能相近，是个前置的话题标记，所以凡是句首有"至于"的句子一定是话题句。我们注意到，《绿野仙踪》三例中的"NP/VP"都是在上文的对话中曾经提到过的话题，因此把"话"还原为"话语"义或指代义都可说得通。比如例（8）、（9）、（10）可以依次扩展为：至于刚才说的遮羞钱的话/事 ｜ 至于说我父母的话/方面 ｜ 至于你说的凑办厚礼的话/事。由此能够看出"至于"小句深层隐含着"说……的话"结构框架，当表层省略了"说"义动词，"NP/VP"与"话"有同一性时，"的话"就容易演变为并非必要的后附成分。

2.4.4 《绿野仙踪》中可确认做助词的"的话"都产生于话题成分 NP/VP 末尾，这说明"的话"最初、最本质的功能是做话题标记。它的产生需要这样两个前提：

a. 在"说 NP/VP 的话"动宾短语中，"NP/VP"就是"话"的内容，二者具有同一性，在语义上"说 NP/VP 的话"可理解为"说 NP/VP"；

b. "NP/VP 的话"短语摆脱"说"义动词的支配，移位到句首做话题主语，"话"的词义进一步虚化，"NP/VP 的话"在语义上就相当于"NP/VP"。

这两个条件，一个是语义上的，一个是句法位置上的，缺一不可。

3 从《小额》看"的话"功能的扩展

如上节所证，助词"的话"在《儒林外史》、《绿野仙踪》中都产生于话题句，是个纯粹的话题标记。但是在现代汉语里，它更经常用作假设语气助词，以至一般人只知道它是假设助词。这是为什么呢？因为"的话"功能的扩大。一个虚词产生之初，其功能往往比较狭窄；其后，经系统内部的调整和影响，其原有功能得以扩展，这是汉语史上十分常见的、带有规律性的现象。为了观察"的话"功能的发展，我们利用了距《绿野仙踪》约 150 年、原刊于光绪 34 年（1908）的社会小说《小额》（作者为旗人松龄）。此小说是用当时的北京话写成的，语言十分俚俗，简直就像是口语的笔录；其中有 21 个"的话"可以看作助词，都出自下层市民之口①。在《小额》中，助词"的话"既充当话题标记，又兼做假设助词，还做一般的停顿助词；其做话题标记的用法也较《绿野仙踪》有所发展。下面略作介绍。

3.1 做话题标记

A. "NP 的话"（NP 除了称人名词外，还有时间词、事物名词）

(46) 我们哥儿几个的话呀，今儿个是特意给伊老大爷请请安。(28 页)

(47) 小连的话呀，我们哥儿几个也问明白了他啦，他实在是无心中碰了老爷子一下儿。(同上)

(48) 皆因是昨儿个的话呀，我们连大兄弟，跟您家里的老爷子，他们老爷儿俩抬了两句杠。(同上，"昨儿个的话"标明事件发生的时间，是外围性的场景话题)

(49) 说善大兄弟，这回事我算受了人家的害啦。前场的话呀，招老大爷生气，一百不好，是我的不好；这回事的话呀，有我们明五叔在头里，你们老爷儿们，算是高抬贵手，大兄弟，我这儿给您磕头啦。(80 页，"前场的话呀"、"这回事的话呀"，"的话"用在对举句中，点出两个相对的场景话题)

B. "要说 VP 的话"

(50) 要说他打［老］爷子的话呀，他魂也不敢。(第 28 页)

(51) 要说办这些个事的话，火纸捻儿比号筒，你差的粗呢。(第 57 页)

---

① 《小额》中假设助词还用"么"和"呢"，例如："要说他的外科么，好像少差一点。"（第 115 页）"你要听我的话呢，好好儿的安分当差，永远不准惹事；你要是不听我的话呢，拿着你的钱粮，带着你的媳妇，自己混去。"（第 131 页）

"要说 X 的话"小句跟通常的"如果 X 的话"假设分句不同，它的句首不是假设义连词"如果、假如、假使"一类，而是"若说、要说、要问"一类动词性短语。话题的本质是在信息交流的动态过程中临时设定的陈述对象（史有为，1995），而"要说"类短语的作用就是用词汇手段在交谈中预设话题，引出话头，而不是提出一种假设。因此，可以认为，分句句首的"要说、要讲、要问"等，相当于前置的话题标记，不论分句末有无"的话"，只要看到这类短语，就可以认定其后就是话题，正如一看见句首有"如果、倘若"之类，就知道这是假设条件分句一样。在这类"要说……的话"前后标记并用的话题句中，由于动词"说"对"话"在句子表层有支配性，因此"的话"的虚化程度不如单用"的话"的话题句高①。

C. "VP 不 VP 的话""的话"用在正反问小句句尾，使问句具有话题性。

（52）别说这点儿事，不怕您过意的话，② 三头六臂，红黄带子，霹雷立闪的事情，这个兄弟都了过。赏脸不赏脸的话，给我们一句干脆的话。（第 29 页；第二个"的话"为助词）

这是新出现的话题句型，仍可用"话"的泛化指代性和省略与移位说对它的产生做出解释。我们把 2.3.2 节 C（ⅲ）举的《红楼梦》里"说 VP 不 VP 的话"两例 a 加以变换，生成新句子 b、c：

---

① "不怕你过意的话"，意思是"说一句不怕你在意的话"，"话"有实义，"的话"不是助词。
② 《小额》中"要说 X"式话题句为数相当多（38 例），例如："要说外科，王先生简直的不懂得。"（第 89 页）|"要论这点儿药怎么贵重，我也不用跟您说啦……"（第 121 页）"要说、要论"是用词汇手段提出一个预设的话题，而不是提出一个假设的条件；"要问"句是自问自答，用设问的方式提出话题，本质上跟"要说、要论"一样。
"要说 X"式话题句很早就已出现，如：若论常快活，唯有隐居人。（寒山诗）| 若说我家夫主，不是等闲之人。（《敦煌变文集·难陀出家缘起》）从历时资料来看，"要说 X 的话"话题句是从"要说 X"话题句扩展来的，由于"说……的话"框架的惯用性，使得"说"义动词原来的宾语 NP 或 VP 黏带而扩展为名词性短语"NP/VP 的话"。

a. 讲不到有脸没脸的话上。(《红》例 43)
   说什么年轻不年轻的话。(《红》例 44)
b. #有脸没脸的话,讲不到。
   #年轻不年轻的话,说什么。
c. #有脸没脸的话,我也顾不得许多了。
   #年轻不年轻的话,没什么关系。

这三类句子里"VP 不 VP"在语义上都跟"话"有同一性,"话"有虚化的条件。但是,b 类两句虽然做了移位处理,由于后一小句中仍有"说"义动词,所以"VP 不 VP 的话"在语义上还是"说"的受事,"话"仍带有实义,"的话"不是话题标记。c 类两句不仅移了位,而且完全摆脱了"说"义动词的支配,"VP 不 VP 的话"形式上为名词短语,语义上跟"VP 不 VP"相同,名词短语(哪怕是形式上的)更适合做话题主语,所以"的话"没有脱落,在新的话题句中被重新分析为助词——话题标记。《小额》"赏脸不赏脸的话,给我们一句干脆的话"就属于(c)类。

d.过渡阶段的特指问话题句"VP 的话……说"

(53)上回让您拿钱,您说不忙,眼下官司是有信完啦,应该多少的话,您只管说吧。(第 67 页)

(54)您有药好极了,您这也是为救人。药钱多少的话,您自管说。(第 120 页)

《绿野仙踪》中也有这种过渡阶段的话题句:"起兵攻围的话,尚须缓商。"(31 回)这类句子述题小句中有"说"义动词,还不能把"的话"看成严格意义的话题标记。句法演变是一个连续统性质的渐变过程,这两例处于中间过渡阶段的话题句,更让我们看清了话题标记"的话"跟"说……的话"结构在来源上的联系。

3.2 做假设助词"要是/要 VP 的话"

（55）老爷子要在家的话，赏我们个脸呢，我们哥儿几个带着小连进去，让小连给他（音贪）磕个头，我们哥儿几个也给他（音贪）磕个头；要是不赏我们脸的话，把他老人家请出来，就在您门口儿，让小连给他（音贪）磕个头。（第 29 页）

（56）要是见好的话，很好喽；要是作什么的话，……（第 115 页）

（57）要是不见效的话，让您孙子给您送信去。（同上）

（58）只要我好啦的话，加倍的必有人心。（第 120 页）

"要是、要"是假设义连词，"只要"是表示必要条件的连词。跟"说"或"要说"不同，"要"和"要是"跟名词"话"没有直接的语义和结构联系，它不可能提供非短语结构"的话"语法化的初始语境，因此助词"的话"不可能产生于"要/要是 X"假设分句。

3.3 "的话"用在称谓名词呼语句后面，做停顿助词

（59）好善哥的话，就说这件事，跟您说句外话，黄雀儿的母子，很算不了麻儿。（第 30 页）

前举《儿女英雄传》"大爷的话，路上就有护送你的人，可也得加倍小心"也属呼语类。这类用法是对 A 类用法的扩展，《绿野仙踪》未见，应是比较后起的。

3.4

把《绿野仙踪》跟《小额》的用法加以比较，可以看出《绿野仙踪》中助词"的话"的功能只是做话题标记，《小额》中助词"的话"可兼做话题标记和假设助词。以做话题标记而论，《小额》的用法比《绿野仙踪》丰富得多：除了做名词主语句话题标记外，还能在句首为"要说"的话题句后以及正反问小句后做话题标记；它又从做名词主语句话题标记的用法扩展到在面称呼语句后表语气停顿。

如前所说，可以用虚词功能的扩展来解释"的话"由话题句扩展到

假设句的用法,不过也许有人要问,为什么扩展到假设分句而不是其他句子呢?我们认为,话题标记与假设助词的通用性和一致性是"的话"由话题句扩展到假设句的根本原因。假设分句跟话题有同质关系。徐烈炯、刘丹青(1998)介绍,Haiman 1978 年在 Language 杂志上发表了题为 Conditionals are Topics(条件句就是话题)的论文,他所说的条件小句,就相当于汉语语法中成为条件聚合假设句的分句。汉语假设句的历史也表明,话题标记与假设助词向来是通用的,话题是预设的说明对象,而假设是以一个虚拟的条件为话题,二者之间具有本质上的相似性。这便是最初为话题标记的"的话"扩展应用到假设分句的根本原因。无论话题小句还是假设分句,其后都有语气停顿,所以"的话"与表停顿的语气词也有同质通用关系。

根据拙文(2002)的考察,助词"时"产生于时间条件分句,它最初是以假设助词的面貌问世的,到了元代,才看到它在典型的话题句——名词主语句后做话题标记的用法("新罗参时,又好,愁什么卖。"《老乞大谚解》)。这一点跟"的话"不同,"的话"是产生于话题句,扩展到假设句。因此,从来源上看,"的话"是更地道的话题标记,把"的话"看作话题标记比把它看作假设助词更符合语言实际。

4 问题讨论与思考

4.1 前人跟"的话"有关的研究不多见,其中朱德熙(1983)、徐烈炯、刘丹青(1998)的论著中有所涉及。朱文云:"表示假设的'VP 的话'本身显然是名词性结构,原先大概是作为动词'说'的宾语在假设句里出现的(要说下雨的话,就去不成了)。等到它能够离开动词'说'独自表示假设的时候,就显得像一个谓词性结构,后头的'的话'也变得像语气词了。"朱先生的推测有两点与本文不谋而合:(i)"的话"产生于"说 VP 的话"短语;(ii)"的话"的语法化跟摆脱了动词"说"有关。在没有全面考察历史资料的情况下朱先生做出这样的推测是令人钦佩的。

徐烈炯、刘丹青(1998)认为,"'……的话'的字面义几乎就是词汇意义的话题,并且反映这个条件小句最初就是被看作名词性短语的,

'下雨的话'字面上就是'下雨这个话题'",这一看法点出了"的话"与话题的关系,是颇有见地的。

以上两家只对"的话"的来历或本质属性做了简略的推测和说明,并没有对"的话"的产生进行系统详尽的考察和讨论。倒是张谊生(2001)有一段文字专门讲到"的话"的来源,这是笔者迄今所见唯一一篇对来源进行正式讨论的文章。张文用语境吸收(absorption of context)来解释助词"的话"的产生,他举出下面两个例句进行解释①:

若依平儿的话,你琏二哥可不抱怨我么?(《红》118回)
若信了人家的话,不但姑娘一辈子受了苦,便是琏二爷回来怎么说呢?(同上)

张文认为这类句子有两种理解:A 若信了人家说的话,B 倘若相信了人家。"若信了人家说的话"就等于"倘若相信了人家"。"由于句式义所起的作用,'的话'的字面义已经成了羡余。随着此类句式的一再使用,'的话'不断地吸收假设句的句式义,终于变成了一个协助表示假设的助词。"

对于这一解释我们很是怀疑。根据上下文提供的语境,"平儿的话"、"人家的话"都是典型的领属关系("平儿"、"人家"是"话"的发出者),其中的"话"指话语,没有歧义,看不出语法化的条件。如按张文的分析,"若信了人家的话"就等于"倘若信了人家",那么"若信/依了人家的意见"也应该就等于"倘若信/依了人家",是不是"的意见"也可能吸收假设句的句式义,变成表示假设的助词呢?为什么只有"的话"而不是"的"跟其他名词的组合变成了助词呢?也就是说,需要对"话"的特殊性加以说明,而上述语境吸收说没有触及这个问题。从容易歧解的句子入手去捕捉语法化的信息,是十分正确有效的方法,但我们认为最好

---

① 张文所举《金瓶梅》一例恐理解有误,"今日与你说的话"应理解为"这是我今日与你说的话",暗含着让对方听清楚的意思,跟假设语义无关。《儿女英雄传》:"就说我的话,合他们借两个牲口……"(1079)"就说我的话"意思是"就说是我说的话"。

选择那些能够反映语法化渐进过程的歧解句，即在大语境明确的前提下仍可以两解的句子才有说服力。比如"钱财只恨无，有时实不惜。"（·王梵志诗067首）后句虽然可以理解为"有钱的时候不会吝惜"，但由于"有时"的"有"是未然的，又是跟上句的"无"相对而说的，所以也可理解为"如果有钱就不吝惜"。这个歧解句透露了"时"语法化的特定语境。张文所举两例并非歧解句，未能提供渐变的信息，仅用语境吸收来解释还难以令人信服。

4.2 "时"与"的话"

"时"和"的话"这两个助词语法化的路径很不一样，"时"自始至终是在一种句型即时间条件句中虚化并演变为助词的，而"的话"却是在两种不同的句法位置上完成其语法化的——先是由动宾短语"说 NP/VP 的话"引发"话"义的弱化、虚化，使"话"变成具有泛指义的被饰成分（有点儿像"者"）；然后名词短语脱离原结构中"说"义动词的支配和影响，由宾语转作主语，在新的主语句中取得话题标记的身份。

"时"也有复音节形式"之时、的时、的时候"，但这是在"VP/NP 时"中间添加结构助词"之/的"而成的，例如：

（60）若也相公欢喜之时，所得钱物，一一阿郎领取。（《敦煌变文集·庐山远公话》176）

（61）若得官人如此周庇之时，待奴托与终生，未为晚矣。（《小孙屠》三出267）

（62）不然之时，待他长成，就县择个门当户对的人家，一夫一妇，嫁他出去，恩人坟墓也有个亲人看觑。（《醒世恒言》卷一）

（63）这们的时，下的你。（《老乞大谚解》60b6）

（64）既这般的时，休只管的缠张。……（同上46b）

（65）姑爷，你换下来给我快拿去罢。不的时候，姑娘他也是着急。（《儿》11回）

（66）有啥笨活，只管交给我，管作的动；不的时候儿，这大米饭，老天可不是叫人白吃的。（《儿》13回 张老语）

"之时/的时/的时候"中的"之/的"是添加成分,而"的话"是原生的。与"时"主要单独做助词不同,"话"一般不单用,只以"的话"的面貌出现①。

助词"时"前加上"之"或"的"应是表达上韵律节奏的需要。名词话题句或假设分句必有停顿,而且在停顿处往往有上扬的拖腔或半拖腔,以引出下句;用两个或三个音节,腔调就拖长了,使得话题跟述题的分界更加分明,语气也显得和缓。

在汉语各种句子成分中,名词性成分尤其是指人名词成分是最典型、最常见的主语,一般来说,汉语的主语就是句子的话题,这说明名词性成分尤其是指人名词成分的话题性较之其他类成分强,更容易做话题。在迄今发现的最早的例句中,助词"的话"分别用在指物("几十两银子的话")、指人("太太的话、老爷的话、苗三爷的话")名词后面,这应该不是偶然的,因为最早的用例通常最能反映语法化的语境和动因。在乾隆年间的小说《绿野仙踪》中,可以确切看作助词的"的话",都是用在名词主语后面的。在光绪34年刊本《小额》中,助词"的话"共有21例,除去假设分句的6例,话题标记15例中做名词成分话题标记的有9例,超过一半,这比例明显高于现在,跟假设助词"时"早期几乎全出现在VP后面形成鲜明的对比,具有互补性。因此可以说,"的话"是从话题标记扩展为假设助词的,"时"是从假设标记扩展为话题标记的,由于话题跟条件小句本质上的一致与相通,使得二者的句法功

---

① 《绿野仙踪》中有一些该在"话"前用"的"而不用的例子,如:

城璧笑了笑,又说到救沈炼之子沈襄并分银两话。(27回)
周琏道:"买香料话你也知道。"(82回)
周通将何氏听赵瞎教唆,用木人镇压周琏话,详细说了一遍。(87回)
此刻请到小的家中住些时,再商酌去福建话。(94回)

有时连话题标记"的话"也省去"的",只用"话":

金钟儿道:"温大爷话,到底该怎么处?"(50回)

这种用法在同时代的其他白话小说中未见,在《绿野仙踪》中也属少数现象,应是作者个人的语言习惯所致。

能殊途而同归。

4.3 "说"义动词与假设范畴

拙文(2002)在考察时间词"时"语法化为假设助词时曾说,由时间范畴进入假设范畴是汉语跟其他一些语言共有的语用认知规律,例如英语的 when 也常兼有 if 意,德语时间和假设两种关系同用 wenn 一词。在本文中我们论证了话题标记"的话"的产生跟"说"义动词有关,这里另要说明的是,由于假设范畴与话题范畴的同质性,"说"义动词也经常用于假设范畴。汉语中凡是有设定义的连词后面都可以加上"说",比如"如果说、假使说、即使说、只要说、除非说、虽然说、既然说"等。唐诗有与假设表达有关的短语"论时","论时"为"说"义动词"论"加假设助词"时",用在紧缩的假设句句首。如:"自有无用身,观他有用体。子细好推寻,论时几许验。"(王梵志诗 368 首;要说的话有多么愚蠢)"贮积拟儿孙,论时几许错。"(王 390 首;说起来大错而特错)"有一餐霞子,其居讳俗游。论时实萧爽,在夏亦如秋。"(寒山诗 22 首;要说的话真是很凉爽)。由此也可以看出讲说义动词跟假设范畴的密切关系。

据古屋昭弘、秋谷裕幸二先生告知,日语中也有类似的用法。现代日语中"の話"(相当于"的话")可用于假设分句之后①。比如:

あした 雨 なら の話 ですが 私は 行きません.
明天 下雨 如果 的话 是 我 不去 (明天如果下雨,我就不去)

而且这种用法多用于后加的从句句尾:

私は 行きませんよ, あした 雨ならの話. (我不去哟,明天如果下雨的话)

---

① "話(はなす)"是日语的"说"义动词,其名词形式是"話(はなし)"。

4.4 省略与添加

在现行的话题句中（无论是"X的话"还是"如果X的话"），已看不到"说"义动词的影子，"说"义动词的丢失使人们不容易看出助词"的话"的来源跟"说……的话"结构的关系。只要稍加注意就会发现，实际话语中省略现象比比皆是，有时还会连续省略，年代一久，人们就很难了解省略形式的本来面貌了。举一个跟"的话"有关的例子。

"哪里"一词（早期作"那里"）在现代汉语里可以单独或反复用在答句里，表示否定。这个处所疑问代词为什么会有这种用法呢？请看《红楼梦》下列例句（前三例引自张谊生文）：

（67）紫鹃听见，唬了一跳，说道："这是那里来的话？只怕不真。"（89回）

（68）宝玉听了，只道昨晚的话宝钗听见了，笑着勉强说道："这是那里的话！"（109回）

（69）周瑞家的说："……只怕是你宝兄弟冲撞了你不成？"宝钗笑道："那里的话，只因我那种病又发了，所以这两天没出屋子。"（7回）

从"这是那里来的话"到"这是那里的话"，再到"那里的话"，是递相省略的关系，通过省略使句子语法化为短语；现代又简作"哪里话、哪儿话"，最后减省为"哪里"，通过省略使短语词汇化。再看下面的例句：

（70）尤老娘笑道："咱们都是至亲骨肉，说那里的话。"（64回）

"说那里的话"则是在"那里的话"前添加了动词"说"，显然这是由"的话"逆向黏带出来的，是"说……的话"这个惯用性的句法框架在人们语用实践中得以贯彻的反映。在明清白话小说资料中，"说……的话"格式使用频率极高，作为一种认知框架，在人们的心理上具有很强的现实性，以至于人们往往不自觉地或者在"说NP/VP"之后补上"的话"煞尾，或者在"NP/VP的话"前面补出"说"义动词来，即便这个"的话"

或"说"未必是句子或短语的必要成分。省略和添加是语言发展变化中的普遍的现象，在考察语词或结构的变迁时也不能忽略。

"说话"是一个黏合性和离散性都很强的离合动词，其黏合性，使人们一看到"说"就会联想到"话"，反之亦然；其离散性，使"说"与"话"之间可以插入短语或小句，甚至"……的话"可以出现在"说"之前，乃至完全摆脱"说"的控制。"说话"的离散性也对"的话"的语法化起了推动作用。

5 结语

过去对语法化的研究，大多是对实词虚化、短语或句子词汇化的原因和过程的研究，本文所论证的却是位于句尾的、两个跨层次的句法成分是怎样结合并转化为一个语法词的，这对拓展观察语法化现象的视野，加深对语法化机制多样性的认识提供了一个重要的实例，也再次提醒我们，语言现象的复杂性、多样性往往超出研究者的想象。本文在以下几方面提出了新的事实、方法和观点：

（i）不仅实词可以虚化，短语可以词汇化，语段可以结构化，而且在一定的条件下，跨层次的非短语结构也可能演变为一个虚词。如同受韵律规则作用而产生的跨层音步是韵律上的重新分析，语法化产生的跨层结构是句法结构上的重新分析，其结果都是打破原有句法结构的边界，造成错位。

（ii）考察一个结构的语法化，有时仅做静态的结构和语义分析是不够的，需要从语用的角度在话语的范围内做动态的研究。"的话"在原来定中结构的句法环境中不可能演变为助词，它是在语用过程中脱离"说……的话"框架的束缚，更改句法位置后，在新的语境中才得以完成的。

（iii）"话"是个特殊名词，它跟"话题"有直接的语义联系，并通过转喻性的语用推理产生指代义，这种指代义的泛化、虚化促使"说NP/VP的话"短语的语义关系和结构关系发生变化，这正是话题标记"的话"产生的直接诱因。以往的研究没有触及这一关键，因而未能做出中肯的解释。当"说NP/VP的话"短语中"话"与NP/VP语义上具有同一性时，当"NP/VP 的话"摆脱"说"义动词的支配并移位至句首时,它就被话题化了,"的话"在新的句法位置上被重新分析为后附的话题标记。

主要引书目录

(清)李百川:《绿野仙踪》(百回本),北京大学出版社 1986 年版。

(清)松龄著,太田辰夫、竹内诚整理:《小额》,(东京)汲古书院 1992 年版。

(清)吴敬梓:《儒林外史》,人民文学出版社 1977 年版。

(清)曹雪芹:《红楼梦》,人民文学出版社 1957 年版。

(清)文康:《儿女英雄转》,西湖书社 1981 年版。

《旧本》:《元代汉语本〈老乞大〉》,庆北大学校出版部影印本 2000 年版(反映元代语言面貌)。

《谚解》:《老乞大谚解》奎章阁丛书本第九(反映明初语言面貌)。

《新释》:《老乞大新释》乾隆 26 年(1761)刊本,奎章阁藏书 4871 号。

《重刊》:《重刊老乞大》乾隆 95 年(1795)刊本,弘文阁 1984 年版。

参考文献

董秀芳:《词汇化:汉语双音词的衍生和发展》,四川民族出版社 2002 年版。

董秀芳:《音步模式与句法结构的关系》,《语言学论丛》第二十七辑,商务印书馆 2003 年版。

冯胜利:《论汉语的"韵律词"》,《中国社会科学》1996 年第 1 期。

冯胜利:《论汉语的"自然音步"》,《中国语文》1998 年第 1 期。

江蓝生:《时间词"时"和"后"的语法化》,《中国语文》2002 年第 4 期。

蒋绍愚:《"给"字句、"教"字句表被动的来源》,《语言学论丛》第二十六辑,商务印书馆 2002 年版。

吕叔湘等:《现代汉语八百词》,商务印书馆 1999 年版。

史有为:《主语后停顿与话题》,《中国语言学报》1995 年第 5 期。

太田辰夫:《中国语历史文法》,(东京)江南书院 1957 年版。

王洪君:《汉语的韵律词语韵律短语》,《中国语文》2000 年第 6 期。

香坂顺一:《〈水浒〉語彙の研究》,(东京)光生馆 1987 年版。

项楚:《王梵志诗校注》,上海古籍出版社 1991 年版。

项梦冰:《连城方言的话题句》,《语言研究》1998 年第 1 期。

解惠全:《谈实词虚化》,《语言研究论丛》第 4 辑,南开大学出版社 1987 年版。

徐烈炯、刘丹青:《话题的结构与功能》第六章,上海教育出版社 1998 年版。

袁毓林：《话题化及相关的语法过程》，《中国语文》1996年第4期。

袁毓林：《汉语话题的语法地位和语法化程度——基于真实自然口语的共时和历时考量》，《语言学论丛》第二十五辑，商务印书馆2002年版。

张炼强：《试说以"时"或"的时候"煞尾的假设从句》，《中国语文》1990年第3期。

［日］张谊生：《说"的话"》，《现代中国语研究》2001年第2期。

朱德熙：《自指和转指：汉语名词化标记"的、者、之、所"的语法功能和语义功能》，《方言》1983年第1期。

（原载《中国语文》2004年第5期）

概念叠加与构式整合

——肯定否定不对称的解释*

1 解题

1.1 正反同义结构

1959年朱德熙先生在《中国语文》上发表了《说"差一点"》一文。在这篇只有一千多字的文章里，朱先生很敏锐地观察到以下现象：A类，肯定式"差一点打破了"和否定式"差一点没打破"意思都是否定的，都是说没打破；而B类，肯定式"差一点及格了"和否定式"差一点没及格"意思却不一样，肯定式表示否定的意思，否定式表示肯定的意思。就一般情况来说，A类都是说话人不希望实现的事情，而B类都是人们希望实现的事情。这篇选题独特、观察细微的短文引起不小的反响，一直到现在仍是语法学界常谈常新的话题。吕叔湘（1980）主编的《现代汉语八百词》"差点儿"条在揭示这类句式的语义色彩方面有所推进，指出依据希望或不希望等不同情况，"差点儿"与"差点儿没"或表示庆幸或表示惋惜。吕叔湘（1985）用否定的模糊化解释某些否定式与肯定式语义相同的现象，并举出若干组这类正反格式：

好容易 = 好不容易　好不热闹 = 好热闹

---

* 本文初稿2007年9月在法国国家科研中心东亚语言研究所口头发表，贝罗贝、曹广顺、杨永龙、赵长才等诸位均贡献了意见；此后，沈家煊、张洪明、吴福祥、洪波、林华、方梅、李明等先生和博士生谷峰同学也提出重要修改意见，冯力先生赠送法文文章并将重要段落译成中文，谨在此一并致以诚挚的谢意。

差点儿没/不 = 差点儿　　就差没 = 就差
难免不 = 难免
小心 = 小心别
怀疑……不 = 怀疑
除非……不 = 除非
没……以前 = ……以前

这些为数不少的正反格式提醒我们，在对"差一点"进行深入的个案研究之外，还应该对这一类格式进行系统考察，看看其内部成员有什么共性与特性，看看促使这类现象产生的动因与机制是什么，本文试图在朱先生、吕先生研究的基础上进一步回答上述诸问题。

有人将上述正反格式称为"悖义结构"（马黎明，2000），本文则将它们统称为正反同义结构，用 VP 代表受上述词语修饰的谓词性成分。为了避免重复烦琐，仅就最有代表性的几种正反格式进行讨论：

（甲）（ⅰ）差点儿 VP ~ 差点儿没 VP
　　　（ⅱ）难免 VP ~ 难免不 VP
　　　（ⅲ）VP 之前 ~ 没 VP 之前
　　　（ⅳ）X 之外 ~ 除了 X 之外（X 代表体词或谓词性成分）

（乙）（ⅴ）好容易 VP ~ 好不容易 VP：好容易找到他 ~ 好不容易找到他
　　　（ⅵ）好 VP ~ 好不 VP：大家聊得好痛快 ~ 大家聊得好不痛快

一般认为，上举各肯定式与其相应的否定式意思基本相同，可以互换。但是，两种表义完全相同的格式存在于共时平面是不符合语言的经济原则的，它们之间至少在话语—语用上一定有某种差别。以往的研究主要着眼于这两种格式语义和用法上的区别，其中有些研究者的观察相当细密，但是关于为什么表示不如意的"差点儿 VP"跟"差点儿没 VP"语义不对称，特别是对否定式产生的动因较少论及。我们认为，探明否定式产生的原因，正确说明其来源，才能从源头上说明肯定式与否定式语义和使用上的差别，而且还能丰富我们对于汉语句法创新手段的认识。本文拟用同义叠加与构式整合统一解释（甲）组四类格式中否定式的来源，至于（乙）组的两种格式，其起因与（甲）组毫不相干，笔者已另文讨论①。

1.2 概念叠加与构式整合

所谓概念叠加和句式整合，是在两个意义基本相同的概念之间发生的，意义相同的两个概念叠加后，通过删减其中的某些成分（主要是相同成分）的方法，整合为一个新的结构式。概念叠加与构式整合是发生在不同层面、前后相续的两个过程：概念叠加是意义层面的一种概念操作，发生在前；句法整合是语法层面的一种句法并合，出现在后。叠加现象的产生是基于词或概念的同一性，这种句法创新现象，既发生在构词层面，也发生在句法层面。

2 构词层面的概念叠加与词形整合

构词层面的叠合指两个同义词（多为双音节）或短语的叠加以及叠加后如何整合为词的，可以分为聚合层次和组合层次的两类。

2.1 同义词的叠加和词形的整合

说话人从心理词库中提取两个意义相同或相近的词语，通过成分删减后整合为一个新的词项。这是聚合层次的叠加与整合，可细分为以下三类：

a. 两词同义，后一语素相同，省略前词相同语素，省缩为三音词：

AB + CB ——→ACB

早先 + 以先——→早以先

瞎混 + 胡混——→瞎胡混

现今 + 如今——→现如今

---

① 见《"好容易"与"好不容易"》一文，载于《近代汉语研究新论》，商务印书馆2008年版，第178—197页。

眼前＋面前──→眼面前

眼下＋目下──→眼目下

b. 两词同义，前一语素相同，省略后词相同语素，省缩为三音词：AB + AC ──→ABC

自己＋自个儿──→自己个儿

一块儿＋一堆儿──→一块堆儿

家伙＋家什──→家伙事儿（器具；用具。"什"音变为去声）

c. 两词同义，省缩为三音词：AB + CD ──→ACD

回头＋待会儿──→回待会儿

2.2　相邻的两个同义或近义概念的叠加与词形的整合

跟2.1情况不同，此类概念叠加和形式整合涉及的是具有组合关系的两个同义或近义概念。例如：

a. 果然＋不出所料──→果不然

副词"果然"表示事实与所说或所料相符，也说"果不然"或"果不其然"（"果不其然"是"果不然"的增字四字格）。今以为"果不然"是"果然"与"不出所料"这两个同义概念相叠加后整合而成，不同于格式中有否定词"不"的"X 不 X"三字格如"动不动、时不时、偏不偏"等①。

---

① 吕叔湘（1985）说："'不'插在重叠的词或重叠式的词中间，没有否定作用：时不时、动不动、这河水平常不大，偏不偏那几天涨水了，浪像野牛一样翻滚。"笔者认为这里的"时不时、动不动、偏不偏"跟同义叠合词不同，"动不动"是"动"和"不动"的并列，"偏不偏"是"偏偏"受"X 不 X"三字格的影响类推出来的。"时不时"虽然用同义词"时时"与"不时"的叠加整合解释也说得通，但更有可能跟"偏不偏"一样，是受"X 不 X"三字格影响类推出来的。

"果然"可兼用于表示主观预测和客观规律的场合，而"不出所料"仅用于主观预测的场合，二者语义同中有异。从表达方式来看，"果然"从正面说，"不出所料"从反面说，在说话和文章中为了加强肯定语气，经常将"果然"与"不出所料"一正一反连用，例如：

（1）老爷听罢，暗暗点头道："看此道不是作恶之人，果然不出所料。"（《七侠五义》二十一回）

（2）我从昨夜与密斯谈天之后，一直防着你，刚刚走到你那边，见你不在，我就猜着到这里来了，所以一直赶来，果然不出所料。（《孽海花》十回）

（3）未曾出榜之前，早决他们是一定要发达的，果然不出所料：足见文章有价，名下无虚。（《官场现形记》一回）

经常性地连用，使这两个表达式浑然一体，从而整合为"果不然"这种新的构式。例如：

（4）狄希陈道："我说你没有好话，果不然！……"（《醒世姻缘传》五十八回）

（5）徐良……料着韩天锦必跑，东方明必追，要从树下一过，就可以结果他的性命。果不然，先把韩天锦让将过去，他在树上叫声："大哥别追了。"东方明不知是计，猛一抬头朝树上看，徐良二指尖一点，嗖的一声，正中咽喉，东方明噗咚一声摔倒在地。（《小五义》一百八十二回）

"果不然"中间插进一个"其"就成为四音节副词"果不其然"，"然"义为"那样"，有指示性，"其"为指示词，"其然"连用也是一种叠加强调（口语中也有把"果不其然"省略为"果不其"的说法）。"果不其然"清代白话小说已见，如：

（6）狄员外道："我说这两个不是好人，果不其然！"（《醒世姻

缘传》三十四回)

叠合式"果不然、果不其然"都是对"果然"语义和语气的加强。

b. 难道 + 不成——→难不成

反诘副词"难不成"的产生跟"莫不成"有关。疑问副词"莫"宋代有了反诘用法,例如:

(7) 汝内淫父妾,奸污弟妻,行如禽兽,这事莫也是咱教汝么?(《五代史平话·唐上》)

"不成"大约在北宋由表示评议的否定副词演变为反诘副词,出现在反问句句首,例如①:

(8) 如出行忌太白之类,太白在西,不可西行,有人在东方居,不成都不得西行?(《二程集》第216页)

(9) 归去休,归去休,不成人总要封侯?(辛弃疾《鹧鸪天》词)

反诘副词"莫"与"不成"叠加连用作"莫不成",从宋至清文献中皆有用例:

(10) 上问:"莫扰否?"奏云:"才扰莫不成?"(宋·徐元杰《进进日记》)

(11) 也是跟你一场,莫不成这些人意儿也没有了?(《西游记》二十七回)

(12) 我看看他去,看他见了我傻不傻。莫不成今儿还装傻么?

---

① 关于"不成"的发展过程及用例参考了杨永龙(2000)。

（《红楼梦》九十七回）

到了明代，反诘副词"不成"被"难道"取代，其后"莫不成"也渐被"难不成"替代：难道+不成──→难不成。

"难不成"的早期用例见于清末：

（13）我这么一个人，难不成就这样冷冷清清守着孙三儿胡拢一辈子吗？（《孽海花》三十一回）

（14）老残笑道："难不成比唐僧取经还难吗？"（《老残游记》二十回）

"难道"和"不成"虽然并无比邻而用的例子，但它们是比邻而用的"莫不成"的替代形式，在整合过程中又省略了一个音节"道"，可看作特殊的组合关系。

2.3 三音节叠合词的成因

构词层面的叠加现象大多发生在口语中那些高频使用的同义常用词之间，叠合而成的三音词多是通行在某些方言中的口语词，这说明口语和高频使用是叠合词产生的土壤。上举发生叠加的各对同义词绝大多数都有一个相同的构词语素，为避重复求简约，自然要删减其中重复的语素，这符合语言表达的经济原则。汉语的韵律特点是双音节为标准音步，三音节为超音步，符合这种韵律节奏的结构就和谐稳定，多音节的名词往往省缩为双音节或三音节就是这个道理（北大、清华、社科院、中科院），上述叠合词变为三音节，也有韵律规则在起作用。这些口语词在句中多充当副词，多半都可以停顿，整合为三音节的超音步比较和谐自然，容易固化为一个词。

3 句法层面的同义叠加与构式整合

同义叠加不仅存在于构词层面，同样也存在于句法层面。所谓句法层面的叠加，是指两个语义相同或相近的句式叠加后整合成新的构式。为叙述方便，下文仍把不带否定词"不"或"没"的句式称为肯定式，带"不"或"没"的称作否定式。

3.1 差点儿VP～差点儿没VP（A类，包括"险些VP、几乎VP"）

差点儿摔一跟头（没摔）　　差点儿没摔一跟头（没摔）
险些掉到沟里（没掉）　　　险些没掉到沟里（没掉）
几乎晕倒（没晕倒）　　　　几乎没晕倒（没晕倒）

上面几例属朱先生划分的A类，即都是不希望发生的事情。左右两边的句式一边为肯定式，一边为否定式，当否定式用于说话人不希望发生或实现的事情时，它跟肯定式一样，都表示事情没有发生（否定）。为什么上述截然相反的两个句式的语义却相同呢？这是很多人都困惑不解的问题。中国人虽然会用，对其中的理据却不甚了了。笔者受"瞎胡混、果不然、难不成"这类构词层面的同义概念叠加紧缩现象启发，认为"差点儿没VP"这类句式的生成同样可以用同义概念的叠加与构式整合来解释。

副词"差点儿"（也作"差一点"）、"险些"、"几乎"的词义相近（以下举"差点儿"以赅"险些、几乎"），一经它们修饰，VP所表述的事态就被否定，故朱德熙先生称"差一点""相当于一个否定词"。如果以VP的实现作为线轴的终点，以X代表事物所处的位置或状态：X→VP。那么，"差点儿VP"所表示的X跟VP之间的语义关系是：

a) X接近到达VP
b) X还没有到达VP

与这两层意思相对应的句式是：

a′) 差点儿VP

b′）没 VP

这里的语义关系实际上是一种衍推（entailment）："差点儿 VP"衍推出"没 VP"，"没 VP"是"差点儿 VP"的衍推义。所谓衍推义，"是一种纯逻辑推导义，它是句子固有的、稳定不变的意义成分"（沈家煊，1999：65）。"没 VP"是"差点儿 VP"固有的意义，但不是表意重点，在句法平面没有得到表现。句子平面凸显的是 a′的意思，"差点儿"是焦点。当说话人为了达到某种交际意图（加强语义强度、突显主观情态等），就有意识地把这层蕴含的语义明示到句法平面上来，从而整合为否定式"差点儿没 VP"。这种新整合而成的句式从表层看并没有违背汉语语法的规则，因此被看作一个合格的句式（详见 4.1）。由于 a′、b′这两个句式的核心语义相同：表示事件没有发生，因此可以通过同义叠加来增强语义和感情色彩——同义叠加是最常见、也是最简便的用增量来加强语义强度的语法手段。否定式产生的过程可以图示如下：

差点儿 VP + 没 VP ⟶（差点儿 + 没）VP ⟶ 差点儿没 VP

通常说"差点儿没摔倒"跟"差点儿摔倒"语义相同，都表示否定（没摔倒），这是从基本意义上说的。如果否定式跟肯定句没有任何区别，它就违反了语言表达的足量原则，成了一个语义羡余句，没有存在的必要了。事实是，整合前的肯定式"差点儿 VP"主要用来描述一种事态，一般不涉及说话人对这种事态的态度或看法，因此语句传递的主要是一种客观性的命题意义；而整合后的"差点儿没 VP"则不仅描述真实世界中的一种事态，而且也表达出说话人对该事态的态度或看法，语句中同时传递出一种主观性的评价意义。也就是说，这两种构式在话语—语用功能上有客观性和主观性之别。例如"上山时我差点儿摔一跟头"，这句话带有陈述事实的客观性，而"上山时我差点儿没摔一跟头"则是渲染事态的严重性，表达自己后怕的情感，有较强的主观性。进一步说，语言形式的主观性/客观性又跟信息量的大小密切相关：语言形式的主观性越强，其信息量越大，反之亦然。举例来说，有辆公交车出事故了，某甲说"我差点儿上那辆车"，某乙说"我差点儿没上那辆车",显然,某乙的话比某甲的话表达的语义更丰富:既为差点儿上那辆车感到后怕,又为没上那辆车感到庆幸。在现实生活中,当人们要表达主观评判的情感色彩时倾向于选择否定式,这恰好可以用来解释上述概念叠加与构式整合的语用动因①。

任鹰(2007)有一段对"差点儿来晚了"句的语义分析,跟本文的观点有相通之处,现照录于下:

> 在"差点儿来晚了"中,"差点儿"是对"来晚了"的修饰与限定,说明"来晚了"虽然处于临界状态,可终究还是没有出现的状况;"差点儿没来晚了"则是两个意象在说话人头脑中的映现,"差点儿"是对一种状况几近出现的印象,"没来晚"则是事情的结果,说话人把头脑中最为突出的两个意象组合在一起,就反映了整个事件。(428页)

任文所说"两个意象组合在一起",跟本文所说同义概念的叠加看法相近。但是任文说这"两个意象"的"组合"(即否定句)才"反映了整个事件",还值得斟酌。因为肯定式"差点儿来晚了"本身就蕴含着这两种意象(差一点来晚;终究没来晚),只不过否定式凸显在句子表层,肯定式蕴含在句子深层。采用概念叠加的方式(即任文所说意象的组合),就是出于表达上的需要而把肯定式蕴含的语义(意象)凸显在句子表层。整合后的新句式(否定式)仍然包含两重意思或者说意象,只不过重心移到了后者(终究没来晚),也正因为这种变化,才带来了语义色彩的变化——由客观陈述到庆幸事态未发生。

---

① 在现代北京话中,"差点儿没VP"如果是个"把"字句,如"差点儿没把我累死",则常常可以省去"差点儿"而仅说"没把我累死"。这种现象在《红楼梦》《儿女英雄传》中已有反映,陈刚(1985)举出如下几例:

没把姑娘急疯了呢!(《红》43回)
好太太,你别说我了,没把个妹妹急疯了呢?(《儿》35回)
我的菩萨!没把我唬(吓)煞了!(《儿》10回)

在语感上,这种省略式的感情色彩反而显得更浓,语气也显得更加夸张。

3.2 难免 VP ~ 难免不 VP

"难免"可以受程度副词修饰,又能做谓语(战争中死人的事很难免),是个形容词。它最常见的用法是在动词前做状语:

  难免出问题(要出问题) 难免不出问题(要出问题)
  难免犯错误(会犯错误) 难免不犯错误(会犯错误)

肯定式和否定式语义相同,都表示肯定的意义。这是为什么呢?我们认为,否定式是正反两个表达式叠加后整合而成的。当我们说"难免出问题"时,潜意识里就存在着"要想不出问题很难"的意念。而且,通常人们在思考问题时总是习惯于从正面和反面两个角度进行,从正面想想,又从反面想想;在说明问题时,为了周到或强调起见,往往也从正反两方面阐述表达。这类例子在日常口语中司空见惯,例如:

  你可得加把劲,要不就考不上大学了。
  开车注意安全,别出事故。
  快点儿走,否则该迟到了。

人的潜意识的作用和正反并行的思维惯式是产生否定式"难免不 VP"的认知上的原因:

  这样做难免出问题(正说)+这样做不出问题很难(反说)——
  这样做难免不出问题

  一个人难免犯错误(正说)+一个人不犯错误很难(反说)——
  一个人难免不犯错误

虽然"难免 VP"跟"难免不 VP"都表示肯定的意义,但二者的语义侧重点是有差别的:肯定式从正面强调出现某种情况难以避免,否定式从反面强调不出现某种情况是不可能的。在肯定式中,"难免"的"免"意思很实,不可缺少;而在否定式"难免不出问题"中,"免"的意义虚化,"难免"的意义相当于"难(难以/难于)"。

吕叔湘(1985)在附记中列举了8例跟否定义词语的使用有关的病句,从本文的观点看来,这些病句正是人们头脑中两种意念的表达方式相叠加组合的产物。下面仅举其中4例说明其产生的缘由①。

病句(1):以免在教学工作上少受一些影响。

说话人想说"以免在教学工作上受影响",但他潜意识里的意念是:要使教学工作少受影响。当他说前面的话时,受潜意识的干扰,思维发生了瞬间的断裂,使另一意念浮现出来与上句话发生连接,两种意念的叠加,就生成了病句(1):

以免在教学工作上受影响 + 使教学工作少受影响——以免在教学工作上少受影响。

病句(2):只有这样才能避免不使学生的思想发生混乱。

说话人想说"只有这样才能避免学生的思想发生混乱",他的潜意识里存在另一意念:不要使学生思想发生混乱。当他说到一半的时候,由于潜意识的干扰,使思维发生了瞬间的断裂,浮现出来的潜在意念与前面的话叠加在一起,就生成了病句(2):

避免学生的思想发生混乱 + 不要使学生的思想发生混乱——避免

---

① 另4例病句也能作如是分析,这4例是:

为了避免今后工作中不发生错误……
谁也不能否认这些戏没有教育意义吧?
他怀疑甚至最严密的防御能否防止一切轰炸机不飞进来。
史蒂文森一面又抵赖美国对柬埔寨没有进行侵略或怀有侵略意图。

不使学生的思想发生混乱。

    病句（3）：总不免有个别地方会拒绝不执行。

说话人想说"总不免有个别地方会拒绝执行"，他潜意识里的意念是：总有个别地方会不执行。当他说前面的话时，脑中浮现出另一意念，使思维发生瞬间的断裂，潜在的意念跟原来的话叠加在一起，就生成了病句（3）：

  总不免有个别地方会拒绝执行＋总有个别地方会不执行——→总不免有个别地方会拒绝不执行。

    病句（4）：美国国务院被迫发表声明，抵赖美国政府并不知情。

说话人本想说"美国国务院抵赖美国政府知情"，他潜在的意念是：美国政府谎称他们并不知情。当他说到半截时，潜在的意念冒出来，跟原话叠加，产生了病句（4）：

  抵赖美国政府知情＋（潜意意念）美国政府谎称他们并不知情
——→抵赖美国政府并不知情。

通过上面的分析可以看出，这类病句的产生，都是说话者头脑中一正一反两种意念相叠加造成的。从句法和语义的层面来说，一个句式除了其表层显现的外在语义外还可能有蕴含义（"抵赖美国政府知情"就蕴含着"美国政府谎称他们不知情"这层意思）；反过来说，正反两个不同的句式能够表达基本相同的语义，在语用动机的驱使下，蕴含义明示到句子表层就会发生概念叠加现象。这些就是产生概念叠加的认知和句法语义基础。语言实践中这类病句的产生对本文的观点是一个很好的佐证。此外，上面的分析也让人想到，"难免不VP"最初也应该是不合乎逻辑的"病句"，只是由于句式简短，使用频率高，在使用过程中又发生了成分虚化，因而习非成是地合法化了。

3.3　VP 之前 ~ 没 VP 之前

"VP 之前"与"没 VP 之前"是表示时间的短语，使用频率较高，一般认为二者在表达时间概念上大致相同，可以互换，例如：

(ⅰ) 在毕业之前我不会结婚。　　在没毕业之前我不会结婚。

但是像下面的例子否定式就不能成立：

(ⅱ) 来之前给我打个电话。　　＊没来之前给我打个电话。

与上面相反，下面的例子一般用否定式，如果用肯定式反而显得有些别扭：

(ⅲ) ＊在想好之前不表态。　　在没想好之前不表态。

这是什么原因呢？还是要从否定式的产生说起。

任何动作或状态在时间线轴上都可以大体分为没有实现和已经实现两个阶段，如果以 VP 做定位的时点，那么在 VP 之前，是没有实现，即"没 VP"；在 VP 之后是已实现，即"已 VP"：

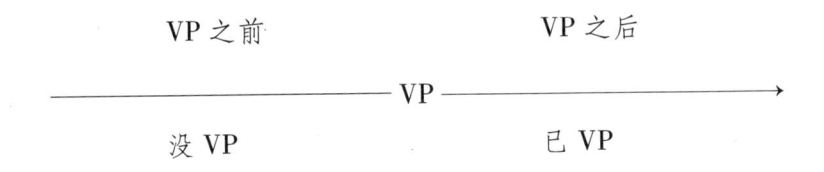

```
       VP 之前              VP 之后
  ─────────────────── VP ───────────────▶
        没 VP                  已 VP
```

"没 VP"表示事情所处的状态，如"没毕业"表示某人处于毕业尚未实现的状态；"VP 之前"表示在时点 VP 以前的时段，如"毕业之前"表示在毕业实现之前的一个时段。一个主要表示状态，一个表示时段，而这两个范畴在时间的线轴上具有同一性：某种状态总是处于某一时段之中。没毕业这种状态一定处在毕业这一时点之前，没结婚这一状态一定处于结婚这个时点之前。正是这种同一性，使得"没 VP"可以跟"VP 之前"进行概念叠加和构式整合，整合之后的新构式"没 VP 之前"则兼表状态和时段：

  没 VP（状态）+ VP 之前（时段）──→没 VP 之前（状态 + 时段）

  没毕业我不会结婚 + 毕业之前我不会结婚──→没毕业之前我不会结婚

  客人没来不能开饭 + 客人来之前不能开饭──→客人没来之前不能开饭

  前面说过，两种表义完全相同的格式同时存在于共时平面是不符合语言的经济原则的，因此"VP 之前"与"没 VP 之前"的使用一定有某种差异。

  "VP 之前"表示客观的时间概念，它既可以（a）表示接近 VP 发生或实现的一个时点，例如"吃饭之前先洗手、睡觉之前吃了一片安眠药"，也可以（b）表示以基点为原点向反方向延伸的一个较长的时段，例如"参加工作之前我一直在学校读书"、"身体康复之前不要上班"。总之，"VP 之前"的核心功能是表示时间。换言之，表示时间要用肯定式"VP 之前"。

  否定式"没 VP 之前"后接肯定式时，兼表状态和时间，如"他没毕业之前就结了婚、客人没来之前就开饭了"。不过，"没 VP 之前"虽然兼表 VP 没有实现的状态和时段，但其焦点在"没 VP"，主要表示状态、情况，这可以从"没 VP 之前" ≈ 没 VP 得到印证（不管其后接肯定式还是否定式）：

  他没毕业之前就结了婚 ≈ 他没毕业就结了婚
  客人没来之前就开饭了 ≈ 客人没来就开饭了

> 没毕业之前我不会结婚 ≈ 没毕业我不会结婚
> 客人没来之前不能开饭 ≈ 客人没来不能开饭

而且，当"没 VP 之前"后接否定式时，它所表示的是"在什么情况下不 VP"，强调的是 VP 实现的条件。如"毕业之前我不会结婚（强调只有毕业了才能结婚）"、"客人来之前不能开饭（强调只有客人来了才能开饭）"。综上，否定式（即叠加式）的功能可以概括为：强调状态、情况或条件。

依据这一规律性的概括，可以回答上面所举三例为什么有的肯定、否定两式都可以成立，有的却只有一种句式成立，另一种不能成立。

（ⅰ）在毕业之前我不会结婚。　在没毕业之前我不会结婚。

这两句都可以成立，因为前者强调的是时间（用肯定式），后者强调的是情况、条件（用否定式）。另两例违背了上述规律，因而不能成立：

（ⅱ）*没来之前给我打个电话。此句指明打电话的时间，表时间应该用肯定式。

（ⅲ）*在想好之前不表态。此句要表明的是在什么情况或条件下（没想好）不能表态，而不是在什么时点或时段不能表态，表状态或条件应该用否定式。

3.4　除了 X ~ 除了 X 之外

与以上各节的解释一样，"除了 X 之外"源自"除了 X"和"X 之外"的叠加与整合（X 可为 NP 或 VP）：除了 X ＋ X 之外──→除了 X 之外。

"除了 X"的例子元曲已见，明代更为普遍，如：

（15）大人你明如镜，清似水，照妾身肝胆虚实。那羹本五味俱全，除了此百事不知。（《窦娥冤》二折【牧羊关】）

（16）佛祖道："你除了长生变化之法，再有何能，敢占天宫胜境？"（《西游记》七回）

在明代白话小说中,"X 之外"、"除了 X 之外"与"除了 X"三式并存,以下是"X 之外"早期的例子:

(17) 贫僧虽则募化,一饱之外,别无所需,出家人要此首饰何用?(《喻世明言》二十九卷)

(18) 此身之外,别无报答。(《警世通言》二十一卷)

(19) 我家当之外还有些本钱,又没第二个兄弟分受,尽够你夫妻受用。(《警世通言》三十一卷)

(20) 话说宋时汴京有一个人姓郭名信,父亲是内诸司官,家事殷富,止生得他一个,甚是娇养溺爱,从小不教他出外边来的,只在家中读些点名的书。读书之外,毫厘世务也不要他经涉。(《二刻拍案惊奇》二十三卷)

"X 之外"跟"除了 X"核心语义一样,区别是焦点不同。"除了 X"语义重点在前,强调刨除、减去某人或物(包括事物);"X 之外"语义重点在后,强调在某范围之外。"除(了)X 之外"涵盖了此二式的语义,是一个强调式:

(21) 况此童除饮酒之外,并无失德。(《警世通言》第十五卷)

(22) 冯相道:"岂非除此色身之外,别有身那?"金光洞主道:"色身之外,元有前身。今日相公到此,相公的色身又是前身了。若非身外有身,相公前日何以离此?今日怎得到此?"(《拍案惊奇》卷二十八)

末例问话者说"除此色身之外",答话者说"色身之外",两相对比,可以看出后者只是客观地指明在某范围之外,不像前者那样具有强调限定某一范围的作用。

比"除了"更早的形式是"除"、"除却",它们既能单用,也有叠加式"除 X(之)外"、"除却 X 外",仅各举一二例于下,以为佐证:

(23) 房内除四人外，更无客僧及沙弥俗客等。(《入唐求法巡礼行记》卷四)

(24) 除此之外，何者是心？(《祖堂集》卷五)

(25) 除却慵馋外，其余尽不知。(白居易《残酌晚餐》诗)

4 否定式与肯定式语义不对称的解释

肯定与否定是一对相反的概念，一般来说肯定式与否定式所表达的语义是相反的，呈两相对称的整齐关系，而本文所涉及的否定式却与其相应的肯定式语义相同，不相对称。上面的论述只从概念整合的角度回答了否定式是如何产生的，接下来还需要进一步回答为什么否定式跟肯定式在语义上不对称。

4.1 差点儿没 VP

这一节我们既要回答为什么表示不希望、不如意的"差点儿 VP"跟"差点儿没 VP"不对称，同时也要回答为什么表示希望、如意的"差点儿 VP"跟"差点儿没 VP"相对称。

按照通常的结构分析，否定式"差点儿没 VP"的表层结构应该是"差点儿+没 VP"，这符合汉语两层副词做修饰语的常规结构层次句法规则，在句法平面上是个合格的句式，如同"老是+没来"、"特别+不好"，是一种常式(下称原型句)。但是，根据本文上面对否定式来源的说明，叠合成的否定式的结构实际上却是"差点儿没+VP"，这跟汉语两层副词做修饰语的常规结构层次不同，是一种异构式(下称叠合句)：

差点儿+没 VP (原型句、常式)
差点儿没+VP (叠合句、异构式)

具体来说，在原型句"差点儿+没 VP"中，有两层修饰关系，第一层"差点儿"修饰"没 VP"，第二层"没"修饰 VP。可是在叠合句中，否定词

"没"并不是在第二层次单独修饰 VP，而是在第一层次上跟"差点儿"叠加在一起共同修饰 VP。也就是说，叠合式发生了不改变表层形式（差点儿没 VP）的结构变化，是对原型句的重新分析。相对于原型句来说，叠合式是一种同形异构式，这种异常的结构式必然带来异常的语义（语义异指）——否定式与肯定式语义相同。这就是否定式"差点儿没 VP"跟肯定式"差点儿 VP"不相对称的原因所在。

当"差点儿"用于希望实现的事情时，肯定式"差点儿 VP"表示没有实现（"差点儿考上"是没考上），否定式表示实现了（"差点儿没考上"是考上了），呈对称状态。这是为什么呢？因为当"差点儿"用于希望的事情时，使用的是原型句"差点儿 + 没 VP"，"差点儿没考上"就是"差点儿"修饰"没考上"，没有发生句法异位，也就不存在语义异指，所以其肯定式与否定式一表否定一表肯定，两相对应。

综上所述，根据 VP 是否为主体所希望实现的事情，由"差点儿"构成的肯定式和否定式形成了如下或不对称或对称的局面：

	希望的事情（考上大学）	不希望的事情（摔倒）
差点儿 + VP	否定（没考上，惋惜、遗憾）	否定（没摔倒，后怕、庆幸）
差点儿 + 没 VP	肯定（考上了，后怕、庆幸）	
差点儿没 + VP		否定（没摔倒，强调后怕、庆幸）

说到这里，还可以进一步问一下：为什么表达不希望的事情（如摔倒）时"差点儿摔倒"跟"没摔倒"发生了叠加，而表达希望的事情（如考上）时"差点儿考上"与"没考上"没有发生叠加？这个问题是沈家煊先生提出的，问到了根子上，需要做出回答。这个问题的关键在于：为什么当"差点儿"用于希望的事情时，肯定式和否定式都可以成立，而用于不希望的事情时，只有肯定式成立，否定式（即原型否定式）不成立，或曰缺位。

希望的事情、如意的事情是人们期待的，它可能差一点实现，如差点儿考上大学：只差一分没考上，也可能差一点不能实现，如差一点没考上大学：刚够分数线考上了。相对于其他一般情况（考上的或没考上的）来说，刚达到录取分数线或只比分数线少一两分都是比较特殊的情况，都属于有标记的信息①，能够刺激人们的交际欲望，有实际的交际意义（肯定式：虽然只差一点但毕竟没考上，感到惋惜、遗憾；否定式：为差一点就考不上而后怕，也为总算考上了而庆幸）。所以当"差点儿"修饰希望的事情时，以这个希望的事情的实现为基准，从正反两个方向表达离这个基准的量的差别（差一点实现或差一点没实现）都有交际意义，因而存在着两个语义不同的正反对应的非叠合句式。

与此不同，"差点儿"用于不希望的事情时，以这个不希望的事情的实现为基准，只有表达离事件或情况的发生还差多少的正向表达式（从未发生到发生）才是有意义的，因为如果不如意的事情已经发生了，还从反向计量它离没有发生有多少距离（从已发生到未发生）通常是没有什么实际意义的。如果不希望的事情不幸而发生了，人们只要说它发生了就可以了，这是关注的焦点，不会管它离没有发生还有多少量的差别。例如一个人患了轻微的感冒，不会说自己"差一点＋没感冒"，因为既然已经感冒了，再说"差点儿＋没感冒"是毫无意义的。所以，"差点儿"修饰不希望、不如意的事情，原型否定式"差点儿＋没 VP"（＊差点儿＋没感冒）不成立，只能用肯定式正向表达量的差距，不能像用于希望的事情时可以从正反两个方向来表达量的差距，在这方面二者是不对称的。

不希望的事情、意外的事情没有发生（没 VP）是事物的常态，属于无标记信息，在通常情况下，不会刺激人们的交际动机，没有必要去说。但由于不希望的事情是人们不喜欢、想要避免的，所以不希望的事情差一点儿发生，是不同寻常的事情，属有标记信息，会刺激人们的交际欲望。当人们说不希望的事情差点儿发生时，如"差点儿摔倒"，其交际动机是为了表达"真危险"这种后怕的感情，或是为总算没有发生而表示庆幸，其肯定式"差点儿 VP"存在的必要性即在于此。

这就是说，由于交际原则和语言逻辑的制约，当"差点儿"修饰不希望的事情时，实际生活中只有正向表达的肯定式"差点儿 VP"，而没有与

---

① 石毓智（2004：23）根据在一般情况下能否刺激交际动机，把信息分为有标记信息和无标记信息两大类。所谓有标记信息，是指"在同类事物或现象中，一些新发生的、有异于其他成员的信息"，这类信息能够刺激交际的欲望。所谓无标记信息，是指"在同类事物或现象中，全部成员或绝大多数成员都拥有的信息特征"，它不能刺激交际的欲望。

之相对应的反向表达式——原型否定式"差点儿+没VP"。原型否定式的缺位为叠合式（异构否定式）的出现留下了空间，叠合式只是肯定式的强调式，而不是真正意义上的否定式。在希望与不希望这对范畴中，希望的是无标记的，不希望的是有标记的；在不希望的事情中，肯定式"差点儿VP"是无标记的，否定式"差点儿没+VP"是有标记的。

4.2 没 VP 之前

"VP之前"的结构是"VP+之前"（达标+之前、毕业+之前），仿此，"没VP之前"的结构按照汉语语法通例应该在VP与"之前"之间切分，分析为"没VP"修饰"之前"：

* 没 VP + 之前（原型句，定中结构）

分析为定中结构的句式是不符合语言逻辑的。因为在实际的话语交际中，当人们要表达离某一时间点或空间点还有多少距离时，总是以到达这个时间点或空间点为基准，而不是以没有到达这一基点为基准，因为前者是确定的，可以做标准，后者却不确定，无法做标准。比如我们说三点以前（以三点为基准），而不说"不到三点+以前"（不以"不到三点"为基准，因为"不到三点"可以是两点五十分，也可以是两点四十五分等）；同样，我们只会说"毕业之前"（以毕业为基准），而不说"没毕业+之前"（不以"没毕业"为基准）。这就是说，原型否定式（定中结构）不合语言逻辑，因而在语义上是不成立的。要让它成立，就要在不改变表层结构的前提下对深层结构进行重新分析——变为叠合式。原型否定式的缺位为叠合式的产生留下了句式空间，叠合式的结构既不是"没VP+之前"，也不是"没+VP之前"，而是像兼语式那样的叠层的结构：

没 VP 之前
|___|
　|___|

叠合式只是在表层上维持了原型句的形式，其深层是一个与原型句结构异常的句子（同形异构式）。表层结构与深层结构的不对应，造成句法异位，句法异位导致语义异指，所以"没 VP 之前"不表示跟"VP 之前"相对立的语义。

"除了 X 之外"的情况跟"没 VP 之前"类似，这里就不再赘述了。

5　小结

以上的论述回答了三个问题：A) 否定式是怎样产生的？B) 否定式与肯定式语义上的异同；C) 否定式为什么与肯定式语义不相对称？文中指出否定式是由语义具有同一性的正反两个概念表达式叠加整合而成的；否定式与肯定式语义基本相同，但语义重点、感情色彩有异，因而适用范围或有所不同；否定式是一个与其原型句同形异构的新句式，异构式造成语义异指，因此在语义上跟肯定式不相对称。

我们用概念叠加和构式整合对汉语中的诸多正反同义结构的生成及语用动机做了统一的解释。这种解释不只适用于一两个正反同义结构，而是对几乎所有这类现象都具有简明的、可还原的说服力。当然，细分起来，以上各句式产生的动因也有差别，"差点儿没 VP"和"没 VP 之前"是由原型否定式缺位引起的，"难免不 VP"是正反同义表达式因思维的断裂而把两种意念叠加在一起的，"除了 X 之外"是语义相同的前置式与后置式的叠加。需要强调的是，两种概念的叠加不是任意的，它要以意义相同或曰概念的同一性为前提。我们首先从词汇层面的概念叠加和构式整合现象受到启发，进而意识到这种现象不仅仅局限于同义词之间，同样存在于句子层面。这再一次印证：汉语的词法大体上就是汉语的句法。

概念叠加反映了一种客观事实，这就是一个概念往往可以从正反两个方面进行表述，尽管表述的角度不同、侧重点不同，但核心语义相同。所谓概念叠加，其实就是人脑对某一概念的正反两个角度的表达式的叠加，或曰两种心理意象的叠合。当说话人使用其中一种表述方法时，脑中又浮现出与之意思基本相同的另一种表达方式，从而在某种语用意图的促动下把两种意念叠加在了一起。基于经济原则和句法规则的约束，概念不能简单叠加，需要在结构上进行整合，使之既简约又能在表层结构上与汉语语法的原型句式兼容。

叠合式一般都具有强调的功能，其语义蕴含并不简单地等于原来两式意义之和，而是仍有侧重，往往产生出主观化的新的情态语义，使之在表达上独具特色，从而不会被作为羡余格式而淘汰，这就是一些叠合式得以存在的原因。

6 否定式的历史回溯

如上分析，同义概念叠加与句式整合有其语用动机和句式生成上的理据性，所以此类与肯定式语义不相对称的否定式的产生不会是个别现象。而且，这类现象也非自现代汉语始，在历史文献中也有所反映（以下例句有一部分为杨永龙、赵长才两位提供）。

6.1 "争些儿不"等

"差点儿没"出现很晚，最初为"差一点没"，较早用例见于清代白话小说《醒世姻缘传》（共11例），如：

> （26）差一点儿没叫那狐狸精治造了个臭死。（第6回）｜刚才差一点没惹下了祸。（第37回）｜你忘了那一遭为你说舌头差一点儿没打杀呀？（第66回）｜叫他治治，他就使上毒药，差一点儿没把裴大爷疼杀。（第67回）

至于"差点儿没"，电子语料库中最早的用例出现在老舍小说《二马》中（共2例）：

> （27）马先生的手差点儿没贴着她的胸脯儿｜马老先生……把脊梁往后一仰的时候，差点儿没把电话机碰倒了。

在"差点儿没"出现之前,宋元文献中所见为"几乎不、险不、险些不、争些儿不",清代则以"险些儿不曾"多见。这些否定式的基本语义都跟其相应的肯定式相同,只是增添了一些感情色彩:

(28)几乎不唬杀岳司公,见条八爪渗金龙,拽满三石黄桦弓。(金·《刘知远诸宫调》38页)

(29)子孙险不失故物,社稷陵夷从此始。(宋·王安石《开元行》诗)

(30)险不绊倒了我那!(元·关汉卿《绯衣梦》二折)

(31)险些儿不曾哭了出来(《儿女英雄传》1回)

跟"差点儿VP""差点儿没VP"最相对应的是元明时代多见的"争些儿VP""争些儿不VP"("争"的意思就是"差","争些儿"就是"差一点儿"):

(32)(糊突虫云)哥也,休怪您兄弟来迟。我有些心气疼的病,今日起的早了些儿,感了些寒气,把你兄弟争些儿不疼死了。(全元曲,刘唐卿,降桑椹蔡顺奉母,第二折)

(33)我为一贯钱,打杀一个人;平白的拿奸情也没有,争些儿不杀了一个人。(全元曲,郑廷玉,布袋和尚忍字记,第二折)

以上各例否定词都用"不、不曾",不用"没",应跟否定副词"没"出现较晚,出现了也不常用有关[①]。其内部结构应为"几乎不 + VP"、"险不 + VP"、"险些儿不曾 + VP"、"争些儿不 + VP",加上"不"以后语义内涵更为丰富。

---

① 陈刚(1985)指出,"没"初见于宋代,但至明代仍极少使用。其前身为"不曾"。《水浒》《西游记》"不曾仍占优势","没"仅偶尔出现。《红楼梦》开始普用"没",但在几乎同时的《儒林外史》及更晚的《儿女英雄传》中仍以"不曾"为主。现在北京话中"没"完全替代了"不曾"。(第329页)

6.2 "未至之前"等

6.2.1 "未至+处所+数量"

否定式"没VP之前"最早可追溯至魏晋六朝时期的"未至之前"句式。"未至之前"句式又脱胎于始见于西汉的"未至+处所+数量"句式。《史记》(中华书局标点本)等汉魏六朝文献表明,表示某处离目的地还有多少距离时,使用这一格式,例如:

(34) 未至井陉口三十里,止舍。(《史记·淮阴侯列传》第2616页;在离井陉三十里的地方停下驻扎)

(35) 广令诸骑曰:"前!"前,未到匈奴陈二里所,止,令曰:"皆下马解鞍!"(《史记·李将军列传》第2868页;在离匈奴阵地两里处停下)

(36) 绍在后,未到桥十数里,下马发鞍。(《三国志·魏书·董二袁刘传》裴松之注引《英雄记》第193页;在离桥十几里处下马)

(37) (麋竺) 常从洛归,未至家数十里,见路次有一好新妇,从竺求寄载。(《搜神记》卷四;在离家数十里处见路边有一美妇……)

(38) 东南上十五里,到耆阇崛山。未至顶三里,有石窟南向,佛坐禅处。(《水经注》卷一;在离山顶三里处有一朝南的石窟)

拙著(1988)"未至"条曾指出:这种格式不是客观地介绍两地的距离,而是指明事件发生的处所,其意义中心在处所,而不是距离(所以对译为"在……处")。这种格式实际上表达了两层意思,既表示没有到达目的地(泛而空的事况),又表示所在地(A)到目的地的距离(具体的情况),这两层语义蕴含在同一事况中,在空间与时间轴上同处一点(A),具有同一性,叠加后就整合为"未至家数十里"这种句式:

———————— A ————→家

未至家+去家数十里————→未至家数十里

6.2.2 "未至+数量（距离）"

由于这种格式的习用和具体的语境因素，格式中的处所词往往被省略，产生了省略式"未至+数量（距离）"，例如：

（39）公乃引军兼行趣白马，未至十余里，良大惊，来逆战。（《三国志·蜀书·武帝纪》19页；承前省略"白马"）

（40）军吏梅平得病，除名还家，家居广陵，未至二百里，止亲人舍。（《三国志·魏书·方技传》800页；承前省略"家"）

（41）曹公遣张郃毁庙，未至百里，（神）君遣兵数万，方道而来。郃未达二里，云雾绕郃军，不知庙处。（《搜神记》卷十七；承前省略"庙"）

同事赵长才先生调查先秦及《史记》后告知，"未至+处所+数量"句式始见于汉代，《史记》全书共出现8例，其中7例为"未至/到+处所+数量"，只有1例处所词在句中不出现，为"未至+数量"格式，可以看作是承前省略的结果。"未至/到+处所+数量"应该算是全式，"未至+数量"是省略式。《三国志》及裴松之的注中共出现此类格式11例，其中有10例是省略式，只有1例是全式。这跟《史记》所反映的情形恰好相反，可以说明早期以全式为主，而魏晋时期则是以省略式为主。拙著（1988）中叙述的情况也是如此。

6.2.3 "未至+数量（时间）"

如果不表示事件发生的处所，而是表示事件发生的时间时，可以径用"未至+数量（时间）"句式表达，其例见于六朝笔记小说，拙著（1988）曾举梁释慧皎《高僧传》中数例，如"未至一日"（在客人到达前一日）、"未亡二日"（在临死前两日）、"未至之夜"（在来之前的那天夜里）等，其中的数量词是时间的数量，是从空间距离数量扩大用法而来。值得特别注意的是，在《搜神记》中出现一例在时间数量词后加"前"的例子：

（42）未生二月前，儿啼腹中。（卷六；在生产两个月前，胎儿在腹中啼哭）

从《高僧传》诸例可知,不加"前"字,"未生二月"也是"生产前两个月"的意思,而且更合彼时通例,因此拙著(1988)曾怀疑此"前"字或为后人所加。其实以本文的观点来看,不管这个"前"字是晋干宝原著本就有,还是后人所添加,都是对句式隐含义的明示。"未V"这一格式本身就含有"V之前"这一语义,加上"前"字使这个语义在格式表层得到彰显,这同样是语义叠加句式:

未生 + 生二月前(生产两个月前）——→未生二月前

6.2.4 "未至之前"

"未生二月前"句式再进一步,如果不必指出具体的时间数量,只泛指某时间之前,就会产生省略时间数量词的新格式"未至之前"。例如:

(43) 文休为选官,在卓未至之前,后迁中丞,不为超越。(《三国志·蜀书·庞统法正传》裴松之注,第960页)

未至 + 至之前——→未至之前

"未至之前"(没到之前)就是现代汉语中"没VP之前"的直接前身。

从上面对"差点儿没""没VP之前"句式的溯源可知,概念叠加和构式整合是汉语句法创新的一种重要手段,存在于从古汉语到现代汉语的历史发展过程中,目前对这一重要现象的了解还很不够,这里只是略举其二,希望引起同行们的关注。

在写作过程中,笔者很想知道本文所讨论的正反同义结构的现象是不是汉语所特有的。2007年9月,我在法国国家科研中心东亚语言研究所研讨会上报告此文时,与会的法国汉语语法学家贝罗贝先生等告知,法语中也有类似的现象,但不清楚二者的生成机制是否相同。由于笔者完全不懂法语,无法理解和具体比较其异同,只能抱憾不已。会后冯力教授介绍给我一篇法文文章,并将其中结论性的段落译成中文给我,读后我模糊地感到法语里的否定赘词应跟汉语句法层面的叠加式的产生有某种相同之处，但又不甚了了，故将这几段译文放在脚注里①，供感兴趣的同行参考。沈家煊先生认为，从本文所列举的种种现象来看，汉语里的叠加现象绝对不比法语少，只会比法语多。在法语里，叠加现象集中在句法层面（框式否定词 ne…pas 的形成是句法层面叠加的结果），但形式不多，不像本文举出这么多的形式。词法层面的叠加（如"现如今"等）则很少。我们期待拙文的发表能引起更深入的讨论，把多年来语焉不详的问题搞清楚。

参考文献

陈刚：《关于"没 V 了"式》，《中国语文》1985 年第 5 期。

韩陈其：《浅谈"几乎"类词语的形式联系和语义强度》，《汉语学习》2005 年第 5 期。

江蓝生：《魏晋南北朝小说词语汇释》，语文出版社 1988 年版。

---

① 冯力教授帮我翻译了法国《东亚语言学报》上 Qiu Haiying（1998，pp.3-50）文中的几段文字，现转录于下：

P4，第 17 行：在否定赘词的使用程度和频率上，法语中的使用情况明显比汉语中的使用来得更为活跃和频繁。在法国语言学家 C. Muiier（1991）所列的令人印象深刻的词条中，一共有 56 条用例，出现在不同的句法层级上：不论是独立的短语，还是补语结构中；从句或是比较分句中，都能出现。法语中的广泛可使用度，衬出了汉语中这种使用范围的限度。但是，如仔细观察，它们之间有相似性：一个否定词素的出现，在某种条件下，不会使表达的原意发生理解上的困难。

P12，第 3 行：我们要提出的问题是否定赘词存在的理由何在。我们认为 Damourette 和 Pichon 提出的"断裂"说值得注意。对他们来说，否定赘词反映了"一种心理态度，即主体意愿与现实可能性之间的断裂"（1940：2195）。然而 Martin 指出了这个假设的不足之处，并在他的语义—逻辑学说中加以讨论。他解释说：这种"断裂"可以理解为：赘词 ne 是运用中的语句表达同时属于两个价值内容相对立的世界的反映（Martin，1984：106）。一个是意念（或联想）中的世界，另一个是可能中的世界。在后一个世界中，命题 P（即 PROPOSITION）为真，而在另一相对的世界中，P 为假。与 Damourette 和 Pichon 不同之处，还在于他进一步指出，这两个世界的对立并不必然导致 ne 的使用，是因为相对（或相隔）的世界受到一些限制，它必须与"可能的世界"相一致（而非对立）（Martin，1984：108）。

虽然我们对法、汉两种语言中否定赘词的用法如此接近而感到吃惊，但是我们发现，在使用的语境条件方面两种语言之间可能会有差别。然而上文引述的理论解释对汉语的事实也是有说明意义的。例如"难免"（例6），表"很难避免"或"不容易避免"，共同的语素是"可避免性"。P 出现在表避免性的状语部分（即"难免"）的辖域内：意念世界也就是一个可能世界，其 P 为真（一个人难以避免会犯错误）。可是 P 为假的另一个相对世界，也是可能的（一个人不犯错误）。

P28：Muiier（1991）的条目中列出了 24 个动词和词组时属于"担心"类的：

Craindre que 担心；s'inquieter 为…担忧；redouter 怀疑；avoir peur 怕，恐怕，等等。

李忠星：《关于"差一点＋Jw"的思考》，《武汉大学学报》1999年第5期。
刘丹青：《语法化中的更新、强化与叠加》，《语言研究》2001年第2期。
吕叔湘：《疑问·否定·肯定》，《中国语文》1985年第4期。
马黎明：《试论现代汉语中的悖义结构》，《齐齐哈尔大学学报》2000年第2期。
任鹰：《动词语义在结构中的游移与实现》，《中国语文》2007年第5期。
沈家煊：《不对称和标记论》，江西教育出版社1999年版。
沈家煊：《"王冕死了父亲"的生成方式——兼说汉语"糅合"造句》，《中国语文》2006a年第4期。
沈家煊：《"糅合"和"截搭"》，《世界汉语教学》2006b年第4期。
石毓智：《肯定和否定的对称与不对称》，北京语言大学出版社2001年版。
石毓智：《论社会平均值对语法的影响——汉语"有"的程度表达式产生的原因》，《语言科学》2004年第6期。
王灿龙：《说"VP之前"与"没（有）VP之前"》，《中国语文》2004年第5期。
许有胜：《"VP之前"和"没有VP之前"语义差别探微》，《宁夏大学学报》2006年第1期。
杨永龙：《近代汉语反诘副词"不成"的来源及虚化过程》，《语言研究》2000年第1期。
杨永忠：《Vi＋NP句法异位的语用动机》，《汉语学习》2007年第1期。
叶建军：《〈祖堂集〉中四种糅合句式》，《语言研究》2008年第1期。
朱德熙：《说"差一点"》，《中国语文》1959年第9期；又见《朱德熙文集》第2卷，北京大学出版社2010年版。

Beyraube Alain, les 'approximatifs chinois : chabuduo, jihu, chayidian. *Cahiers de Linguistique – Asie Orientale*（《东亚语言学报》），1979，6：49–62.

Qiu Haiying, Expletive Negation in Chinese. *Cahiers de Linguistique Asie Orientale*（《东亚语言学报》）Vol. 27，1998，no. 1：3–50.

（原载《中国语文》2008年第6期）

隐含义的显现与句法创新

0 解题：字面义与蕴含义

　　词、短语、句子的语义有的是字面义的总合，一眼就能看出；有的在词的字面或结构式的表层没有形式上的表现，而是以义素的身份隐含在词或结构式当中，我们把前者叫做字面义或表层义，把后者叫做隐含义或蕴含义。本文所说的隐含义是一个泛化概念，除了包含对词和句法结构的语义特征进行分析、分解所得到的语义单位——义素外，也包含对句子的语义进行衍推后所得到的蕴含义。一句话，本文所谓隐含义，是指词和结构式固有的、但在表层结构中没有得到显现的语义。

1 "差一点"隐含义的显现

　　1.1 1959年朱德熙先生在《中国语文》上发表了《说"差一点"》一文。在这篇只有一千多字的文章里，朱先生很敏锐地观察到以下现象：
　　A类（不希望的）肯定式"差一点打破了"和否定式"差一点没打破"意思都是说没打破；
　　B类（希望的），肯定式"差一点及格了"和否定式"差一点没及格"意思却不一样，肯定式表示否定的意思，否定式表示肯定的意思。
　　记不清是哪位哲人说过：有时候提出一个问题比解决一个问题更有价值。朱先生这篇提出肯定式与否定式语义不对称问题的文章正应了这句名言。拙文（2008）以概念的叠加对各类肯定式、否定式不对称的现象做了统一的解释，认为"差一点VP"（VP为不希望的事情）的隐含义为"没

VP",字面义与隐含义二式叠加就产生了叠加式"差一点没 VP",叠加式产生的动因是为了把隐含义显现到句子表层,以表达侥幸、后怕的主观情绪,增强句子的主观性和色彩义。即:

差一点打破＋没打破──〔差一点没〕打破

在"差一点打破了"句中,"差一点"的字面义为"表示事情接近实现",它的隐含义是"表示事情没有实现",即"没打破"(朱先生说"差一点""相当于一个否定词"),也就是说否定义"没"就是"差一点"的隐含义。在肯定式"差一点打破了"句中,"差一点"是焦点,隐含义"没打破"不是表意重点,因而不必在句法平面得到表现。当说话人为了达到某种交际意图如加强语义强度、凸显主观情态时,就有意识地把这层隐含的语义显现到句法平面上来,从而整合为否定式"差点儿没打破"这种新的句式。这种新整合而成的否定式的深层结构与通常的原型否定式"〔差一点〕没 VP"不同,是一个异构式:"〔差一点没〕VP"。

通常说"差一点打破"跟"差一点没打破"语义相同,都表示否定(没打破),这是从基本意义说的。如果否定式跟肯定式没有任何区别,就不符合语言表达的经济原则,就没有存在的必要。事实是,整合前的肯定式"差一点 VP"主要用来描述一种事态,一般不涉及说话人对这种事态的态度或看法,因此语句传递的主要是一种客观性的命题意义;而整合后的"〔差一点没〕VP"构式则不仅描述真实世界中的一种事态,而且也表达出说话人对该事态的态度或看法,语句中同时传递出一种主观性的评价意义。也就是说,这两种句式在话语──语用功能上有客观性和主观性之别。正如吕叔湘(1980)所揭示的,依据希望或不希望等不同情况,"差一点"与"差一点没"或表示庆幸或表示惋惜。例如"碗差一点打破",这句话带有陈述事实的客观性,而"碗差一点没打破"则是渲染自己后怕的心情,有较强的主观性。语言形式的主观性或客观性又跟信息量的大小密切相关:语言形式的主观性越强,其信息量越大;反之,主观性越弱,信息量越少。举例来说,有架航班出事故了,某甲说"我差一点坐那架飞机"，某乙说"我差一点没坐那架飞机"，显然，某乙的话比某甲的话表达的语义更丰富：既为差点儿坐那架飞机感到后怕，又为没坐那架飞机感到庆幸。在现实生活中，当人们要表达主观评判的情感色彩时倾向于选择否定式，这恰好可以用来解释隐含义为什么会被显现到句子表层的语用动因和功能。

	希望的事情（及格）	不希望的事情（打破）
［差一点］VP	没及格（惋惜、遗憾）	没打破（后怕、庆幸）
［差一点］没VP	及格（后怕、庆幸）	
［差一点没］VP		没打破（强调后怕、庆幸）

1.2 语表相同的句式在不同的语境里会产生不同的认解效应和重新分析，希望的事情与不希望的事情就是两种截然不同的语境。在希望的事情这一语境中，"差一点没 VP"被认解为典型的否定式"［差一点］没VP"；在不希望的事情这一语境中，"差一点没 VP"被认解为叠加式"［差一点没］VP"。这种不同的认解和分析是基于人们对事理的一般思维逻辑。因为希望的事情是人们所期待的，它差一点实现与差一点没实现都有实际的交际意义。与此不同，不希望的事情是人们不喜欢、想要避免的，因此说不希望的事情差一点儿发生有意义：不希望的事情差一点发生是非正常情况，属于意外，需要去说；而说不希望的事情差一点儿没有发生没有意义：意外的事情没有发生是正常情况，属于常态，无须用"差一点"去说。再说，不希望的事情（矿难、死亡）如果已经发生了，还说"差一点没发生"就更无意义了。也就是说，当"差一点"修饰不希望的事情时，由于逻辑事理（这是每一个思维正常的人都具备的能力）的限制，在句法上只有单向表达的肯定式而没有与之相对应的原型否定式。即：

	差一点发生	差一点没发生
希望的事情	＋	＋
不希望的事情	＋	－

"不希望的事情"原型否定式的缺位为其叠合式（异构否定式）的出现留下了空间，叠合式"［差一点没］VP"只是肯定式的强调式，而不是真正意义上的否定式。许多哲学家认为：逻辑其实是语言的一种深层语法，只要有语言能力，就必定有逻辑能力。具体到"差一点没摔倒"这类否定句来说，人们在一般逻辑事理的背景知识作用下，不会把它当作原型否定式来理解，而是自动认解为肯定式的强调式（叠合式）。语言跟逻辑思维的关系密不可分，思维的逻辑制约着句法结构的语义认解。上面的语言事实为这一观点提供了十分有利的佐证。①

句法环境是语言变异的外部条件和关键因素，但有时语境不能狭隘地理解为句子的上下文、篇章联系等。朱先生的文章揭示了一种特殊的语境——希望的事情与不希望的事情，正是这种特殊的语境对"差一点"构成的肯定句与否定句句义产生了或对称或不对称的根本影响。这非常具体而有力地说明有时语境不止指上下文句法环境，它还包括人们对客观事物的主观评判、人们共有的思维逻辑以及各种常识等。这一点非常重要，非常有意义，正是在此基础上，笔者得以对"差一点没VP"句做出上述进一步的解释。值得欣慰的是，我们的解释得到朱先生的学生马庆株教授（他曾做过该题目的研究）和许多汉语语法学者的认可。笔者在那篇文章中还讨论了"没VP之前"与"除了NP/VP之外"等叠合句，其产生动因与形成机制与"差一点没VP"情况基本相仿。"VP之前"的隐含义为"没VP"，"除了NP/VP"的隐含义是"在NP/VP之外"，为了强调所要表达的语义，隐含义被显现到句子表层，占据了一个位置，从而引起了结构的调整，产生了叠合句（异构否定式）。限于篇幅，这里就不再重复了。

---

① 汉语里的偏义复词也体现了逻辑对结构义理解的制约。例如：
万一我有个好歹，你可要挺住。
你要有个三长两短咱家就完了。
这里的"好歹、三长两短"人们只会理解为负面意义的"歹"和"短"。偏义复词的使用能表达事物结果的不确定性，同时含有委婉的情态色彩，所以有存在的必要。

2 "我两个"隐含项的显现——数量词"两个"的语法化

2.1 汉语的介词系统中有一类介词能兼做并列连词,我们把这类能兼做并列连词的介词称为连-介词。拙文(2012)揭示汉语的连-介词至少由三类动词虚化而来①:

(1) 伴随义动词:与、及、共、同、和、连、将、跟。
(2) 使役义动词:唤、教。
(3) 给予义动词:与、给("与"自上古就兼有伴随义和给予义)。

关于源自伴随义动词的连-介词,历史语法学界讨论得比较充分,而对于源自使役动词和给予动词者,或尚乏人问津,或语焉不详。笔者(2012)考察后认为,使役动词、给予动词之所以能语法化为连-介词,关键是它们通过组合关系的变化引起了词义、原句式结构与语义的变化——进入变异兼语句,由此获得了跟伴随动词相同的"一起VP"的核心语素义。与上述源自三类动词的连—介词不同,该文还揭示数量词"两个"语法化为连—介词的语用动因是将同位语"X两个"的隐含项Y显现到句子表面而引起的("两"是"两个"的省略)。

2.2 湖南慈利通津铺话与湖北仙桃话里的连-介词"两个、两"

据储泽祥等(2006)调查,在湖南西南官话常澧片的慈利、汉寿、安乡,湖北仙桃、湖北汉川市杨水湖、湖北天门、武汉江夏等方言点里,"两个"除做数量词外还可以用作并列连词,连接词或短语("个"读轻声)。其中有些方言点"个"能脱落,"两"独立也能用作连词。笔者籍

---

① 笔者(2012)除了本文所论"两个"外,还说明源于伴随义动词的连-介词有两种语法化模式:
  ⅰ)伴随动词("与、和"类) → 并列连词
  → 伴随介词
  ⅱ)伴随动词("将、跟"类) → 伴随介词 → 并列连词

文中考证了老北京话和台湾地区的连-介词"和(hàn)"源于使役动词"唤",江淮官话的连-介词"高"本字应是"教"(阴平);给予动词语法化的路径是:给予动词→使役动词→伴随介词→并列连词。

贯湖北仙桃（原沔阳县），从家乡人口中得知"两个、两"可用作连词和介词，其功能与"和、跟"等连－介词相同。下面先看湖南慈利通津铺话里"两个"的特殊用法（例皆引自储文）：

1）并列连词

我两个老妈子一路去的。（我和老婆一起去的）
我两个两个老师一路来的。（我与两个老师一起来的；后面的"两个"表数量）
书记两个县长都来哒。（书记和县长都来了）
排球两个篮球我都会打。（排球和篮球我都会打）
煮饭两个炒菜他都搞不好。（煮饭、炒菜他都不行）

2）介词

你两个他比下子。（你跟他比一下）
莫两个他讲话。（别跟他讲话）

笔者从堂妹江梅秀（62岁，高小文化，农民）的谈话中记录了湖北仙桃话里"两、两个"的连－介词用法，除了"两"更为常用外，其他用法跟湖南通津铺话没有什么不同，故例句从略。

以往的研究表明，连－介词几乎都是由动词语法化产生的，像通津铺话、仙桃话这种从数量词"两个"虚化为连词和介词的现象实属异类。那么，这种现象是怎么形成的？其演变的动因和机制是什么呢？我们认为引发"两个"语法化的直接诱因是在口语交际过程中同位短语"我两个"中的隐含项被显现造成的。

慈利通津铺话、仙桃话中，用"两个"表示数量的格式有两个，一是偏正结构"两个X"，二是同位结构"X两个"。那么，用作连词的并列结构"X两个Y"是来自"两个X"呢（在"两个X"前面加Y项），还是来自"X两个"呢（在"X两个"后面加Y项）？我们判断应该源自表示数量的同位结构"X两个"而不是偏正结构"两个X"。因为，如果在偏正结构"两个X"（如"两个儿子"）前面添加名词项"Y"（如"我"），作"Y+两个X"（我+两个儿子），其概念义为"我（的）两个儿子"或为"我（有）两个儿子"，与"我和儿子"的概念语义相左，没有重新分析为并列结构的语义基础。那么另一个可能就是从同位结构"X两个"后面添加名词项演化而来。我们需要回答的是：在什么句式或语境里、是什么原因促使说话者要把"X两个"说成"X两个+Y"？

"X两个"的语义可分解为：X和Y两个人。具体到"我两个"短语来说，其语义就是"我和另一个人（不管那个人是谁）"，在"我两个一路去"（"我两个"做主语），"屋里只有我两个"（"我两个"做宾语）这类句子中，短语"我两个"中只有其中之一"我"是明示在句子平面的，另一个人是谁没有说出，隐含在短语结构中。通常，在口语语境下，另一个人是谁对于交际双方都是不言而喻的，因而无需指出。但是当对方不明详情或说话人在说话过程中临时想要明示另一个人是谁时，就会从"我两个一路去的"生成"我两个大姐一路去的"，从"屋里只有我两个"生成"屋里只有我两个婆婆"这种句子。在这种句子中，"两个"由原来处于同位主语的位置改变为位于名词X和Y两项中间，这恰好跟并列连词的位置吻合。这就是说，隐含项的显现使句子结构发生了变化，使"两个"在新结构式中的句法位置发生了变化，这些变化带来了结构与语义的重新分析，分析的结果就是"两个"被视为联系并列关系的X和Y的连词。"两个"语法化的初始语境是表示同位关系的"我两个"做句子的主语或宾语，语法化的动因是说话人感到需要明确指出共同行动的另一个主体，从而促发把隐含的主体显性化，使得在通常情况下没有被聚焦凸显的成分在特定语境中被聚焦凸显。一旦隐含的主体被显现到句子平面，就引起句子结构的变化，通过重新分析的机制使得"两个"占据并承担起并列连词的功用。当这种句子被习用后，就逐渐固定为一种造句模式。

"两个"表示X和Y，"我两个"的结构语义为"我和另一个人"，这是它发生虚化的语义基础。"两个"位于X、Y两项之间，这是连词的典型位置，为它的语法化提供了必要的句法环境。随着"两个"反复在X、Y两项间出现，两项间隐含的连接关系就会被"两个"吸收，在推理机制的进一步作用下，"两个"就被重新分析为连词。以上就是"两个"虚化演变的理据性。由数量词"两个"演变为连词,这是第一步;突破其出现的原始环境,逐步扩展到同类的语境中去是第二步。"两"的功能由连词扩大为介词是由于句法上平行虚化机制的作用("与、和"等表示共同义的虚词都兼有连词和介词功能)。随着"两个"虚化程度的不断加深,位于连-介词"两个"前后的两个名词项就不限于单数的人了,可以表示复数,可以用于物与物之间,甚至可以用在动词之间(当然这些动词带有一定的指称性)等。下面根据上述分析和储泽祥等(2006)提供的语言事实,对"两个"的语法化路径作如下概括性描述(除表示原发语境的例子外其他例句皆取自储文):

1)我两个一路去的。(原发语境)
→2)我两个妈妈一路去的。(显现Y项,偕同连词)
→3)书记两个县长都来哒。(X项不限于代词)
→4)我两个两个老师一路来的。(主语不限于双数)
→5)排球两个篮球我都会打。(扩大到物)
→6)煮饭两个炒菜他都搞不好。(扩大到动词)
→7)你两个他比下子。(连、介两可)
→8)莫两个他讲话。(介词)

2.3 笔者(2012)总结汉语连—介词语法化的路径有两种:其一,线性的,即:动>介>连,如源于伴随义动词"将、连、跟"的连-介词和源于给予义、使役义动词"与、给、唤、教"等的连-介词。其二,辐射性的,即:"动>介"和"动>连"同时发生,如源于伴随义动词"与、及、共、同、和"等的连-介词。根据我们本节的论述,我们发现数量词"两个"先在隐含并列项的短语"我两个"做主宾语的句子中虚化为连词,然后依循平行虚化的机制扩大功能,产生各种介词的用法。这种特殊的语法化现象提供了一种由"连>介"的逆语法化路径的实例。这是因为"两个"的语法化起因不是通常的实词虚化,它不是通过"两个"在上下文语境中词义的虚化为起点的,而是在交际过程中说话者主观增添句子成分、引起句子结构改变引起的。说话人要把"两个"所隐含的主体明示出来，是为了加强言语表达的明晰性，这种由语用动因诱发和促动的句法创新跟"［差一点没］VP"类叠合构式的产生属于同类现象。

汉语连-介词的产生起码提供了三种语法化模式：1. 动＞介＞连；2."动＞介"和"动＞连"并行；3. 连＞介。这说明由于语言种类和语言现象的复杂多样，语法化的模式也具有相应的多样性，认为只有第一种模式的看法忽略了这种多样性，是有失偏颇的；不过，不可否认的是，世界各种语言包括汉语在内，绝大多数情况下语法化的路径都是遵循着由实到虚，由较虚到更虚的原则的。我们不能否认这条语法化的通则，同时我们也不能把它绝对化，对例外和特殊现象加以科学的解释正是研究者的着力点。事实上尽管"两个"的语法化有些"另类"，但它同样是语义、语用和句法的合力所促成的，在语法化的过程中同样借助了类推、重新分析的机制，此所谓同中有异，异中有同也。

3 无标记动结式隐含义素的显现

3.1 这一节用隐含义素的显现解释"V 得（O）C""V 教（O）C"式动结式的产生。根据结构语义学的义素分解法，可以把动结式（使成式）的语义分解为"动作 V 使受事对象 O 得到（或达到）结果 C"。在"VC"式中，动作 V 和结果 C 在句式表层得到显现，受事对象在"VOC"动结式（也称隔开型动结式）中被显现。相对于 V、O、C 三个成素来说，"使——得到"的义素是隐含的，它在句式表层没有显现，是"VC"或"VOC"动结式的隐含义素。在语言的实际运用中，为了表达的明晰，或为了强调，说话人会刻意将隐含的义素显现在句式的平面上，从而产生一种新的句式。

3.2 无标记隔开型动结式"VOC"

据学者研究，隔开型动结式"VOC"与非隔开型动结式"VC"都产生于六朝，在相当长的时期内同时使用。宋元以后逐渐衰落，现代仅存于某些方言之中。［详见蒋绍愚、曹广顺（主编）2005 年，第十章］为行文简约，下面主要以隔开型动结式"VOC"为例加以说明。

在汉魏六朝唐宋时期的白话文献中有大量隔开型动结式"VOC"句

式,其中"O"是"V"的受事宾语,"C"是"V"的结果补语。例如:

> 吹我罗裳开。(《子夜四时歌》)
> 寡妇哭城颓。(《懊恼曲》)
> 当打汝口破。(刘宋、刘义庆《幽明录》)
> 今当打汝前两齿折。(元魏慧觉《贤愚经》第429页上)
> 仍更打他损伤。(《敦煌变文集·燕子赋》)

这类构式都隐含着致使义素,跟汉代就出现的连动式"V(O)令/使C"有关:

> 煮米令熟。(《伤寒论》)
> 发,拨也,拨使开也。(《释名·释言语》)

"煮米令熟"可以看作是"煮米令(米)熟"的简省式,由于连动句中两个动词的宾语同指,所以省去后面的一个。据此,上举无标记的隔开型动结式的深层结构可以还原为一个隐含了致使义素的动宾句与使动兼语句的叠加句,即:

> 吹我罗裳 + (使我罗裳)开
> 寡妇哭城 + (使城)颓
> 今当打汝前两齿 + (使汝前两齿)折
> 当打汝口 + (使汝口)破
> 仍更打他 + (使他)损伤

在两个句式叠加整合时,要将重复的名词成分删除其一,以构成叠加句。①

---

① 唐宋时期还有 VC_1OC_2 式,可看成是 VC 和 VOC 动结式的叠加:VC + VOC——VC_1OC_2。例如:
  斫破寡人营乱。(《敦煌变文集·汉将王陵变》;斫破寡人营,使寡人营乱)
  踏破贺兰山缺。(岳飞《满江红》词;踏破贺兰山,使贺兰山缺)

大约自唐代开始，为了使无标记动结式的隐含义素"使……得到"在句式表层得到显现，分别产生出带"得"或带"教"标记的动结式。

3.3 "VC"、"VOC"式与"V得C"、"V得OC"式

为了凸显隐含义素"得到、达到"，将动词"得"明示到"VC"、"VOC"句式表层，产生出"V得C"、"V得OC"式：

易水流得尽，荆卿名不消。（贾岛：易水怀古）
过得两年，院主见他孝顺，教伊念《心经》。未过得一两日念得彻，和尚又教上别经。（《祖堂集》卷6）
三十六巷寻得遍，都不见那情人面。（《张协状元》39出）
实时扶起来，救得苏醒。（《警世通言·万秀娘仇报山亭儿》）

这些例子中"V得C"都相当于"V到C"，其中的"得"去掉也无语义上的不同。如：

流得尽 = 流到尽 = 流尽
念得彻 = 念到彻（念到完）= 念彻（念完）
寻得遍 = 寻到遍 = 寻遍
救得苏醒 = 救到苏醒 = 救苏醒

可见它是个另加的成分。"V得OC"唐时初见，宋时逐渐少用：

十三学得琵琶成，名属教坊第一部。（白居易：琵琶行）
渔人抛得钓筒尽，却放轻舟下急滩。（崔道融：溪夜）
不经旬月中间，后妻设得计成。（舜子变）

3.4 "VC"、"VOC"式与"V教C"、"V教OC"式

为了凸显隐含的"致使"义素，将使役动词"教"明示到"VC"、"VOC"句式表层，产生出"V教C"、"V教OC"式：

> 愁因暮雨留教住，春被残莺唤遣归。（白居易：闲居春尽）
> 惹教双翅垂（《花间集》卷五张泌：胡蝶儿）
> 我若见遮臭老婆，问教口哑却。（《景德传灯录》卷八）
> 看教心熟 ｜ 嚼教烂（朱子语类）
> 挤教干（《警世通言》）
> 抢教空（明阮大铖《燕子笺》第二十三出 金钱花）

但是，由于"使……得到"既含致使义又含达到义，是一个不可分割的行为过程，很难划出一个明显的分界，所以有些"V教（O）C"句式的语义跟"V得（O）C"逐渐趋同而并无区别，例如：

> 怯教蕉叶战，妒得柳花狂。（白居易：裴常侍以题蔷薇架十八韵见示，因广为三十韵以和之；怕得蕉叶发抖）
> 染教世界都香。（辛弃疾：清平乐 忆吴江赏木犀；染得世界都香）
> 打教伊皮开见筋。（《杀狗记》第六出浆水令；打得他皮开见筋）
> 打交皮破 ｜ 看交真（明《说唱词话》。打得皮破 ｜ 看得真）

由于带标隔开型动结式的语义重点是"结果"，在语言的经济原则作用下，"V教C"、"V教OC"式逐渐衰微，未能延续至今，"V得C"、"V得OC"式在竞争中胜出。不过在某些存古较多的方言中还保留着"V教C"、"V教OC"式的遗迹，例如河南方言：晒叫干些儿。闽南话中的"V乞OC"式就是"V教（O）C"式的留存（"乞"是闽南话的授予动词，引申为"让、教"，用如使役动词）：

> （旦）且慢，父也是亲，母也是亲，你咒誓着，咒乞伊明白。（《荔镜记》）

"咒乞伊明白"就是赌咒发誓让他明白。

语法史资料表明，隐含致使义素的"VC/VOC"句式出现在先，隐含义素显性化的句式"V得（O）C""V教（O）C"出现在后，"得、教"的显现使原动补构式V与C之间的隐形语义关系表层化，被赋予了语法标记，这种由"隐"到"显"的变化是应交际明晰性的要求而产生的。

4 余论

4.1 古今汉语因隐含义的显现而引起词汇、句子结构发生演变的现象并不罕见。胡敕瑞（2005、2008）揭示从上古到中古汉语词汇发生的"从隐含到呈现"的变化，即一些原本融合在同一形式之中的概念后来被离析出来并分用不同的形式表达，如：崩≥山崩、驰≥马驰、鞭≥皮鞭、睹≥目睹、拱≥拱手、钓≥钓鱼、礼≥行礼、雨≥降雨、饱≥食饱、出≥步出（符号"≥"表示"呈现为"），以及这种变化对汉语词类、工具格式和宾语语序三个方面的影响。胡文研究的思路是从词汇到语法，看句子如何因为词的变化而发生变化，而本文则是从句子本身因隐含义或隐含项的显现而发生的结构上的变化。

需要注意的是，并不是任何情况下句子隐含义的显现都会带来句法上的创新。苏颖（2011）论及上古汉语普通名词在谓语动词前充当状语的"N状V"式东汉以后渐被"PPN"式（介词短语作状语）替代的现象，认为名词作状语被赋予标记的过程可以看作N状与V之间语义关系从"隐含"到"呈现"的过程，这从东汉时期接近口语的注释中把"N状V"解释为"PPV"（介词结构作状语）可以看出：

子欲手援天下乎？（《孟子·离娄上》）

赵歧注："子欲使我以手援天下乎？"把"手援"释为"以手援"。

嫡得之也。（《公羊传·昭公五年》）

何休注："以嫡得立之。"把"嫡得之"释为"以嫡得之"。

龙从鸟集。(《淮南子·修务训》)

高亨注："言其舞体如龙附云，如鸟集山。"把"龙从鸟集"释为"如龙附云，如鸟集山"。

郑文说东汉诸多注释家不约而同地用"PP + V"式来解释"N 状 V"式，说明添加了介词标记的"PP + V"式在表义的明晰性上要远胜过无标记的"N 状 V"式。以本文的观点来看，"PP + V"式正是应表达明晰性的要求，把"N 状 V"句式所隐含的语义关系显现到句子表层而生成的。不过，正如郑文所指出的，上古汉语已有"PP + V"结构，"N 状 V"式被赋予标记而生成的"PPV"式并没有产生新的句式，而是跟上古的"PPV"式合而为一了。

4.2 研究不同因素引起的句法创新可以发现语言演变的各种认知策略和语用动因，但特定的句法创新并非必然地导致句法演变。原来带有一定意图的语用法只有通过跨语境的扩展和在社会上的广泛扩散、传播并进而约定俗成之后才能实现为句法演变。因此我们不仅要善于发现语用中的创新现象，而且要进一步探究：

a) 某些句法创新何以得以广泛传播，最终站住脚？
b) 某些句法创新何以受到限制只能在局部地区通行？
c) 某些创新现象为何犹如昙花一现，很快就夭折消亡？

就本文来说，我们要问问，数量词"两个"虚化为连–介词的现象为什么只发生在湖南、湖北那几个方言点，而没有在更大范围内推广开来？我们认为原因在于：

首先，这几个方言点有一个共同的特点：盛行用同位语"我两个、你两个、他两个"做主语，其中的第三人称代词虽然在概念语义上应该是复数［相当于"我们（两个）、你们（两个）、他们（两个）"］，但在形式上却是单数，这就为补出另一个未知项留出了空间。其次，从韵律上说，X（"我"等）跟"两个"是"1 + 2"组合关系，二者黏合度不高，X 和

"两个"之间有小小的语音停延,所以在一定条件下可以补出另一个隐含的名词项。而其他方言有的用"俺俩、我们俩",其中 X 项已是复数("俺"是"我们"的合音),在语义上没有添加的余地;有的地方习用"我俩",虽然 X 项形式上也是单数,但"我俩"是一个双音节标准韵律词,"我"与"俩"比"我"与"两个"结合紧密,黏合度高,人们在心理上把它当作一个复音词使用,所以不容易发生分解现象。

Heine 和 Kuteva(2002)在《语法化的世界词库》(*World Lexicon of grammaticalization*)里归纳世界语言里名词短语并列连词有四个来源:(1)"还";(2)伴随格标记;(3)双数标记;(4)数词"二"。(327页)其中源于双数标记和数词"二"的两项跟汉语方言中的"两个、两"有共性,这是因为连词具有双向性,并列连词起码连接两项事物,因此双数标记和数词"二"在一定语境中就容易演化为并列连词,当然,演化的具体路径、方式会因语言类型的不同而带有各自的特点。

下面对本文主要内容、观点做一小结:

(1)正如此前不少学者所揭示的,有相当多语法现象是语用法凝固化、语法化的结果:原来带有一定意图的语用法,由于广为使用、反复运用而最终固定下来,约定俗成,形成某种语法范畴、语法成分或语法规则(沈家煊,1999)。本文通过现代汉语的叠合句"[差一点没]VP"的产生、某些方言点中的数量词"两个"的语法化、无标记动结式演变为带标记动结式等三个案例说明说话人意图对句法结构的影响,从中概括出句法创新的一条独特路径:为了加强表达的明晰性,说话人有意把句子中的隐含义、隐含项显现到句子表层,使原句子结构语义发生变化,从而产生出新的句式。语言表达的明晰性需求是这类句法创新的语用动因,类推、重新分析是推进和完成演变过程的助力。

(2)语境是语法化的外部条件和关键因素,但语境有时不能狭隘地理解为句子的上下文句法环境、篇章联系等,它还包括人们对客观事物的认识和主观评判、包括人们共有的思维逻辑等(或许可以叫做认知背景)。朱德熙先生揭示人主观希望或不希望对"差一点没 VP"句式语义的影响是极有价值的发现。本文踵武前贤,从人们共有的思维逻辑出发,指出说不希望的事情差一点儿没有发生没有交际价值,因而现实生活中不存在原型否定式"［差一点］没发生"。对于不希望的事情，否定式"［差一点没］发生"是一个被重新分析的异构式，因而与它的肯定式语义不对称。

（3）数量词"两个"提供了一种由"连→介"的逆语法化路径的实例，这是因为"两个"的语法化起因跟通常的实词虚化很不一样，它不是通过"两个"在上下文语境中词义的虚化为起点的，而是应交际的需要把"两个"所隐含的名词项显现出来诱发的。这个"反例"虽然还动摇不了语法化的"降级原则"或曰"单向性原则"，但它起码提醒我们，语言学家对世界语言的多样性和语言现象的复杂性的认识和观察还远远不够，因此任何理论都处在被检验、被完善的过程中。

主要参考文献

储泽祥、丁加勇、曾常红：《湖南慈利通津铺话中的"两个"》，《方言》2006年第3期。

冯胜利、蔡维天、黄正德：《传统训诂与形式句法的综合解释——以"共、与"为例谈"给予"义的来源及发展》，《古汉语研究》2008年第3期。

古屋昭弘：《宋代动补构造"V 教（O）C"》，《中国文学研究》（东京）1985年第11期；《白居易诗 V 教（O）C》，《开篇》1994年第12期，（东京）好文出版社。

胡敕瑞：《从隐含到呈现（上）——试论中古词汇的一个本质变化》，《语言学论丛》31辑，商务印书馆2005年版；《从隐含到呈现（下）——词汇变化影响语法变化》，《语言学论丛》2008年第38辑。

江蓝生：《概念叠加与构式整合——肯定否定不对称的解释》，《中国语文》2008年第6期。

江蓝生：《汉语连－介词的来源及其语法化的路径和类型》，《中国语文》2012年第4期。

蒋绍愚：《近代汉语研究概况》，北京大学出版社1994年版。

蒋绍愚、曹广顺主编：《近代汉语语法史研究综述》第十章，商务印书馆2005年版。

刘丹青：《语法化中的更新、强化与叠加》，《语言研究》2001年第2期。

吕叔湘：《现代汉语八百词》（增订本），商务印书馆1999年版。

沈家煊：《不对称和标记论》，江西教育出版社1999年版。

苏颖：《古汉语名词作状语现象的衰微》，《语文研究》2011年第4期。

吴福祥：《汉语语法化研究的当前课题》，《语言科学》2005年第2期。

赵长才：《汉语述补结构的历时研究》，中国社会科学院博士论文 2000 年；《结构助词"得"的来源与"V 得 C"述补结构的形成》，《中国语文》2002 年第 2 期；《"打头破"类隔开式动补结构的产生和发展》，《汉语史学报》2003 年第 4 期。

朱德熙：《说"差一点"》，《中国语文》1959 年第 9 期；《朱德熙文集》第 2 卷。

Heine, Bernd & Kuteva, Tania. 2002. *World lexicon of grammaticalization*. Cambridge：Combridge University Press.

Hopper 和 Traugott：《语法化学说》，梁银峰译，复旦大学出版社 2008 年版。

（原载《语言科学》2013 年第 3 期，题目改为"句法结构隐含义的显现与句法创新"）

汉语连－介词的来源及其语法化的路径和类型[①]

引　言

0.1　介词和连词是汉语虚词大家庭中两个成员众多的类别。连词的基本功能是连接，介词的基本功能是引介。介词的成员众多，根据语义功能，内部又能分出许多小类，如介引处所、时间、对象、方式、原因、范围等各类介词。连词的成员也很多，根据语义功能可分为并列、承接、选择、递进、条件、假设、让步、转折、因果、目的等各类连词。我们知道，介词中有些成员往往一身数职，兼有内部小类中的多个语法功能，如引出处所的介词很多都兼引时间，有的还兼引对象或范围（如"自、从、在"等）；有的成员甚至还兼有介词以外的其他词类的语法功能，如引出原因的介词"因、因为"同时又兼做表示原因的连词，介引关涉对象的介词"和、跟、同"同时又能做并列连词。本文所谓"连－介词"就是指介词中像"和、跟、同"等这类能兼做并列连词的一类。例如：

和	跟	同
介词：我和他要了张电影票。	我跟他聊了自己的事情。	我同小张毫无关系。
连词：我和他看了场电影。	我跟他是北大同学。	我同小张住一个屋。

[①]　此文为庆贺《中国语文》创刊一甲子撰。初稿得到刘丹青、吴福祥、潘海华、洪波、赵长才、杨永龙、萧国政、陶红印、冯春田、邢向东等多位专家学者指点，深表谢意。

称之为"连－介词"或"介－连词"其实都可以，并无深意。本文选择前者是考虑这类词的主要功能是做介词，而且从来源上说，有些并列连词可以看作特殊的介词，即介词引出一个并列的关系项的介词。总之，"连－介词"就是指可以兼做并列连词的介词，它是客观存在的介词中的一个封闭的小类。"和、跟、同"这类连－介词源于伴随义动词，前人论述已多，并统称为"'和'类虚词"（于江，1996；吴福祥，2003）。

0.2 Heine 和 Kuteva（2002）在《语法化的世界词库》里归纳世界语言里名词短语并列连词有四个来源：（1）"还"（或"也"）；（2）伴随格标记；（3）双数标记；（4）数词"二"。（327页，材料系吴福祥同志提供）可以看出，其中源于"伴随格标记"的一类跟汉语明显有共性。那么，除了伴随义动词外，汉语的连－介词还有哪些来源？世界语言里其他三个来源在汉语里有无表现？这些都是本文所关心和要讨论的问题。

本文提出，汉语的连－介词至少有四种来源[①]，即：

（1）源于伴随义动词的连－介词，如"与、及、将、共、连、和、同、跟"等，这是连－介词家族中的嫡系和主流。

（2）源于使役义动词的连－介词"唤"［老北京话和台湾地区读作"和"（hàn）］、江淮官话中使用的"教"（文献中也作"高/交、告"）。

（3）源于给予义动词的连－介词，如河南等方言使用的"给"（文献中也作"该"）。

（4）源于同位结构"我两个"的方言连－介词"两个、两"（通行于湖北、湖南相邻地区某些方言点）。

下面将逐一讨论这四种来源的连－介词语法化的动因、路径及其类型。

[①] 源自伴随义动词的连－介词除了常见的"和、共、同、跟"外，古代还有"与、及、兼、并"，方言中还有"连、带、会、合、搭、帮、替、凑、同埋"等；在本文涉及的四大类连－介词外，方言中还有源自动词"对、找、得"等各类连－介词，值得全面考察研究。

一　源于伴随义动词的连 – 介词

1.0　源于伴随义动词的介词、连词受到研究者比较充分的关注和讨论，有关其成员语法化的动因、机制、路径的研究成果十分丰富（详见参考文献），这里不再复述。下面仅就伴随动词语法化的路径或曰演变模式发表一点与主流观点不同的看法。

吴福祥（2003）通过对汉语诸多伴随动词（如"与、及、共、将、和、同、跟"以及现代汉语方言里的一些伴随动词如"搭、合、凑"等）语法化过程的追溯，认为汉语中存在着"伴随动词＞伴随介词＞并列连词"这样的一个语法化链。应该说这个结论跟汉语某些伴随动词的情况是相符的，但却不能涵盖所有伴随动词语法化的实际情况。本文根据伴随动词的源词词义（或曰义素结构）把它们大致地分为两类：

（甲）本义为"偕同，与……在一起"，动作行为无主从分别（如"与、及、和"等）；

（乙）本义为"带领、跟从"等，动作行为有主从之别（如"将、跟"等）。

甲类伴随动词可以在同时期平行地派生为并列连词和伴随介词，乙类伴随动词的语法化路径则表现为线性的语法化链（如下图）：

伴随动词（甲）──→并列连词
　　　　　　　──→伴随介词

伴随动词（乙）──→伴随介词──→并列连词

这就是说，实词的源头义往往决定着它们语法化的起点和方向，伴随义动词家族中的成员因源词词义的不同而存在着不同的语法化模式，并非都是同一个模式。为了避免与前贤已有成果重复，下面拟以甲类伴随动词

"与、及、和"和乙类伴随动词"将"的语法化为例,重点说明二者不同的语法化路径。

1.1 甲类伴随动词"与、及"的语法化

据《说文》,"與"(舁)的本义为"共举",跟"共"词义相近(冯胜利等,2008)[①];"及"的本义为追上,赶上,甲追赶上乙,甲乙就在一起了。"与"和"及"都由本义引申出"偕同,与……在一起"义。"与、及"类偕同动词的词义决定了其宾语不是受事而是动作的参与者,因此在连动式"NP1 + 与/及 + NP2 + VP"中,NP2天然是VP的参与者。由伴随动词构成的连动式前后两个动作行为的语义分量往往有轻重之别,语义重心一般落在后面的VP上,语义重心不平衡容易引发结构的重新分析,在重析后的新结构中,"与/及"演化为连词或介词。请看下面两例:

(1)夏,四月丁未,公及郑伯盟于越。(《左传·桓公元年》)
(2)辛丑,狐偃及秦、晋之大夫盟于郄。(《左传·僖公24年》)

这两例的句法语义相同,句中"及"是虚化为并列连词还是伴随介词很难确定,甚至说"及"的动词义尚未脱尽也不是绝对不可以。这种可以两解或多解的句子恰好是伴随动词"及"语法化的原始语境。拿例(1)"公及郑伯盟于越"来说,由于"及"为"偕同"义,决定了"公"和"郑伯"都是"盟于越"的参与者(何况"盟"为群体动词,不可能单方面为之);在此例中,"盟于越"的语义显然比"及郑伯"分量重,连动式前后两项前轻后重的不平衡语义关系导致了原连动式结构的重新分析。如果把"公"和"郑伯"看作同等的"盟于越"的参与者,即把NP1和NP2视为同等地位的行为动作主体时,原连动式就会被重析为并列结构做

[①] 冯胜利等(2008)通过传统训诂学的"义源分解法"结合当代句法学的"词义结构法"的综合分析指出:"與"(舁)字本义为"共(一起)举",跟"共"词义相近。因此,"与"从根上也属于伴随义动词。另一方面,"与"字自古至今都是常用的给予动词,直到明清时期才渐次在口语中被"给"替代。《说文》段注:"'與'当作'与',与,赐予也。""会意。共举而与之也。舁、与皆亦声。"段注解释了"共举"与"给予"二义之间的关系。

主语的主谓式：[［公及郑伯］盟于越]，位于 NP1 和 NP2 中间的"及"很自然地应分析为并列连词。但是，如果考虑"公"位于句首，是史家叙述的主角，"郑伯"是相关者，那么原连动式就会被重析为［公［［及郑伯］盟于越］］，"及郑伯"可看作是"盟于越"的状语，"及"应分析为伴随介词。由此可见，伴随介词和并列连词产生的句法语义环境完全相同，在没有任何形式标记的情况下，NP1 和 NP2 在语义上有无主从、先后、轻重等关系的分别是判定其词类的唯一标准。

(3) 时日曷丧？予及汝皆亡。(《尚书·汤誓》)

此例中动词"亡"受副词"皆"修饰，在"亡"这个结局上，"予"和"汝"没有先后主从关系，所以此句中的"及"只宜看作并列连词。此例跟（1）（2）两例的句法和语义关系几乎完全相同，"盟"和"皆亡"都表示集体行为。以下各例中"NP1 + 与/及 + NP2"在句中分别充当话题、主语或宾语，是并列连词的典型句法位置：

(4) a. 弥与纥，吾皆爱之，欲择才焉而立之。(《左传·襄公二十三年》)
    b. 唯我与尔有是夫。(《论语·述而》)
    c. 蜩与学鸠笑之。(《庄子·逍遥游》)
    d. 是以立天之道曰阴与阳，立地之道曰柔与刚，立人之道曰仁与义。(《易·说卦》)
    e. 七月亨葵及菽。(《诗·豳风·七月》亨：烹)
    f. 今我战，又胜荆与楚。(《国语·晋语》)
    g. 知可以战与不可以战者，胜。(《孙子兵法·谋攻》)

以上各例中并列的两项既可以是人，也可以是动植物；可以是名词、代词，也可以不限于 NP，是形容词或动词。这说明"与、及"的组合面很广，几乎没有什么限制，作为并列连词已很成熟。

1.1.2 伴随介词和并列连词的区分

汉语的伴随介词和并列连词总是同形的，如何区分它们向来是一个棘手的问题，在很多情况下难以判定。朱德熙（1982）提出了两个标准：（a）根据前后两个名词项调换位置后意思是否相同确定中间的成分是介词还是连词；（b）介词前可以插入修饰成分，连词前不能插入修饰成分。刘丹青（2003）提出二者区别性的结构位置："在宾语位置、后面另有主语的话题位置、定语位置或被共用定语修饰的位置，NP1 – X – NP2 中的 X 必然是连词；若 NP1 和 X 之间有谓语 V 或状语性成分 Adv 隔开，即在 NP1 – V/Adv – X – NP2 中，X 必然是介词。"（例如：我想办法脱校长商量商量 | 后头我就帮伊拉谈）刘文的思路跟朱先生的（b）一致，都是试图找到形式上的区别标记。我们的想法是，能找到那些形式标记的句子并不存在区分连词介词的疑惑，真正的难题在于没有任何句法标记的两解皆通的句子。Tao（1991）提出的标准是：在伴随介词出现的句子里，主语名词 NP1 的话题性和被强调的程度高于伴随介词的宾语 NP2，而在并列连词出现的并列结构"NP1 + NP2"里，NP1 和 NP2 之间没有这样的差别（转引自吴福祥，2003，第 55 页。）。可以看出，本文前面强调的"伴随介词和并列连词产生的句法语义环境完全相同，其区别仅在于 NP1 和 NP2 在语义上有无主从、先后、轻重等关系的分别"跟 Tao 文提出的鉴别标准的意思完全相同。其实，朱先生的（a）条标准也是看 NP1 和 NP2 在句中的角色地位有无某种差别。总之，当句中没有可资判定的任何标记时，就要从语义着眼。

在上古文献中，有些伴随介词出现在连动式的省略式中。请看（5）（6）两组例子：

(5) a. 夏，四月丁未，公及郑伯盟于越。(《左传·桓公元年》)
　　b. 己亥，与楚师夹颖而军。(《左传·襄公十年》)

a 例中"及"可以两解（见 1.1.1 所述），b 例实际是"公与楚师夹颖而军"的省略句，省去了 NP1，"与"只能解读为伴随介词。

(6) a. 时日曷丧？予及汝皆亡。(《尚书·汤誓》)
　　b. 德音莫违，及尔同死。(《诗·邶风·谷风》)

a例中"及"为并列连词，没有问题；但b例只因省略了主语"予"，"及"就只能解读为伴随介词。同样，《诗·邶风·击鼓》："执子之手，与子偕老。"其中的"与"应看作伴随介词，如果补上主语"我"或"予"就成了并列连词。但有时也不一定，在《孟子·梁惠王下》"此无他，与民同乐也"例中，即使补上主语"王"，尽管动词"乐"有"同"修饰，由于"王"的地位居高临下，"与"仍然应看作伴随介词。由此可以看出：（ⅰ）语义上是否有主从关系对判断虚化了的伴随动词的词性几乎有决定性的作用；（ⅱ）伴随介词跟并列连词语义上几乎等同，二者在一定句法条件下（全式变省略式）可以互相转类，转类后的句法真值语义依然相同，不具有客观上的语法化层级的差别（这其实就跟被动介词在"被NP＋VP"构式中被认定为介词，而在受事成分NP不出现的"被＋VP"构式中就被认定为助动词是同类现象）。刘丹青（2003）认为并列连词跟协同介词（即本文所说伴随介词）之间可能还存在着互相派生的机制，本文表示认同。

以上例证和分析说明，甲类伴随动词"与、及"无须经过伴随介词环节就可以直接语法化为并列连词。古代文献表明，伴随介词与并列连词出现的时代完全重合，在时间上也看不出二者有线性发展的关系[①]。

1.2　甲类伴随动词"和"的语法化

动词"和"的词义是拌合；连同。到了唐宋时期，"和"字产生出并列连词和伴随介词的用法，但这两种用法何者为先何者为后则不甚清楚。记得刘坚师1989年在写"和"字的发展一文时就颇为困惑：按道理应该先有介词义后有连词义，可语料却不能很好地印证和支持这一设想。吴福祥（2003）写道："唐宋时期，'和'用作伴随介词的例子远远少于并列

---

① 有多位研究者认为，先秦两汉时代"与"和"及"都有并列连词和伴随介词用法，但细究起来二者的用法和句法功能不尽相同。关于造成二者差异的原因，主要有四种观点：文体之别，方言地域之别，源词词义演化之别，功能扩展之别［详见张玉金（2012）的综述］。

连词,我们这里给出的'和'用如伴随介词的唐代用例也不十分典型。这种情形自然会在很大程度上影响'"和"的并列连词用法源自伴随介词'这一推断的可信度。"吴文不回避与自己观点不相符的语言事实的态度是严肃可贵的。确实,把韩偓《幽独》诗"烟和魂共远,春与人同老"中的"和"字看作伴随介词是可质疑的。例中前后两句谓语动词前分别有副词"共、同"修饰,"烟和魂""春与人"都是并列主语(两两之间没有主从因果的关系),"和""与"分析为并列连词似更合适。前贤对伴随动词"和"语法化过程的考察有助于证明并不是所有的伴随动词都是沿着"伴随介词——→并列连词"的路径语法化的,"和"跟"与、及"一样,其并列连词和伴随介词功能是由伴随动词同时派生出来的。

1.3 乙类伴随动词"将"的语法化

动词"将"由"扶助"义引申为"带领、携带"义,带领与携带者必与被带领和携带者在一起,故"将"引申有"偕同,与……在一起"义,成为伴随义动词的一员。例(7)是动词"将"用在连动句中的例子:

(7) 夏,同伐王城。郑伯将王自圉门入。(《左传·庄公二十一年》;圉门:马圈的门)

此句中,虽然"自圉门入"的是"郑伯"和"王"两人,但"郑伯"是带领者,"王"是跟从者,二人角色地位不同,"将"还保留着实义。不过可以看出,动词"将"的句法位置与此类句式中伴随介词或并列连词的位置重合,一旦句法语义条件具备,"将"就可以就地完成虚化。在南北朝时期"将"已出现典型的伴随介词用例:

(8) 支道林在白马寺中将冯太常共语。(《世说新语·文学》)

NP1"支道林"位于句首,其后有处所状语"在白马寺中"跟后面的"将"隔开,显示"支道林"处于被强调的地位。由于NP2"冯太常"和NP1"支道林"都是VP"共语"的参与者,而且"语"(说话、聊天)

这种动作跟"将"（带领）在语义上几乎没有什么关联度，所以"将"已虚化为典型的伴随介词，相当于"跟"。

(9) 游子河梁上，应将苏武别。（庾信《咏怀》）

此例不仅 NP1"游子"后有处所状语，而且在"将"的前面还有助动词"应"，"将"是确定无疑的伴随介词。

"将"的源头义决定了早期 NP1 和 NP2 都是指人名词。发展到下一步，组合关系扩展，NP1 和 NP2 可以是指物名词了，表明"将"的语义成素部分消失，适用范围扩大，语法化的程度加深：

(10) 梅将柳而争绿，面共桃而竞红。（庾信《春赋》）

此例意思是：梅子跟柳叶比哪个更绿，人面跟桃花比哪个更红。由于"梅、面"是被强调的一方，"柳、桃"是比较争竞的参照物，所以 NP1 和 NP2 的位置不能调换，"将"与"共"应分析为介引比较的对象的伴随介词。

到了南北朝后期，随着介词"将"的大量使用，其语法化的程度进而加深，表现在它隐含的主从关系的义素逐渐弱化、中性化，由伴随介词进而派生为并列连词。下例可以两解：

(11) 风将夜共静，空与月俱明。（朱超《岁晚沉疴》）

此例前后两句中的谓语都有副词"俱、共"修饰，说明"静"和"明"是前面两个名词项共同具有的状态，没有主从或因果关系，意思是：风和夜一样地安静，天和月一样的明亮（描绘了一个静谧而明亮的月夜）。这样理解，"将"和"与"可视作并列连词。但是这还不是典型的并列连词，因为其一，如果把其中的"将、与"理解为伴随介词，句子的语义并无不同；其二，如果把两个名词的位置调换一下：夜将风共静，月与空俱明。从逻辑上讲不通。因为"静"是"夜"而不是"风"的特点，"明"

是"月"而不是"夜空"的特色。不能对调，说明此例中的"将"处于从伴随介词向并列连词过渡的阶段。

南北朝时期也出现了少量"将"用作并列连词的用例：

(12) 雁与云俱阵，沙将蓬共惊。(庾肩吾《经陈思王墓》)
(13) 独有刘将阮，忘情寄羽杯。(张正见《对酒》)

例（12）中"沙将蓬共惊"与"雁与云俱阵"对举，两句谓语都有副词"俱、共"修饰，"沙"与"蓬"、"雁"与"云"之间没有主从或因果联系（可以对调），是并列的主语，故这两句中的"与"和"将"都应视为并列连词。例（13）"刘将阮"做"有"的并列宾语，"将"是并列连词。到了唐诗和敦煌俗文学作品时代，"将"做并列连词的用例才大量出现，显示出比介词用法晚出的倾向。

乙类伴随动词"将"语法化的过程表明，源头义含有主从义素的伴随动词是沿着"伴随动词→伴随介词→并列连词"的轨迹语法化的。席嘉（2010）认为动词"和、并、兼"直接演变为表示并列的连词，而动词"及、将、共、同"则经由伴随介词阶段后进而演化为并列连词。在伴随动词存在着两种语法化类型上我们的观点一致①。

1.4 现代吴语伴随动词语法化的旁证

刘丹青（2003）以北部吴语的动词"搭"和"帮"语法化的路径为例，揭示了动词"搭"基本上同时派生出并列连词和协同介词（即本文所说伴随介词）用法的事实，与此相反，动词"帮"先派生出受益介词用法，然后依次派生出协同介词和并列连词。即：

搭：动词→ 并列连词
　　　→ 协同介词

---

① 动词"将"由"率领、携带"义又引申出"持、拿"义，由此派生出工具介词的用法。例如："苏秦始将连横说秦惠王。"（《战国策·秦策》）由于所持不是具体的东西，而是抽象的"连横"计策，致使"将"的实词义弱化，连动句重析为主谓句，"将连横"重析为"说秦惠王"的状语，伴随动词"将"虚化为介引工具的介词。将：扶助→率领，携带→持，拿→工具介词。

帮：动词→ 受益介词 → 协同介词 → 并列连词

这一结论跟本文对汉语伴随动词语法化类型的看法一致。刘文是现代吴语方言的实例，席著和本文是据上古、中古、近代文献反映的语言事实而得出的结论，三者不谋而合（本文初稿写作时尚未阅读刘文）。"搭"和"帮"词义相近（可组成合成词"搭帮"），都属于伴随动词类。"搭"的并列连词义无须经过伴随介词阶段，"帮"的并列连词义却要经过伴随介词阶段，其原因就是本文前面所说的：源头动词的词义特点决定了语法化的起点和路径。"搭"在一起的人或物浑然一体，不分主从，跟甲类伴随动词"与、及、和"等属于一类；"帮"义为"扶助"，帮者与被帮者有施受之分，且被帮者不一定参与帮者的行动，所以先派生出介词用法，然后才派生出连词用法。由此也说明，根据源头义把广义的伴随动词分为甲乙两类是有实际意义的。

二　源于使役动词的连－介词：唤、教

2.1　唤

2.1.1　"唤"的使役动词化

"唤"为呼叫义，当它的宾语为指人名词时引申为"招呼、呼请"，"唤 N"的语义结构为"招呼 N 使来"，蕴含着使役义素。当"唤"用于兼语句"A 唤 B + VP"时，其语义结构为"A 呼请 B 使做某事"，同样含有使役义素。

　　（14）高祖乃唤彭城、北海二王，令入坐。(《魏书·皇后传·孝文幽皇后冯氏》)

例（14）为连动句，由于"唤"蕴含的使役义素由使役动词"令"明示了出来，所以"唤"表示"招呼、呼请"的具体动词义。当"唤"出现在兼语句中、具体动作义弱化时，其蕴含的使役义素得到凸显，"唤"就演化为使役动词，相当于"请，让"。请看下面三例（例16、17引自冯春

田，2000：631，译文为笔者所加）：

（15）武帝唤时贤共言伎艺事，人皆多有所知，唯王都无所关，意色殊恶。（南朝 宋 刘义庆《世说新语·豪爽》，武帝让时贤们一起谈谈伎艺方面的事情）①

（16）下官瞿然，破愁成笑，遂唤奴曲琴取相思枕，留与十娘以为纪念。（《游仙窟》，让名叫曲琴的小奴取相思枕）

（17）者个事军国事一般，官家若判不得，须唤村公断。（《祖堂集》卷十八《赵州和尚》）

在上列三例兼语句中，"唤"的"呼叫"义弱化，都不同程度地使役化，词义相当于"让"。跟"使、令、教、让"等显性的、直观的使役动词不同，使役化了的"唤"可称为间接使役动词。

"唤"用作对象介词的确凿资料见于尹世超《哈尔滨方言词典》第311页：

唤 xuan^{53} 介词。跟，指示与动作有关的对方，从……那里；向：没钱～他借｜有啥事～我说也行。

李行健《河北方言词汇编》第680页连词"和"下记录天津地区吴桥用 huàn；第678页介词"对"下记录石家庄地区无极县用"换"。吴桥的连词 huàn 和无极的对象介词"换"，在读音和语法功能上跟哈尔滨方言的对象介词"唤"相同，可以推定，河北某些方言点也有源自间接使役动词"唤"的连词或介词。

2.1.2 间接使役动词"唤"的语法化

动词"唤"是在什么样的句法语义环境中语法化的呢？一个偶然的

---

① "武帝唤时贤共言伎艺事"（《世说新语·豪爽》）可有两种理解：a）"共言"者只限于"时贤"，这是典型的兼语句；b）"共言"者不限于"时贤"，主语"武帝"也应参与其事，这是变异兼语句，此类语境提供了结构重新分析的可能。

机会启发了我。2008年五六月间我在电视画面中听见一男子说："这事儿你怎么不唤我商量？"这句话使我豁然开朗。这是一个歧义句，既可理解为"你怎么不叫我来一起商量"，又可以重新分析为"你怎么不跟我商量"，显然，"唤"正是在这种可两解的典型语境中被重析为伴随介词的。

动词"唤"语法化的原始语境是兼语式。在普通兼语式"A 唤 B + VP"中，A 是全句主语，B 是"唤"的宾语，又是 VP 的主语，而且只有 B 是 VP 的施动者或参与者，A 不参与 VP。请看下面二例：

  a. 老张唤小李打开水。（只有小李打开水）
  b. 老张唤小李商量事情。（老张和小李一起商量事情）

a 例是一般兼语句。兼语"小李"既是前一个动词"唤"的受事，又是后一个动词"打开水"的施事；句子的主语"老张"只是第一个动词"唤"的施事，并不参与第二个动词"打开水"。这是一般兼语句的典型语义特征。

b 例在形式上仍是一个兼语句，但其句法意义跟一般的兼语式有所不同。句中的第二个动词是集合动词（collective verb）"商量"，其参与者不能是单个的人，所以句尾的动词"商量"是老张和小李共同的行为，不能加以区割，这就有别于兼语式后面的动词没有主语参与的语义要求，是一个变异了的兼语句。在这种句法语义环境下，"唤"的动词义已经弱化，加上"唤"的句法位置又跟介引动作对象的介词的位置相吻合；容易发生结构的重新分析。也就是说，具备这双重条件的变异兼语式是"唤"语法化的临界句。一方面"唤"的动词义尚存，另一方面它在句法意义和句法位置上已具备了重新分析的条件：老张跟小李商量事情。由此可知，"唤"的语法化是在变异兼语式的句法语义环境中发生的。

2.1.3　连-介词"和（hàn）"的本字为"唤"

台湾地区跟连-介词"和"相当的词读 hàn，一般人不明其来历，还以为跟台湾的方言有关系。其实这个音是地道的北京音，曾在20世纪三四十年代作为规范读音在全国推行①。侯精一（2010）指出"和"读 hàn 音首见于 1932 年国民政府教育部正式公布的《国音常用字汇》，1949 年以后此字音在大陆地区逐渐淡出，最终被读书音 hé 所替代。台湾地区"和"读 hàn 音源自台湾光复后的国语运动。1947 年台湾省国语推行委员会编印《国音标准汇编》，其中第四部分主要内容就是《国音常用字汇》，可见台湾地区"和"读 hàn 音遵循的是 20 世纪 30 年代曾在全国推行的语音规范。

不过，"和"读去声早在清末为在华日本人用的汉语教科书《燕京妇语》（成书不晚于 1905 年，见鳟泽彰夫，1992）中已见端倪。此书抄本用朱笔加点为汉字标调，去声点在右下角，鳟泽氏整理时改用 1、2、3、4 在汉字的右上角标调。据笔者统计，"和⁴"共 44 见，其中并列连词 36 例；伴随介词 8 例〔另有连词"和²"两例。孙德金（1992）连词读阳平，介词读去声〕。可以推知，"和⁴"的读音应该就是老北京人口语中的连 – 介词 hàn，这说明 20 世纪 30 年代推行的规范读音 hàn 依据的就是北京音。

陈刚等《现代北京口语词典》第 146 页对"和（hàn）"有简单的说明和描写：

　　1. 和，跟。现在已不大活用，使用范围只限于"什么~什么""哪儿~哪儿""谁~谁"等词语中。2. 在（不用在动词和名词之间）。如：他~家干什么呢？

侯精一（2010）调查南城 50 岁以上土生土长北京人 20 人（满族 4 人，汉族 16 人），了解的情况详于上引词典。现将陈书与侯文提供的情况加以综合（括号里的数据引自侯文），以供了解"hàn（和）"在北京话里的使用情况。

---

① 有人猜测"和"读 hàn 音可能跟满语有关，就此事我曾向遇笑容教授请教过。遇教授的姥姥为旗人，生于 1893 年，爱新觉罗氏，受过慈禧太后的赏赐，后改姓赵。这位赵姥姥既是满人又是老北京，但遇教授说她不记得姥姥把"和"说成 hàn。

a. 伴随介词，引出关系者（20%用 hàn，其余用 hé）
   他～这事儿没关系。
   我～你一块儿去。
   弟弟～我一边儿高。
b. 并列连词，用在固定词组中（40%用 hàn，60%用"跟"）
   咱俩谁～谁呀，甭说那个！
   这是哪儿～哪儿啊！八竿子打不着（的亲戚）！
   去去去！什么～什么呀，一边儿去！
c. 介词，引出处所（30%用 hàn，其中 2 人兼读 hài，其余用"在"）
   他～哪儿住？
   车就～门口搁着呢。
   他～家干什么呢？

台湾地区"和（hàn）"的用法与 a）、b）相同，但没有 c）引介处所的用法。侯文还举出以下方言里连词"和"的读音与老北京话的"和（hàn）"相当：

山东沂蒙山区的平邑方言"和"有［xã⁵³］［xɛ⁵³］音（相当于北京的 hàn 和 hài）；
甘肃张掖市民乐县"和"有［xan］（去声）一读；
山西霍州东区连词"和"老年人有读［xan］（阴去）的。

那么，北京话（包括平邑、民乐、霍州等方言）的连－介词"和（hàn）"的本字是什么呢？

俞敏（1988）对"和（hàn）"的语源做了简约的说明，认为源自"唤"：

1988 年春，一位王老师，东北人，说话里就有"甲 huàn 乙，桌子 huàn 板凳"。我问他："你的东北话怎么跟别人不一样呢？"他说："我原籍唐山。"这下子我可找到那个"唤"了："我"先"唤你"，随后咱俩人一块儿"去",多么顺理成章啊! hàn 不过是异化掉了个介音罢了!①

如果北京话等方言里的连-介词 hàn 的本字真的是"唤",那么就需要解释这些方言里用作连-介词的"唤"为什么丢失了 [u] 介音。

关于 [u] 介音的丢失,俞先生认为是频率高的词里开合口混乱造成的。至于其原因,俞先生没多说。我们这里以动词"还"的音变为例试做说明。动词"还 huán"当副词用时,北京话、东北话口语音读 hái(闭韵尾变为开韵尾),也有读 hán 的(丢失 [u] 介音),这跟"唤"连-介词读 hàn、hài 完全平行:

北京话、东北话:还(动)huán　　　　(副)hán、hái
　　　　　　　　唤(动)huàn　　　　(介/连)hàn、hài

另外,南京话、扬州话"还"做动词和做副词的读音也不相同:

南京话:还(动)[xuaŋ](副)[xae](《南京方言词典》第253页)

扬州话:还(动)[xuæ̃](副)[xa](《扬州方言词典》第73页)

---

① 俞敏(1988)说他的姨妈生在天津,嫁在天津,死在天津,"他老人家好说'他 huàng 他,剪子 huàng 铺陈'"。俞先生用"晃"字标示这个口语音。另外,据山东大学冯春田、刘大钧等鲁籍学者告知,山东莱州、邹平等地跟连-介词"和"相当的词读 [xuaŋ](与"晃"同音),山东另有一些地方读 [xuŋ](与"哄"同音)。无独有偶,据尹世超(2003)的记录,东北官话中同样存在读作 huàng(晃)和 hòng(哄)的介词。汪维辉(2005)《朝鲜时代汉语教科书丛刊续编·中华正音》上册中的介词有作"混/浑"的(蒙赵长才同志告知),如此等等。笔者认为:这些方言俗读音应该都是连-介词"唤"的变读音,也就是说,一个实词虚化后可以有多种并行的音变形式存在:a)唤 [xuan] → [xan] → [xai];b)唤 [xuan] → [xuaŋ](晃)→ [xuŋ](哄);c)唤 [xuan] → [xun](混/浑)。另,张惠英(2010)引《珠江三角洲方言词汇对照》第445页指出,粤语有些方言点如斗门斗门镇、台山台城、开平赤坎、恩平牛江的介词用"喴"[ham³³]。"唤、喴"同为呼叫义动词,发生平行虚化是很自然的。

同样脱落了［u］介音或丢失鼻韵尾，音变方式与北京话和东北话大致相同。我们认为此类语音异化是语义虚化引起的，是语法化在语音上的反映，即词义的虚化引起语音的弱化，弱化又引起了异化。语音与语义的关联在于区别性，脱落［u］介音音素或把闭韵尾变为开韵尾，客观上使动词（常用词）与副词或连－介词等虚词有了语音上的区别①。

2.1.4 "和（hàn）"是训读字

台湾地区通行的连－介词"和（hàn）"写作"和"，却不读"和（hé）"的字音，仅借用"和（hé）"的字形和字义，这情况跟日语的训读相似，我们可以认为连－介词"和（hàn）"是个训读字。其本字"唤"虚化为连－介词后发生了音变，无论在语音还是语义上人们已看不出、也感觉不到 hàn 跟"唤"的联系，所以从意义出发，选用了同为连－介词的"和"代表口语中读作 hàn 音的连－介词。

2.2 教

2.2.1 "教"本为授予动词，其义素结构为"使某人获得知识技能"，蕴含使役义，因而至迟在唐代就已引申为允许、容让义使役动词②。王昌龄《出塞》诗之一："但使龙城飞将在，不教胡马度阴山"、孟浩然《春晓》诗："打起黄莺儿，莫教枝上啼"等都是人们所熟知的例子。用

---

① 太田辰夫（2003）举晚清文献《正音撮要》"谁害他顽?"（1丁下）例，指出"害"是"和"的意思，并认为可能是"还"的音变。文中还说到跟"和"相当的词有发音为 hai 或 han 的（未注明声调）。太田先生年轻时曾在北京东城分司厅胡同居住过（1987年亲口告诉笔者），所以知道这两种特殊读音。不过"还"不是去声字，也不具备演变为连－介词的句法条件，不会是"和（hàn）"的源词。太田先生也说"没有用'还'字的例子"。关于闭音节［-an］变开音节［-ai］的例子陆丙甫教授告知有"癌"（旧读 yán），笔者又想到"转文"zhuǎnwén 又读作 zhuǎiwén，都是同类现象。
2009年11月12日晚，我在北京电视台"非常父母"（买红妹主持）节目中听见陕北歌手王二妮的父亲（佳县人）在接受采访时说"我害她说……"（"害"为同音借字，其音或应为去声的［xæ］），如获至宝，当即记录下来。"害"用作对象介词，跟上举老北京话"谁害他顽"中记作"害"的连－介词音义用法皆同，可以推定佳县话中的连－介词［xæ］（姑妄标之）也源自"唤"。邢向东教授告知陕西吴堡话（属晋语吕梁片）与普通话连－介词用法平行的词读［xuəŋ³³］（阳平），不知是否与"唤"有关，待考。

② 《墨子·非儒下》："劝下乱上，教臣杀君，非贤人之行也。"《史记·淮阴侯列传》："若教韩信反，何冤?"此二例中的"教"《汉语大词典》释作"使、令、让"，但理解为"教"的原义也可通，为谨慎起见，暂不作为使役义的确切用例。

作使役义的动词"教"读阴平［kɔ］(《广韵》古肴切)，今音读 jiāo，并被读去声的"叫"替代，但在某些方言里还没有舌面化，仍读作阴平［kɔ］。

使役动词"教［kɔ］"用作连－介词主要通行于江淮官话，上海话 20 世纪中叶以后才开始使用（详见 2.2.2 各例）。根据同义词平行虚化的规律，我们可以推定使役动词"教"语法化的语境和路径跟间接使役动词"唤"相同，也是在变异兼语句中因发生重新分析引起的，一个创新的语法演变，总是发生在某个特定的颇受限制的语用和句法语义环境里。即：

ⅰ）A 教 B VP（"他教我去"，兼语句，B 单独去）→

ⅱ）A 教 B 共 VP（"他教我一起去"，变异兼语句，A、B 同去，教：让/跟）→

ⅲ）A［［教 B］共 VP］（"他教我一起去"，主谓句，教：跟）

2.2.2 方言资料中连－介词［kɔ］或写作"教"，或写作"高、交"，还有写作"告"或"搞"的。写作"高、交"者，与"教"的方言音（阴平）同音，写作"告、搞"者声调有别，根据学理其本字应是"教"。先看下面的例子（凡注作"黄"的，皆取自黄伯荣，1996）：

上海话 教［kɔ34］：

伴随介词：侬帮伊好，教我勿搭界（你跟他好，跟我没关系）｜我倒要教㑚领导讲讲清爽看（我倒要跟你们领导讲讲清楚）。（黄，第 528 页）

并列连词：我教侬老朋友哓！（我和你是老朋友了！）｜我教伊拉阿哥一道去辩（我跟他哥哥一起去的）。（黄，第 539 页）

王世华、黄继林《扬州方言词典》记作"高"：

【高】［kɔ］＝〚跟〛。（第 162 页）

【跟】=〖高〗[kɔ] 连词，表示联合关系；和：老张~老王两个人去。(第285页)

刘丹青《南京方言词典》记作去声的"告"[kɔɔ]，对其语法功能的描写比较全面（应以介词为义项❶，连词为义项❷），现照录于下：

【告】[kɔɔ] ❶连词，相当于北京话"和、跟"：我~他一阵去｜王师傅~李师傅是老朋友了｜下午頑了中山陵~明孝陵。❷介词。A) 同：我想~你商量件事情｜我不~他合伙了。B) 向、对：有意见你直接~我讲好了。C) 向、问：他~你借了多少钱？｜你去~他把东西要回来。D) 替、为：你就不要去了，我去~你买回来吧。E) 引进比较对象：他就~他爹一个脾气｜我的想法倒~你不一样。(第149页)

黄伯荣（1996）记作上声字"搞"的有江苏淮阴话和安徽巢县话：
江苏淮阴话 搞 [kɔ¹¹] 相当于普通话的"和、跟"：

伴随介词：这家伙做事~人不一样。（黄，第526页）
并列连词：晶晶、亮亮~小强子都是一个班的｜等等，你~我一起走。（黄，第538页）

安徽巢县话 搞 [kɔ] 相当于普通话"和"：

伴随介词：婆婆搞媳妇不和（婆婆跟媳妇不合）｜搞他一块去的人都回来吱了（跟他一起去的人都回来了）。（黄，第525页）
并列连词：老大搞老二都在上高中｜前个搞昨个两天下吱没歇（前天和昨天两天雨下得没停）。（黄，第538页）

不管记作什么字，方言中的读音都没有[i]介音，区别仅在于调类，我们相信其本字是动词"教"[kɔ]（阴平）。因为"教"是使役动词，根据平行虚化的规律，使役动词"教"可以在变异兼语句里（VP为集合动词）发生跟广义使役动词"唤"同样的语法化。

南京方言的连－介词读作去声的"告"该怎么解释呢？我们知道，动词"教"除阴平音外，另有去声一读（《广韵》古孝切）。去声音的"教"词义由"教育、教导"引申为"指点、告诉"（见《汉语大词典》），跟平声的"教"词义相近相通，虚词读音容易混用。也就是说，南京话的连－介词从根子上源自平声的"教"，只不过在口语中选择读去声的"教"。至于为什么选择去声音，我们推测可能跟间接使役动词"叫"的兴起有关。"叫"由"呼叫"义引申为间接使役动词（这一步跟"唤"相同），自明清之际逐渐广泛使用，在现代汉语口语里使役动词"叫"的势头比阴平的"教"[kɔ]大得多，通行的范围也广得多，以至于普通话中读作阴平的使役动词"教"已被去声的"叫"替代。其过程应是：教（阴平）→教（去声）→叫（去声）。源于使役动词"教"（阴平）的连－介词受新兴使役动词"叫"的影响遂混读为去声。

"交"和"教"是同音字，近代汉语和现代白话文献中"交"常用作"教"的音借字。那么连－介词［kɔ］有无可能源自动词"交"呢？回答是否定的。"交"（把事物转移给有关方面）不含有使役义素，它能用于双宾句（交他一本书）却很难单独用于兼语句（能说"交给他办"，却不说"交他办"），不具备在变异兼语句中语法化为伴随介词的句法语义条件，所以它不可能是连－介词［kɔ］的源头。"高"是形容词，它只是"教"的同音替代字。至于上声的"搞"，如果记音没有误差（安徽很多地方读阴平不读上声，我们对上声不能确信），就是这两个方言点的声调发生了异化。

三 源于给予动词的连－介词：给

3.1 给予义动词"与"

"与"为"给予"义动词，自古沿用至今（现代限于书面语），大致到清代才逐渐被"给"全面替代。给予动词"与"的词义是"使人获得"，用于双宾语句是它最典型的用法，例如：

(18)［重耳］乞食于野人，野人与之块。(《左传·僖公二十三年》)

当双宾句中的组合关系发生变化即直接宾语不是 NP 而是 VP 时，"与"的词义和功能就随之发生变化，其一是虚化为受益介词"替、为"：

(19)今子与我取之，而不与我治之；与我置之，而不与我祀之，焉可？(《韩非子·外储说左上》)

(20)陈涉少时，尝与人佣耕。(《史记·陈涉世家》)

其二是引申为使役动词"允许，致使，让"：

(21)曷为大之？不与夷狄之执中国也。(《公羊传·隐公七年》陈立义疏："与者，许也。")

(22)故忠臣也者，能纳善于君，不能与君陷于难。(《晏子春秋·内篇·问上》，不能让君主陷于灾难)

"与"的义素结构可以分解为"A 使 B 有 C"(冯胜利等，2008)，其中隐含着使役义素，因此"与"由"给予"动词引申为使役动词并不偶然。从原则上讲，当给予动词"与"引申为使役动词后，在平行虚化规律的作用下可以像使役动词"唤、教"一样在变异兼语式里被重新分析为伴随介词，然后再派生为并列连词。但是，由于伴随义动词"与"早在先秦就已语法化为连－介词，而给予义动词"与"跟伴随义动词"与"完全同形（用同一个汉字），所以我们无法以给予动词"与"为例证明从给予动词到伴随介词的语法化路径的真实性，但是"给"完全可以证明[1]。

---

[1] 周生亚（1989）认为"及"的连词、介词用法是同时由动词产生的，这一点与本文观点一致，但周文认为先秦两汉时期的介词、连词"与"源自"给予"动词义，则可商榷。训诂界多认为"与"的"给予"义不可能早于它的"一起"义。

3.2 "给"——从给予义动词到连–介词

给予动词"给"因类推发生了跟"与"平行的词义引申和功能虚化。当"给"的直接宾语不是NP而是VP时,"给"引申为使役动词"让,允许"例如:

(23) 或吃酒吃饭,造甚汤水,俱给雪娥手里整理。(《金瓶梅词话》11回)

(24) 邹师父是从来不给人赢的,今日一般也输了。(《儒林外史》53回)

这两例都是一般兼语式"A给B VP",B是VP的施事。但是,当VP是A和B共同的动作行为时,原兼语句的语义关系就发生了变化,"给"就有条件演化为伴随介词了,例如:

(25) 师傅请过来,给员外相见。(《济公全传》6回,引自洪波,2004)

(26) 吃过晚饭,仍到账房里,给乙庚谈天。(《二十年目睹之怪现状》17回)

(27) 这天,桂花卖线子回来,夜里给小荣坐在一块纺线。(冯金堂《黄水传》,引自闵家骥等,1991,河南方言)

(28) 春花给别人磨嘴,没一次是为自己的事。(同上,《春花》)

这四例中的VP或是集合动词"相见、谈天、磨嘴",或有副词"一块"修饰("一块纺线"),表明VP都是A和B共同参与的行为动作。语义关系的变化带来结构式的重新分析:由兼语句重析为主谓句:A［［给B］VP］,"给"也随着结构的重析由动词语法化为伴随介词。随着组合关系的扩大,"给"的介词功能也有所扩展。

"给"做连–介词的方言主要分布在河南、河北、江苏、山东等地。从苏晓青等(1998)《徐州方言词典》第173页"给"［ke^{55}］的释文和例

句可以看出"给"做连-介词的功能:

(29) a. 伴随介词:我给他拼了|我给你没完。
　　　b. 并列连词:今天的活儿就落下你给小王两个没干完了。

卢甲文《郑州方言志》里连-介词写作"给"[kei24]和"该"[kɛ24],写作"给"的如:

(30) 这老天爷也是给咱作对。(《故事》第161页,对象介词)
(31) 四面八方拉来哩砖头石灰堆哩给个小山一样。(《故事》第159页,比较介词)

写作"该"的如:

(32) a. 伴随介词:他正该一个朋友说话哩(第142页)|你该他说。(第146页)
　　　b. 并列连词:我该他一块儿去(第142页)|吸烟该喝茶都不中。(第147页)

"给"[kei24]应是郑州话的读书音,"该"[kɛ24]是郑州话"给"的方言音。何以见得?《汉语方言词汇》第614页记录下列方言"给"的韵母为单元音(略去调值):

西安:[kæ];合肥、成都:[ke];武汉:[kə]

另,王军虎(1996)《西安方言词典》第90页记录"给"音[kɛ]。上述官话方言点"给"字的单元音只有发音部位略高略低或略前略后之别,由此可以推知《郑州方言志》所记连-介词"该"[kɛ24]的本字也应是"给"(有学者怀疑以上读音的连-介词是"跟/搁"的变读音,恐非是)。

综上,从给予动词"给"到伴随介词的语法化路径可图示如下:

ⅰ) A 给 B NP（双宾式：给予）→
ⅱ) A 给 B VP（兼语式：允许、让。B 单独 VP）→
ⅲ) A 给 B 一起 VP（变异兼语式：让/跟。A、B 共同 VP）→
ⅳ) A ［［给 B］一起 VP］（主谓式：伴随介词"跟"）

给予动词"给"先在兼语句中引申为使役动词"允许、让"，然后跟使役动词"教/唤"一样沿着相同的步骤和方向语法化为伴随介词，这跟伴随义动词在连动式中一步到位的语法化的语境和路径明显不同，因此可以从语法化的原始语境上把源自使役动词和给予动词的连－介词归为一类。

四　源自数量结构的连－介词：两个（两）

4.1　湖南、湖北方言里的连－介词"两个、两"

据储泽祥等（2006）调查，在湖南西南官话常澧片的慈利、汉寿、安乡，湖北仙桃、湖北汉川市杨水湖、湖北天门、武汉江夏等方言点里，"两个"除做数量词外还可以用作并列连词，连接词或短语（"个"读轻声）。其中有些方言点"个"能脱落，"两"独立也能用作连词。笔者籍贯湖北仙桃（原沔阳县），从家乡人口中得知"两个、两"可用作连词和介词，其功能与"和、跟"等连－介词相同。下面先看湖南慈利通津铺话里"两个"的特殊用法（例皆引自储文）：

A. 并列连词

我两个老妈子一路去的。(我和老婆一起去的)
我两个两个老师一路来的。(我与两个老师一起来的；后面的"两个"表数量)
书记两个县长都来哒。(书记和县长都来了)
排球两个篮球我都会打。(排球和篮球我都会打)
煮饭两个炒菜他都搞不好。(煮饭、炒菜他都不行)

→4）我两个两个老师一路来的。（主语不限于双数）

→5）排球两个篮球我都会打。（扩大到物）

→6）煮饭两个炒菜他都搞不好。（扩大到动词）

→7）你两个他比下子。（连、介两可）

→8）莫两个他讲话。（伴随介词）

  4.3 跟动词先是虚化为介词，然后进一步虚化为连词的"动→介→连"语法化常规顺序不同，数量词"两个"先在蕴含并列义的短语"我两个"的句子中演化为连词，然后依循平行虚化的机制扩大功能，产生各种介词的用法。这种特殊的语法化现象提供了一种由"连→介"的逆语法化路径的实例。这是因为"两个"的语法化起因和机制跟通常的实词虚化不一样，它不是通过"两个"在上下文语境中词义的虚化为起点的，而是在话语交流过程中，说话人为加强言语表达的明晰性而主观增添句子成分、引起句子结构改变引起的。这种因将短语中隐含的语义成分显现到短语表层而引发的语法化现象目前似少有人关注，很值得继续研究。汉语的事实表明，语言类型的不同和语言现象的复杂多样决定了语法化的路径、模式也具有相应的多样性，但不可否认，世界各种语言包括汉语在内，绝大多数情况下语法化的路径都是遵循着由实到虚，由较虚到更虚的原则的。尽管"两个"的语法化有些"另类"，但它同样是语义、语用和句法的合力所促成的，在语法化的过程中同样借助了类推、重新分析的机制，此所谓同中有异，异中有同也。我们不必因为某些特殊现象的存在而否认语法化的通则，同时也不认为可以把这种通则绝对化。

  4.4 学者或许会问：为什么"两个"的语法化发生在湖北、湖南沿江地区，而没有普遍发生在更多的地区？试解释如下：首先，这跟湖北、湖南沿江地区盛用"我两个、你两个、他两个"做主语有关。在"X两个"同位短语中，X（人称代词）在概念语义上应该是复数，如"我两个"="我们两个"，但在形式上却是单数"我"，这就为补出另一个未知项提供了可能。而在一些说"俺俩、我们俩"的方言区，由于其中的X已是复数"俺、我们"，所以不会发生在同位短语后再添加名词的情况。其次，"X两个"在韵律上是"1+2"组合关系，二者黏合度不高，X和

"两个"之间有小小的语音停延。有些地方习用"我俩",虽然 X 项形式上也是单数,但"我俩"是一个标准韵律词,"我"与"俩"比"我"与"两个"结合紧密,黏合度高,人们在心理上把它当作一个双音词使用,所以不容易发生分解现象。

五　结语

5.1　连-介词范畴的类型学意义

综上所述,汉语连-介词的来源至少有四种:(A)伴随动词;(B)使役动词;(C)给予动词;(D)数量词"两个"或数词"两"。汉语连-介词的四种来源提供了三类语法化模式:

　　ⅰ)伴随动词(甲)→ 并列连词
　　　　　　　　　　 → 伴随介词

　　ⅱ)伴随动词(乙)→ 伴随介词 —— 并列连词
　　　　使役/给予动词 ↗

　　ⅲ)X 两个 → 并列连词 → 伴随介词

对比 Heine 和 Kuteva 在《语法化的世界词库》里列举的世界语言里名词短语并列连词的四个来源:(1)"还";(2)伴随格标记;(3)双数标记;(4)数词"二"。我们发现:汉语与世界语言既相似,又有自己独特的个性。相似的原因在于并列连词在语义上的起码条件是论元要有两项并立的人或事、物,所以双数、数量词"两个"、数词"二、两"以及伴随动词天然地成为并列连词的来源,这反映了人类思维逻辑和语言认知上的一致性[①]。我们不清楚世界语言中有无源自使役动词、给予动词的并列连词,

---

[①] 其实,世界词库中源于"还"的并列连词在汉语里也并非无迹可寻。比如湖南汝城话"上昼适,还下昼适?"(上午走还是下午走?引自黄伯荣,1996)普通话的并列连词"还是"在"不管认识的还是不认识的,都得按章程办事"中可以用并列连词"和"替换:不管认识的和不认识的,都得按章程办事。近代汉语中也有同类现象,元杂剧中选择问句中的并列项之间可以用并列连词"共"或"和"表示,例如《元曲选·忍字记》:"那厮身材是长共短?肌肉瘦和肥?"(引自蒋绍愚等,第 459 页)这反过来证明选择问连词"还、还是"的句法功能与并列连词是相通的。

主从轻重等语义关系把伴随动词分为甲乙两类，从而归纳出其不同的两类语法化模式。"A、B一起做"，当A、B无主次之分时就成为并列连词产生的语义基础，如甲类伴随动词和同位结构"A两个"都不含有主从语义关系，因而它们可以不经由介词阶段而直接演化为并列连词。与此相对，当源头词隐含着主从语义关系时就成为伴随介词产生的语义基础。如前所述，乙类伴随动词（如"将、跟"）表达的是一种主从关系，其实，施受关系、使役与被使役的关系也是一种广义的主从关系。给予动词、使役动词、乙类伴随义动词都蕴含着"一方主动，一方被动"的深层语义关系，在这一点上三类动词是相同、相通的，这也是给予动词"给"和使役动词"唤、教"（而不是其他类动词）能跟伴随动词异源同归而且语法化模式相同的原因所在。使役动词、给予动词可以产生跟伴随动词相同的语法功能，"归根结底都是它们所处语言中义素结构的产物"（冯胜利等，2008）。

5.3 结构式的语法化

从上面所列四类词语语法化的路径图可以看出，"语法化过程涉及的并非单个词汇或语素，而是包含这个词汇或语素的整个结构式"，"总是需要特定结构式的句法结构和语义关系作为其语法化过程发生的语用、语义和句法条件"（吴福祥，2005）。本文中各类动词的语法化发生在连动式或兼语式中，这绝非偶然。因为连动式和兼语式中都至少有两个名词性成分和两个动词性成分，这些成分构成了比一般单句更为复杂的句法和语义关系，从而使得在语用过程中有机会因句中某个成分在组合关系上或语义上的细微变化而提供双重（或多重）理解和结构分析的句法环境。如在"唤、教、给"充当使役动词的变异兼语句中，VP（第二个动词）受"共、同"等副词修饰或为集合动词，致使动作的主体不限于兼语，也包括主语在内，从而使构式获得了"A、B一起做"的义素。"唤、教、给"能出现在跟连-介词所需的句法语义条件相契合的语境中，语境意义在推理过程中被它们吸收，因而能语法化为连-介词。反过来说，能出现在语义和结构相同的句法环境中的词汇项，原则上应能发生平行虚化现象，汉语的使役动词"教、唤"，给予动词"给"都语法化为伴随介词和并列连词就是很好的明证。语法化离不开特定的结构式或曰语境，研究一个词汇项的语法化也就不能离开它所存在的句式去孤立地考求。

5.4 语法化的词汇选择

诚然，语法化跟源词词义和句法结构有密切的联系，那么接下来的问题是：为什么是"给"而不是其他给予类动词如"赠、送"等语法化为连－介词？同样，为什么是"唤、教"而不是其他使役动词如"使、令"等语法化为连－介词？

先说"给"。"给"是给予动词"与"的替身，类推机制使它全面吸收了"与"的各项功能，清代以来在口语中广泛使用。"给"的义素结构是"使人获益或受损"，其组合能力很强，对语境依赖极少，不仅能用于人或物，也能用于抽象的事物；不仅能用于好的、有益的，也能用于负面的事物。如：要人给人，要物给物｜给机会｜给关怀｜给温暖｜给帮个忙｜给提个醒儿｜给敌人致命的打击。历史传承，高频使用，组合自由，词义泛化是"给"被选择的语用原因。"赠"的词义色彩庄重，适用范围有限。"送"是个多义词（如"送行、送别"；"递送、传送"；"断送、葬送"等），用作"馈赠"义多跟物搭配，远没有"给"那么自由。这样，在给予动词中"给"最具备语法化的条件。

再来说"唤"和"教"。刘永耕（2000）注意到使役动词的使役强度，冯春田（2000）、洪波等（2005）用使役范畴成员中使役义强度的差异来解释为什么只有一部分使役动词发生了向被动介词的语法化。洪文把使役范畴的使役强度连续统分为三个等级：（a）命令型——高强度使役（如"命、遣、请、派、使、令"）；（b）致使型——中强度使役（如语义泛化了的"使、令"和表示具体使役的"教、叫、让、与"）；（c）容让型——弱强度使役（如表示容让、容许的"教、叫、让、与、给"），认为："只有容让型使役动词才发生了被动介词化，而其他两类都没有发生被动介词化，因此可以断定，使役动词的被动化与它们的使役强度有直接关系。"这种思路也适用于解释"唤"和"教"被用为连－介词的原因。如前所述，"唤"由"呼叫"义引申为"招呼、呼请"义。在兼语句"A 唤 B VP"中由于"唤"的具体动作义弱化而演变为使役动词"请、让"。

吴福祥:《汉语语法化研究的当前课题》,《语言科学》2005年第2期。

席嘉:《近代汉语连词》,中国社会科学出版社2010年版。

尹世超:《哈尔滨方言词典》,江苏教育出版社1997年版。

尹世超:《东北官话的介词》,戴昭明主编,周磊副主编《汉语方言语法研究和探索——首届国际汉语方言语法学术研讨会论文集》,黑龙江人民出版社2003年版。

于江:《近代汉语"和"类虚词考察》,《中国语文》1996年第6期。

俞敏:《北京话本字札记》,《方言》1988年第2期;又见《俞敏语言学论文二集》,北京师范大学出版社1992年版。

张惠英:《北京土话连词"和"读"汉"音探源》,《中国语文》2010年第3期。

张玉金:《出土战国文献中虚词"与"和"及"的区别》,《语文研究》2012年第1期。

赵元任:《语言问题》,商务印书馆1997年版。

中国社会科学院语言研究所古代汉语研究室:《古代汉语虚词词典》,商务印书馆1999年版。

周生亚:《并列连词"与、及"用法辨析》,《中国语文》1989年第2期。

朱德熙:《语法讲义》,商务印书馆1982年版。

鳟泽彰夫(整理、解说):《燕京妇语》,中国语学研究《开篇》单刊No.4,好文出版社1992年版。

Heine, Bernd & Kuteva, Tania. *World lexicon of grammaticalization*. Cambridge: Cambridge University Press, 2002.

(原载《中国语文》2012年第4期)

《现代汉语词典》与吕叔湘先生的辞书学思想

今年是我国语言学界一代宗师吕叔湘先生百年诞辰，中国社会科学院语言研究所于6月22—23日举行国际学术研讨会隆重纪念，来自日本、澳大利亚、美国、加拿大、法国、挪威和我国内地、港、澳、台的200多位著名学者与会，气氛庄重而热烈，是近几年语言学界的一次规模大、规格高的盛会，足见吕先生学术影响之广，思想道德感召力之大。今天语言研究所、商务印书馆等七单位联合召开纪念吕先生百年诞辰暨《现代汉语词典》出版30周年大会，与会者有500多位，盛况空前，意义不同一般。

十一年前，吕叔湘先生在纪念《现代汉语词典》出版20周年学术研讨会上的简短书面发言中说："我们编这部词典可以说尝尽了甘苦，或者说只有苦而没有什么甘。"① 吕先生说话一向实在，不事夸张，这番话可以让我们想见，他当初为编《现汉》吃了多少苦，付出了多少心血！《现汉》迄今发行4000多万册，不仅为我国的文化教育事业贡献巨大，而且在世界范围也有广泛影响。我多次听海外学者说，《现汉》和吕先生主编的另一部书《现代汉语八百词》，是海外华人和世界各国人民学习汉语的最重要的工具书。作为《现汉》的早期主编，吕叔湘先生，还有继他之后任主编的丁声树先生，为我国第一部规范性的现代汉语词典的诞生，筚路蓝缕，呕心沥血，作出了开创性的贡献，他们的名字，后人应该永远铭记；他们的事业，后人应该永远继承；他们的严谨学风和献身精神永远是后人学习的楷模。

---

① 吕叔湘：《在〈现代汉语词典〉出版二十周年学术研讨会上的书面发言》，《中国语文》1993年第4期。本文所引文章已收入《吕叔湘全集》（下简作《全集》），辽宁教育出版社2002年版。

《现汉》收词的科学性、系统性、现代性。按照这一方针制作的 100 多万张卡片成了编纂《现汉》坚实的语料基础。在没有计算机,一切靠人工的时代,在没有词频统计资料的时代,《现汉》的收词能达到这样高的水准,是很不容易的。现在,利用计算机语料库搜集资料、统计词频已成为辞书编纂的必然选择,仍用手工方法编词典显然是落伍了。不过不可否认的是,机器再灵,在某些方面也不能完全代替人的大脑和眼睛。语言所词典室的做法是把这两种手段结合起来,相互弥补。据我所知,语言所词典室的编写人员至今仍然坚持用手眼广泛搜集报纸、书刊、电视、广播等媒体上的新词新义,制成卡片,以备修订所用。这是从吕先生时代就一直坚持的做法,是保证《现汉》在资料上永远有源头活水的好传统。现今编词典,有一种取巧的做法,就是把各家词典所收的词汇搜集在一起,进行一番整合增删就齐了。这样做虽然比较省力,但往往难以照顾到词汇的系统性、收词的平衡性,容易顾此失彼,不是严肃的词典编纂者所取的做法。我们应该发扬《现汉》下大力气搜集第一手资料的精神,把词典编纂的基础工程打得更加牢实。

三 词典既要引导规范,又要面对语言实际

吕先生很重视我国语言文字规范化工作,很重视词典引导规范的作用。在他和罗常培先生为 1955 年现代汉语规范化会议所写的报告《现代汉语规范问题》一文中说:"词典是进行规范化的最重要的工具。"[①] 他和丁声树先生主编的《现代汉语词典》就是奉国务院之命,以确定词汇规范为目的。《现汉》的规范是全方位的,出版 30 年来一直起着引导语言文字规范化的积极作用,收到了很好的效果,语言学界和社会上都对此给予了高度评价。

这里我想特别说明《现汉》所体现的科学规范观。一方面,《现汉》全面贯彻执行国家已颁布的有关规范标准,维护国家标准的严肃性;另一方面,又妥善处理少数现有规范标准与语言实际相违的情况。对于现行的规范标准

---

① 吕叔湘、罗常培:《现代汉语规范问题》,《语言研究》1956 年第 1 期。

做到照办照用并不困难，难的是由于语言的发展变化或某些规范标准的制定受当时历史条件的限制而不够完善、不够妥当时怎么办？是视而不见，采取回避的态度，还是认真面对，妥善处理？《现汉》采取的是后一种态度。例如，"作"字，按照《异读词审音表》，除了在"作坊"一词中读阴平外，统读去声。按此标准，烹调用的"作料"就得念成"zuò·liao"，这显然违背语言实际。《现汉》的处理是，一方面按规范标准注音，另一方面在括弧里说明口语中多读"zuó·liao"。再如，制定于20世纪50年代的《第一批异体字整理表》以"渺小"的"渺"取代三个水的"淼"，应该说这种归并不尽合适，因为这两个字意义并不重合，"淼"没有渺小义，只在"形容水大"义上跟"渺"通用。现实生活中很多人都喜欢用三个水的"淼"做名字，如果按照《异体字整理表》，就要让以"淼"字为名的人改用"渺小"的"渺"做名字，这在老百姓那里根本行不通；近50年中，群众不管你的标准，照样使用三个水的"淼"字。当规范标准不符合语言使用实际时，词典编纂者应该怎么办？是机械地执行标准，还是在兼顾学术和语言实际的基础上做一些变通？《现汉》在两难之中选择了后者，即为三个水的"淼"字立目。类似的做法还有"修理"的"修"和"束脩"的"脩"，《异体字整理表》把"脩"作为"修"的异体字淘汰了，但无论是古代、近代还是现代，"束脩"的"脩"都不写作"修"。《现汉》为这两个字分立字头，客观反映这两个字意义和用法的相同点和相异处。这种变通的做法为某些标准的修订提供了依据，预留了空间。

　　实践已经证明《现汉》的这种做法是正确的。1986年经过修订后发表的《简化字总表》和《现代汉语通用字表》把《第一次异体字整理表》中淘汰的26个异体字重新确认为规范字，其中的23个字在《现汉》中一直是作为规范字立目的，这充分体现了《现汉》的真知灼见和前瞻性的学术眼光。这种求真务实、不唯书的科学态度和勇于创新的精神应该在学术界、辞书界大力倡扬。然而遗憾的是，有人居然把《现汉》这种以事实和学术为依据的变通视为违反规范而加以贬斥。机械的规范观误导人们特别是中小学生，只能这样，不能那样；不是对，就是错；不要问为什么，只要照着背就行了。这不利于培养独立思考的创造精神。语言规范的最根本原则是"约定俗成"的语言实际，现有国家规范标准都是以此为基础的。如果现有标准中有个别地方跟"约定俗成"的语言实际相违背，就有必要做相应的修订，国家语委过去对某些规范标准的撤销和修订都是基于这个原则的。一部高质量的词典既要严格执行国家标准，同时也要正确反映语言实际，促进规范标准进一步科学化、完善化，这是吕叔湘先生辞书学思想的突出特点。吕先生一贯尊重语言事实，他是不会削足适履，让语言事实屈从于显然不合适的人为标准的。《现汉》对类似上述问题的处理思路正是吕先生实事求是学术思想的体现，是在科学规范观指导下的有益实践。

四 标词类的前提是确定词与非词

关于标词类，吕先生说："首先，确定某一形式是词不是词（小于词的构词成分，或是大于词的词组）；其次，做出词的语法说明（包括标出词类）——这些，在汉语语法结构的研究还未取得满意结果的情况下，都是很难的课题。"① 这段话表明，吕先生认为给词标注词性首先要确定是词不是词，如果某个形式根本不是词，就谈不上给它标词类。进一步说，确定一个形式是词不是词要有历史观点，由于语言是发展变化的，在古代汉语里是词，到现代汉语里只是构词语素的情况非常普遍。比如"艰苦"的"艰"，古代有"困难"义、"困苦"义，都可以单独使用，是单音节形容词。其"困难"义如"非知之艰，行之惟艰"（《书·说命中》）。"改章难于造篇，易字艰于代句"（《文心雕龙·附会》）；其"困苦"义如"终窭且贫，莫知我艰"（《诗·邶风·北门》）。"长太息以掩涕兮，哀民生之多艰"（《楚辞·离骚》）。但在现代汉语中，"艰"的上述意义只出现在"艰难、艰苦、艰险、艰巨"等双音节词中，不能独立使用，是语素不是词。作为一部现代汉语词典，确定是词非词只能根据现代汉语的实际，如果把古代是词，而在现代汉语里只是语素的单音形式也标上词类，那就违背了学理，是标注词类之大忌。吕先生是语法大家，他深知汉语词类划分的复杂和繁难，认为在当时现代汉语的语法体系还未建立起来、词类划分标准研究不够深入、语法学界分歧较大的情况下，如果勉强标上，效果不一定好。尽管语言所《中型现代汉语词典编纂法》中的词条已标注了词性，吕先生还是决定《现汉》先不标注词

---

① 吕叔湘、罗常培：《现代汉语规范问题》，《语言研究》1956年第1期。

类。说《现汉》未标词类并不完全符合事实,细心的读者会发现,《现汉》在释义中已为全部虚词和实词中的代词、数词、量词注明了词性;名词、动词、形容词虽未明标词性,但从释语和例句的搭配中也可体会,可以说呼之欲出。从这里可以看出,吕先生把实事求是的科学态度和尽量为读者考虑的良苦用心是多么好地结合在一起的。近几年,为了准确地为《现汉》全面标注词类,语言所专门成立了标词类课题小组集中攻关,总结吸纳语法学界四十多年来的研究成果,多次征询有关专家学者的意见,确立了一个科学合理的、一以贯之的划分标准;在解决一批同类词的词性划分之后,又一个一个地解决那些按标准不易划分的跨类词、疑难词,力避标注错误和自相矛盾。这种严谨的科学态度是全面、正确地标注词类的前提和保障,可以期待,科学、正确的词类标注将成为下一次《现汉》修订本的新亮点。

五 义项排列顺序要视词典性质而定

吕先生热爱辞书事业,年近八旬时担任《汉语大词典》的顾问。他对《汉语大词典》有明确的定位,他说,现在出的词典有的只收古词,有的只收今词,《汉语大词典》好比古往今来汉语词汇的档案库。"比方说有那么50万个词,每个词有个档案,它是什么时候产生的,原来什么意义,她后来意义有变化,不出现了,不用了,或者只用这个意思,不用那个意思了。每个词写个档案袋,放在这个库里头,放在《汉语大词典》里头。《汉语大词典》就是这么个东西。"[①] 从这篇讲话可以清楚地看出,吕先生认为《汉语大词典》应是一部收词全面的大型古今词典,历时词典。作为一部大型历时词典,要全面反映词义产生的时代,词义发展变化的历史脉络,包括词义的消亡或部分消亡等。因此,作为历时性的词典,词的义项排列理所当然地应以词义发展的脉络为序。而《现代汉语词典》的定位是以词汇规范为目的的反映现代汉语词汇面貌的中型语文词典,吕先生确定《现汉》"分析词义以现代汉语为准,不详列古义,而且特别注意分辨基本的、常用的词的意义"。[②] 这就是说,作为共时性的词典,它的功能是反映词汇在共时平面上的语义、语用

[①] 吕叔湘:《在〈汉语大词典〉工作会议上的讲话》,《辞书研究》1982年第3期。
[②] 吕叔湘:《谈谈现代汉语规范化工作》,《人民日报》1959年11月26日。

以及语法上的特点,而不是词义的历时演变,因此义项的排列不必像历时词典那样按词义的发展脉络为序。一些学者也指出,共时性的现代汉语类词典的义项按词义发展脉络排列并不适当,实际上也很难做到。《现汉》的义项排列按照吕先生所确定的原则,突出了现代性、常用性,同时又兼顾义项间的逻辑关系,而义项间的逻辑关系往往跟词义的引申关系有相一致之处。例如"政党"的"党",《汉语大词典》按词义的发展脉络收了 11 个义项,其次序为:1. 古代一种地方基层组织,五百家为党。2. 亲族。3. 朋党;同伙。……6. 偏私。……直到最后第 11 个义项才是"政党"。《现汉》根据现代汉语的实际情况只收了 4 个义项,把现代常用性的义项摆在前面,把古代书面语的义项摆在后面。依次为:❶政党,在我国特指中国共产党。❷由私人利害关系结成的集团。❸〈书〉偏袒。❹〈书〉指亲族。可以看出,《现汉》对义项顺序的排列符合现代共时词典的要求,既科学又适用,体现了鲜明的时代性。

六 词典是集体智慧的结晶

据刘庆隆同志回忆,《辞书研究》编辑部 1981 年应读者要求拟发一篇《语言学家和词典编纂家——吕叔湘先生》的文章,吕先生知道后不同意发表,说:写人不如写事。一部词典的编成,不是一个人的力量,是集体智慧的结晶。不要做几天工作,就成了这个"家"那个"家",哪有这么容易,还是踏踏实实地做点实际工作为好。①《现汉》出版后,只写着中国社会科学院语言研究所词典编辑室编,没有署主编吕叔湘和丁声树先生的大名。除了业内人士,知道主编是吕叔湘、丁声树的人极少,知道吕先生、丁先生以及李荣先生等大师级的语言学家们为这部词典的编写、审读、修改、定稿怎样殚精竭虑、日夜工作的人更是少之又少(吕先生说他在一年多时间里差不多每天都要工作到夜间十二点,又不能太晚了,因为第二天还得早起照常工作;李荣先生说他为《现汉》看稿严重损坏了视力)。语言所和商务印书馆本可以据实做一番宣传和包装的,但出于对大师们风格的尊重,一直低调处理。

---

① 刘庆隆:《语言学家和词典编纂家——吕叔湘先生》(1997),《全集》第十九卷,第 438 页。

现在看来，过去对吕先生、丁先生等老一辈学者对《现汉》的贡献宣传得很不够，对他们在辞书编纂事业上的开创精神、献身精神以及严谨的学风宣传得也很不够，这本应该是激励后人步武前贤的最佳教材。我们应该把借名人以自重，进行夸大不实的炒作与尊重历史、实事求是的宣传介绍区别开来。

在纪念吕叔湘先生百岁诞辰和《现汉》发行30周年之际，重温吕先生的辞书学思想和崇高风范，我们应该加倍努力做好《现汉》的修订工作，吕先生说："凡是'现代'词典都要跟上时代，不断修订。"① 这一点过去《现汉》做得不够，应该大力改进。我们要遵照吕先生的指示，虚心学习其他词典的长处，俯首倾听专家学者和广大读者的意见，不断修订，精益求精；要密切关注现实语言生活的新发展、新变化，及时稳妥地吸收新词新义；既要保持《现汉》的原有特色，又要与时俱进，不断创新。吕先生说《现汉》是集体智慧的结晶。我想，这个"集体"不仅指语言研究所和语言所词典编辑室，也包含许多高等院校、政府部门以及社会各行各业的专家学者和普通群众。为了把《现汉》修订好，使它的质量提高再提高，我们仍要借助全社会特别是专家学者的力量，使《现汉》成为中国辞书的一个永久性标志品牌，为我国的文化建设作出更大的贡献，以此告慰吕叔湘先生、丁声树先生以及无数为《现汉》付出过心血的前辈们、同志们。

（原载《辞书研究》2004年第6期）

---

① 吕叔湘：《在〈现代汉语词典〉出版二十周年学术研讨会上的书面发言》，《中国语文》1993年第4期。

《现代汉语词典》第 6 版概述*

一

《现代汉语词典》第 6 版于今年 7 月上旬推出，距离 2005 年 6 月出版的第 5 版整整 7 年。

《现代汉语词典》（以下简称《现汉》）由我国著名语言学家吕叔湘、丁声树先生先后担任主编，自 1978 年正式出版至今已有 34 个年头；如果从 1956 年 7 月开始编写算起，已经走过了 56 年的历程。曹先擢、晁继周（2002）从辞书史的角度，把《现汉》跟 1937 年开始出版、延续多年陆续出齐的首部现代汉语词典《国语词典》加以比较，认为《现汉》在诸多方面突破了《国语词典》的时代性局限，较好地解决了收词、注音、释义、举例等一系列问题。该文认为："《现代汉语词典》是第一部确定现代汉语词汇规范的词典。在它之前还没有这样的词典；它以后的同类性质的词典则是沿着它开辟的道路在某一些方面加以改进的。从这个意义上说，《现代汉语词典》是汉语辞书发展史上的一个里程碑。"[①] 这一评价客观、中肯，已成为辞书界乃至语文学界的共识。《现汉》的历史性成就使它在促进我国语言文字规范化和语文教育、文化建设诸方面发挥了重要的作用，由此也为它赢得了极高的学术荣誉。

---

* 本文在写作过程中和初稿草就后听取了修订组同人的意见，蒙他们提出许多重要的修改意见和建议，对笔者极有启发；王伟同志为笔者从《现代汉语词典》数据库中调出有关资料，提供了很大的方便，在此一并致谢。文中如有不妥之处，应由笔者本人负责。

① 2004 年在中国社会科学院语言研究所召开的纪念吕叔湘先生百年诞辰的国际研讨会上，曹先擢教授再次撰文评价："《现代汉语词典》成为我国第一部民族共同语即普通话的词典，在辞书史、文化史上树立了一块丰碑。"（曹先擢，2010）

吕叔湘先生说："凡是'现代'词典都要跟上时代，不断地修订。"①连本次修订在内，《现汉》较大的修订有3次（前两次为1996年第3版、2005年第5版）。历次修订都遵循促进现代汉语规范化的宗旨，本着精益求精的态度，修正错误，改进不足，积极稳妥地吸收学界的相关研究成果和广大读者的意见，力求跟上时代的发展和社会语言生活的变化，从而使这部词典的质量不断得到提高。

关于《现汉》的修订，吕叔湘先生生前有一个深远的打算。1993年他说："我们现在的计划是先编一本《现代汉语大词典》，然后再利用它来修订《现汉》。"②《现汉》第6版的修订正是以《现代汉语大词典》的编撰为背景的。2005年，《现代汉语大词典》（以下简称《大现汉》）作为中国社会科学院重大课题正式启动，参加者有语言研究所研究人员和院外学者计30余人。为了保证编写质量，课题组认真学习总结《现汉》的编写经验，针对《现汉》编写和修订中尚未全面系统解决的若干问题前后拟定了十多个研究专题，由课题组和所内研究人员逐一进行调查研究。主要专题是：

1. 以《规范汉字表》（征求意见稿）为参照的新增字头形音义的梳理；
2. 《现代汉语常用词表》与《现汉》的收词原则；
3. 同形同音词的确定与立目；
4. 兼类词的标注与虚词释义的完善；
5. 释义提示词的使用；
6. 涉〈书〉〈方〉〈口〉条目释义的检视与修订；
7. 正词法的贯彻与轻声词、儿化词的标注；
8. 语言学名词术语与外来词、字母词的收词与释义；
9. 表外异形词梳理及"做、作"之分。

2008年，《大现汉》课题组基本完成了初稿的撰写，因工作需要转而投入对《新华字典》第10版和《现代汉语词典》第5版的修订。尽管

---

① 见吕叔湘（1996）。
② 见吕叔湘（1996）。

《大现汉》的初稿未经打磨还十分粗糙，但正如吕先生当初所设想的，《大现汉》的编撰实践以及上列专题研究的成果为"二典"的修订做了学术上的准备。在整个修订过程中，我们始终贯彻"植根学术，跟进时代，贯彻规范，系统稳妥"的方针，以守正拓新，与时共进为目标，着力在提高词典的科学性、时代性、规范性和实用性上下工夫。

二

遵循《现汉》引导规范的一贯宗旨，本次修订在全面正确贯彻以往国家有关语言文字和科学技术等方面的规范和标准的同时，还注意吸收和反映近些年来国家语言文字工作委员会组织专家学者制定、修订的有关字形、字音等方面的规范标准的最新成果；除了常规性的增删改外，还对一些以往历次修订没能触及的问题进行了系统的调查研究和处理。修订的主要内容有下列各项：

1. 依照规范标准审慎确定字形、字音；对字头的简繁、正异关系进行了梳理；增加单字 600 多个（以地名、姓氏及科技用字为主），共收各类单字 13000 多个。

2. 增收新词语和其他词语近 3000 条，增补新义 400 多项，删除少量陈旧的词语和词义，共收条目约 69000 余条。

3. 参照国家语言文字工作委员会《汉语拼音正词法基本规则》修订课题组和《普通话轻声词儿化词规范》课题组的意见，对条目的注音做了修订。

4. 以意义为主要标准，对同形同音条目的分合做了调整；根据学理和语言使用的实际，调整了一批异形词的主副条。

5. 按类别（如"口语词、方言词、文言词、专科词、外来词、西文字母词"等）对释义进行全面的检查和修订，对释义提示词（以"比喻、形容"为主）也做了统一的修订。

6. 复查了词类标注，在保持原有词类标注体系的基础上，对少数词的词类标注做了修订。

7. 本着更好地配合释义，体现用法以及扩大词汇信息量等原则，对例词、例句做了相应的增删和修改。

8. 配合释义增补了近百幅古代器物等方面的插图①。

9. 根据有关标准和新的研究成果对检字表和附录做了修订。

此外，也对《凡例》中的有些文字和内容做了相应的改动。由上可知，本次修订涉及面广，内容更新度大，是一次较为全面系统的修订。下面仅就收词、义项排列、注音、异形词整理、同形同音词条目的分合、释义提示词的使用和释义等七个方面的修订做些介绍和说明。

（一）新词、新义、新用法的增收

动态地反映新时期汉语词汇发展的新面貌、新特色，是现代语文词典修订的重头任务，本次修订充分利用各类语料库和计算机网络对近几年的新词、新义和新的用法进行广泛搜集、认真筛选、审慎取舍。与此同时，还利用计算机数据库对《现汉》中的100多项内容进行横向统查，适当填平补齐，以提高收词的系统性、平衡性和周延性。

1. 新增词语要览

《现汉》第6版增收新词和新的义项主要依据通用性和生命力原则，重点在于及时反映词汇系统的发展变化，促进语言使用的规范化。所谓通用性是指在社会上使用面广，地位比较稳固，已被主流媒体认可的；所谓生命力，是指持续使用的时间长，久而不衰的；有的虽然出现时间短，但合语法、表现力强，且能在意义、用法或感情色彩等方面对汉语词汇系统有所补充，有所丰富的。

（1）反映我国新时期特别是近几年来涌现的新事物、新概念和社会生活的新变化及人们的新观念。

改革开放以来，我国进入以经济建设为中心的新的历史时期，继第5版之后，第6版中又增收了大量与经济领域有关的新条目，如"产能、产业链、客服、环比、负资产、存款准备金、第一桶金、民营企业、非公有制经济、后工业化、文化产业"等。近十几年来，越来越多的百姓选择以

---

① 《现汉》第5版原有配图约50幅，内容涉及人体、动植物、天文、数学几何、建筑等多方面，此次修订只对其中两幅图（太阳系、轮子）有所修改。

股票和基金作为家庭理财和投资的方式，第 6 版中仅与股票交易活动有关的术语就增补了"爆仓、唱多、唱空、抄底、换手、挂单、见底、见顶、老鼠仓、领涨、期权、权证、权重股、升水、公募、私募、托收"等近 20 条新词目。

在社会建设和管理方面收了"三险、社会保障基金、住房公积金、医疗保险（医保）、医改、非政府组织、维稳、民调、首问制、述廉、征信、调峰、限行、摇号、调节税"等条目；与环保有关的增收了"低碳、高碳、碳汇、减耗、减排、减碳、新能源、光伏效应、电子污染、太空垃圾、脏弹、二手烟、厨余垃圾、地沟油、垃圾食品"等条目，由此看出我国的社会建设正在稳步推进，社会管理更趋开放性和科学化，环保意识也大大增强。

与群众日常生活相关的新词语是修订本增收词语的重点，比如与住房相关的新增了"产权证、房贷、房卡、群租、房改房、二手房、廉租房、两限房、经济适用房"等；与交通出行有关的有"摆渡车、接驳、动车、屏蔽门、高速铁路（高铁）、轨道交通、减速带、劝睡区、空中管制、空中走廊；车贷、车险、交强险、概念车、代驾、酒驾、醉驾、爆堵"等。很多新词语反映了时下某些社会群体新的生活方式，如"首付、扫货、拼车、拼购、拼客、团购、网购、网聊、美甲、瘦身、塑身、餐叙、茶叙、陪餐、陪聊、自驾游、自由行、自助游、背包客、移动办公"等；源自西方的"父亲节、母亲节、感恩节、情人节"等词语进入本词典，反映了中西文化的交流与融合。"洋插队、落地签证、申根协定"等条目是众多国民走出国门的写照。

计算机与互联网进入千家万户，第 6 版新收了近 40 条有关的条目，例如"播客、博客、博文、跟帖、超链接、超媒体、超文本、电子书、电子政务、内联网、物联网、网上商店、网络综合征、网评、网瘾、微型博客（微博）、移动硬盘、云计算"等。

进入社会转型期，市场经济在促进生产力发展的同时也给社会风气和人们的价值观带来一些负面影响，第 6 版没有回避这些反映社会负面现象的词语，例如："拜金主义、傍大款、三陪、买春、买官、卖官、碰瓷、吃回扣、潜规则、封口费、关系网、官本位、官瘾、贪腐、贪渎、葫芦案、假唱、冷暴力、霸王条款"等;"闪婚、闪离、试婚"等词语反映了传统婚恋观所受到的巨大冲击。

第6版增收的准社会身份类名词直观地反映了一些新的社会群体及其特点,例如"北漂、草根、社工、达人、高管、独立董事(独董)、愤青、款爷、名嘴、娱记、香蕉人、小皇帝、蚁族、月光族、全职太太"等。

(2) 反映改革开放大环境下外来词、方言词或地区词对普通话的影响。

改革开放以来,由于社会的开放和人员的流动,一些外来词、方言词和港澳台地区词大量进入普通话,为民族共同语词汇的丰富发展提供了新鲜的养分。第6版收入的外来词主要来自英语和日语,前者如"博客(blog,是weblog的简称)、微博(microblog)、丁克(DINK,是dual income no kids 的缩写)、晒(share)、粉丝(fans)、嘉年华(carnival)、脱口秀(talk show)"等;后者如"刺身、定食、寿司、天妇罗、榻榻米、通勤、手账、数独、新人类、宅急送(宅急便)"等。方言词、地区词以粤港澳地区对普通话影响最大,除了第5版已收的"埋单、炒鱿鱼"等以外,第6版又增收了"八卦、搞掂(搞定)、狗仔队、无厘头、手信、饮茶"等;由于赵本山小品和电视剧的广泛影响,东北方言的"忽悠、嘚瑟、指定"等方言词也收进了第6版。台湾地区有些词汇在内地广为传播,第6版收了"呛声、挺(支持)、力挺、糗、出糗、捷运、空中大学、劈腿、软体、硬体、管道(渠道)"以及与选举文化有关的"拜票、谢票、站台"等词。有些外来词实际上是辗转借用,如第6版所收"宅男、宅女"直接的来源是港台地区,深究起来却是由日本的"御宅族"演变而来的。

此外,在《现汉》附录《西文字母开头的词语》中,第6版增收了媒体中常见的 CPI(居民消费价格指数)、PPI(工业品出厂价格指数)、PM2.5(空气中漂浮的直径小于2.5微米的可吸入颗粒物)、ECFA(海峡两岸经济合作框架协议)、FTA(自由贸易协定)等与人民生活密切相关的字母词,以方便读者查知。

(3) 吸收词汇学和语法化研究的新成果,增收一些已经词汇化了的词语。

汉语的合成词绝大多数是在词汇层面形成的,但是也有相当数量的合成词是在短语或句法结构（包括跨层结构）层面因前后两个成分经常邻接挨连而逐渐凝固为合成词的，人们很容易忽略这类合成词作为词的身份。说起跨层结构合成词，早在 1960 年《现汉》（试印本）就把"的话"（dehuà）作为语气助词收进词典，显示出吕、丁二位先生独到、前卫的学术见解。《现汉》此前先后收了因省略了短语中的修饰语而词汇化的方位词"之后、之前"，这次又收了以相同方式词汇化的篇章连词"之所以"。有些与体标记"了"连用而词汇化的词，《现汉》以前收了"罢了、得了、为了"（"了"读轻声 le），这次又增补了"对了（表示同意或突然想起一件事）、好了（在句末表示听凭、不在乎的语气）、算了（在句末表示祈使或终止的语气）、完了（用在句中表示前后话语之间的承接）、行了（表示结束或制止）"等。与体标记"着"连用而词汇化的词，《现汉》以前收了"跟着、接着、为着、意味着、悠着、有着"等十多个，这次又增收了介词"本着"和"随着"。此外，这次修订从系统性考虑，把《现汉》以前已收但收得不全的"－于、－乎、－及、－以、－自"等跨层结构合成词补收了一些进来，例如"碍于、擅于；出乎、于是乎（连）；论及、念及；聊以（副）、致以；出自、来自"等（未注词类的为动词）。确定补收上述一类合成词，是修订组在判断词与非词认识上的一次深化。由于词汇化的发生是一种历史的渐进的变化过程，哪些结构已完成这种变化而质变为一个词汇单位，哪些结构还处在量变的过程中，有时还把握不准，所以本次修订采取比较谨慎的态度，只把那些没有异议的收进来，对于还有不同意见的、还不十分肯定的，则宁可暂时不收，待日后考虑成熟了再说。

2. 新增义项管窥

《现汉》第 6 版新增的义项绝大多数是从旧词衍生出来的、已在社会上广泛使用的新义和新的用法，例如：

比喻义：【放电】❸比喻异性间用眼神传情。【漂白】❷比喻通过某些手段，把非法所得变成合法所得：这个贪官把大量赃款~后存往国外。【空手道】❷比喻不付出本钱或代价而取得回报的招数：他在生意场上大玩~。

借指义：【大使】❷借指为推动某项事业的开展而做推介、宣传等工作的代表性人物：

爱心~｜绿色环保~｜奥运形象~。【开心果】❷借指能给人带来快乐的人（含诙谐意）。【眼球】❷借指注意力：吸引~。

泛指义：【摊薄】❷泛指事物的数量、程度等由于其他因素影响而减少或减弱：~成本｜~风险。【败笔】❷泛指事情中做得不好的部分：这座建筑破坏了城市的整体布局，是一大~。

特指义：【小白脸儿】❷指以情人身份依傍有钱女性的年轻貌好的男子。

转类义：【纠结】❸形思绪纷乱，心情烦闷：生活的压力让我很~。【山寨】❸形属性词。仿造的；非正牌的：~货｜~手机。❹形属性词。非主流的；民间性质的：~文化｜~足球队。

虚词义：少❻副 别；不要（用于命令或祈使）：你~来一这套！｜我忙着呢，你~烦人行不行！【难道】副❷表示揣测的语气：都半夜了还亮着灯，~他还没睡？【要不】❸副难怪；怪不得：~他生气呢，原来你说着他的痛处了。

新用法：被❻动用在动词或名词前，表示情况与事实不符或者是被强加的（含讽刺、戏谑意）：~就业｜~小康。雷❸〈口〉动使震惊：~人｜他的荒唐建议~倒了在座的专家。

"攸"字在第5版仅出了字头：攸〈书〉助所：责有~归｜利害~关。第6版在"攸"字下增出了双音词：【攸关】动关系到；涉及：~民生｜~人民的福祉。这反映出"攸关"已经词汇化为及物动词的新用法。

修订中我们发现有些外来词成分有很强的组词能力，已经语素化。比较早就已语素化的"酒吧"的"吧"（bar 第5版收了"吧台、吧女、网吧、氧吧"，第6版增收"话吧"）、从粤港地区"的士"（源自英语 taxi）简化而来的"的"（打的、的哥、的姐、面的、摩的、板的），后来又有由"水门事件"而产生的类后缀"门"（抄袭门、学历门）、源自英语的"秀"（show 达人秀、内衣秀、走秀、作秀、秀场）等等，这些新义新用法在《现汉》第6版或立为字头或增列为新的义项，这里就不再引述了。

如前所说，新词新义新用法的增收依据通用性和生命力原则，除此以外，我们还综合考虑了引导社会的使用和语言自身的规范等因素，并非见新就收。例如收了"宅男、宅女"，却没有收"剩男、剩女"；收了"泡吧"（第5版），却没收"泡妞"；收了"裸婚"，没收"裸官、裸奔"；像"哈韩、哈日、犀利哥、虎妈、狼爸"以及"性工作者、同志（同性恋者）、援交"一类词语目前都以不收为宜。① 对于新的用法，也视情况而定，例如收了"雷"的动词用法"使震惊"，却暂不收"超、巨"的副词用法（如"超可爱、巨有才"）。港澳台地区"有"的副词用法（用在某些动词前面，表示行为动作曾经发生或事情已经完成：这道题目我～考过｜钱～拿来啦）近几年来对内地有一定的影响，考虑到这与普通话语法的规范有关，决定缓收，继续观察一段时间再说。

从上面粗略的介绍可以看出，《现汉》第6版增收的新词、新义、新用法比较全面地反映了新时期尤其是近七八年来汉语词汇系统的新面貌，这些新词新义像一面广角镜全方位地折射出社会的深刻变化，富有强烈的时代气息；另一方面，有些新词新义的增收反映了词汇学研究的新成果、新认识，有较高的学术含量。

（二）义项排列的顺序

多义词的义项之间通常有内部联系，辞书对多义词的各个义项不能随意无序地排列，而要尽可能科学地反映这种联系。如何安排辞书中多义词各个义项的顺序，要视辞书的定位而定。历时性词典、古代汉语词典因为要反映

---

① 有读者认为词典是工具书，应该全面记录社会词汇，不应该从价值观角度加以取舍。我们的看法是，《现汉》作为一部规范性的中型语文词典，既要坚持描写性，也要体现规范性，对新出现的新词新义不可能不加选择地见词就收。拿读者质疑较多的"剩男、剩女"和"同志"（指同性恋者）来说，"剩男、剩女"的词义尚不够确定，独身主义者似不属于"剩"族，离婚后单身的男女是否属于"剩男、剩女"？另外又考虑到这两个词含有对某些人群不够尊重的负面意义，所以决定此次不收，有不提倡使用的意图在内。不收"同志"的特殊含义，一是考虑到同性恋这一事物在我国还处于比较隐秘的阶段，没有必要过早地在社会上聚焦。二是用我国社会最惯用的彼此间的称谓"同志"来指称同性恋者也会造成使用中的混乱。总之，对这类词的收录，与其超前不如滞后，取舍之间确实有编纂者的价值取向。当然，目前不收不意味着今后也不收，收与不收要视这些词今后的发展情况而定。各类语文词典的定位不同，规模不同，事实上，除了超大型词典，没有一部词典的收词没有留下人为挑选的痕迹。

词义产生的时代，词义发展变化的历史脉络，包括词义的消亡或部分消亡等词义发展变化的历史过程，所以理所当然地应该以词义引申发展的脉络来排列义项的顺序。那么，现代共时词典是否也应该不折不扣地贯彻这一原则呢？吕叔湘（1958）《〈现代汉语词典〉编写细则》第（68）条说，"分析词义以现代汉语为准"，不详列古义。第（92）条说："词义分项排列的先后，基本的在前，引申的在后；一般的在前，特殊的在后；具体的在前，抽象的在后。虽然不必考求词义历史发展，但是维持上面的原则对于读者的理解是有帮助的。"这些原则实事求是，思虑周到，跟《现汉》作为一部以普通话词汇规范为目的的共时性语文词典的定位凿枘相合。从吕先生的话中可以看出，"以现代汉语为准"丝毫不意味着不考虑词义的引申脉络，只是表明不以词义引申脉络作为规定性的、唯一的原则；不详列古义，不是不列古义，而是根据现代汉语的使用情况有选择地收列古义。《现汉》的义项排列按照吕先生所确定的原则，突出了现代性、常用性，同时又兼顾了义项间的引申关系或逻辑关系。这里仅举《现汉》与历时性语文词典《汉语大词典》（以下简称《汉大》）中"党""告"二词为例。

党¹（黨）dǎng ❶[名]政党，在我国特指中国共产党：~章｜~校｜入~。❷由私人利害关系结成的集团：死~｜结~营私。❸〈书〉偏袒：~同伐异。❹〈书〉指亲族：父~｜母~｜妻~。（《现汉》）

黨 1. 古代一种地方基层组织。五家为邻，五邻为里，五百家为党。2. 亲族。3. 朋党；同伙。4. 结成朋党。5. 犹类。6. 偏私。7. 知晓，晓悟。8. 处所。9. 时。10. 辈。11. 政党。在我国特指中国共产党。12. 通"谠"。正直。（《汉大》，略去书证，下同）

《汉大》按词义的发展脉络收了12个义项，《现汉》仅收了其中的4个义项（不列古代"五百家为党"等现在早已消亡的义项）；而且二典义项顺序大不相同，《现汉》把"政党"义放在首位，把现在很少使用或基本不用的"偏袒"和"亲族"义放在后面，并标示〈书〉，完全符合现代汉语的使用实际。

告 gào ❶把事情向人陈述、解说：~诉｜~知｜广~｜报~｜通~｜忠~。❷[动]向国家行政司法机关检举、控诉：~状｜到法院去~他。❸为了某事而请求：~假｜~贷。❹表明：~辞｜自~奋勇。❺[动] 宣布或表示某种情况的实现：~成｜~罄｜~一段落｜事情已~结束。(《现汉》)

告 1. 上报；报告。2. 告谕。3. 告知；告诉。4. 祷告；祭告。5. 表明；宣告。6. 求；请求。7. 休假。8. 告发；控告。9. 告身。10. 指封赠。(《汉大》)

《汉大》"告"的前四个义项核心义素相同，只是细分了下对上、上对下、平辈或普通人之间、人对神明或祖先等不同场合，而这些在现代汉语已无加以分别的必要，故《现汉》把它们合而归纳为义项❶；《汉大》第 7、9、10 三义现代已经消亡，故《现汉》不列。《汉大》把"告发；控告"列为靠后的第 8 义项，《现汉》则根据现代使用频率列为第二个义项。可见，辞书的性质和定位决定了其义项的排列次序。

现代语文词典是否应该按历史发展脉络排列义项是一个学术问题，学者可以各抒己见，展开讨论①。这里要指出的是，现代语文词典完全按词义发展脉络为序在操作层面会有困难和问题。其一，由于文献不足或研究不够等原因，有些词义的脉络很难厘清。其二，即使脉络清楚的，由于某些古义现代已经消失，造成脉络中断，无法逐一系联；如要强行系联，就不得不多收古义，这样做使得"古今死活都混在一处"（王力先生语），可能治丝益棼。在义项如何排列的问题上，第 6 版坚持老《现汉》的思想，不以考求词义历史发展为己任，而是立足现代，着力反映现代汉语的使用实际；同时也注意科学地反映词义间的引申和逻辑关系，力求把二者有机地结合起来。根据这一精神，本次修订对《现汉》某些排列不够妥当的义项顺序做了相应的调整。

---

① 新修订的《汉语拼音正词法基本规则》（GB/T 16159 2011）已发布，并已上报给国际标准化组织（ISO）作为中文罗马化新的国际标准加以使用。

（三）关于条目的注音

1. 鉴于国家语言文字工作委员会《汉语拼音正词法基本规则》修订课题组和《普通话轻声词儿化词规范》课题组的研究成果已通过有关专家和机构的鉴定，《现汉》第6版参照这两个规范标准对部分条目的注音做了修订。其中多字条目，是词的，注音连写。词组、熟语按词分写。其中，四字成语结构上可分为两个双音节的，在中间加短横"－"，如"乘风破浪"注作 chéngfēng－pòlàng，"汗马功劳"注作 hànmǎ－gōngláo；不能分为两个双音节的，全部连写，如"一技之长"注作 yījìzhīcháng，"一衣带水"注作 yīyīdàishuǐ[①]。

《现汉》第6版参考《普通话轻声词儿化词规范》的意见，根据普通话读音的实际变化减少了一些不区别意义的必读轻声或儿化的词的数量。有些过去必读轻声儿化的词，根据实际语言的变化，有的改注可以两读（如"码头、妥当、学生"可读轻声也可不读轻声，原"暗间儿、宽心丸儿"改为可读儿化也可不读儿化），有些过去可以两读的词此次根据实际情况向两边靠，或改注本调（如"白天、看望、小姐"），或改注只读轻声儿化（如"腌臜、荸荠、邋遢"只读轻声不读本调，"变味儿、炒肝儿"只读儿化）。这样处理能减轻广大群众学习普通话的难度，有利于普通话的进一步推广。

2. 本次修订进一步贯彻《普通话异读词审音表》（以下简称《审音表》），《现汉》原与《审音表》统读音不同的"括、唯、挟"三字改从《审音表》统读音，但是"凹、荫"二字的读音仍从旧版，保留两读。我们的考虑是：

"凹"《审音表》统读 āo，这就意味着凡用"凹 wā"做地名的就得改用"洼 wā"字。"凹"旧版《现汉》有两读：āo、wā。这是考虑到"凹 wā"为方言地名用字，"洼"虽与"凹"同音，核心义素相同，但"洼"

[①] 关于这一问题，可参见董琨（2004）。孙德宣（1980）也说："至于义项的排列，一般语文词典可把基本义、通用义排列在前，喻义、引申义、方言义、古义排列在后。""古今兼收、源流并重的历史性大词典应该严格按照词义演变的先后排列。"

的外延小于"凹",故仍保留"凹"的 wā 音。这样处理跟同为方言地名用字的"窊"wā 相一致:

凹 wā〈方〉同"洼"(用于地名):茹~(在河南)|万家~(在云南)|碾子~(在陕西)。

窊 wā〈方〉同"洼"(用于地名):南~子|赤泥~(都在山西)。

"荫"本有阴平 yīn 和去声 yìn 两读,《审音表》规定"荫"统读去声 yìn,只能用于"封妻荫子"、"荫庇"等词。按此规定,"林荫道"就只能写作"林阴道",但很多群众出于文化心理等方面的原因不予认可,在实际使用中仍然写作"林荫道、柳荫街"等。《新华字典》和《现代汉语词典》做了变通处理,在"荫"字下根据历史和语言实际收了 yīn 和 yìn 两个音,兼出"林荫道"和"林阴道",以"林荫道"为主条,"林阴道"为副条。我们认为应该尊重和执行国家的规范标准,但是当少数规定明显不符合语言实际,不为大多数群众认可时,辞书可以做少许变通,为规范标准的修订提供依据,预留空间,这是对待规范标准的实事求是的科学态度。

3. 方言口语音和古旧读音的处理。

(1)删方言音,改注普通话音。

吴方言词"拆烂污"旧版《现汉》注音 cālànwū,但同为吴方言词的"拆白党"则注为 chāibáidǎng,本次修订删去"拆"的 cā 音,按普通话读音统注 chāi。

"芥"字旧版《现汉》有 jiè、gài 两读;相应地,"芥菜"也有 jiècài、gàicài 两读(gàicài 又作"盖菜"),"芥蓝"注作 gàilán。这是把普通话读音跟方言音搅在了一起。本次修订删去"芥"的方言音 gài。在"芥菜❷"下说明"因有的地区读作 gàicài,所以也写作盖菜"。这样不仅确定了"芥"的普通话读音,也厘清了"芥菜"与"盖菜"的关系。

(2)方言口语词按普通话注本调,括注方言变调,删变调字头。

旧版《现汉》为一些方言口语词里的方言音单立字头,如"屎壳郎"

注音为 shǐ·ke làng，为此立了去声的"郎"làng 字头。此次修订凡此类词改为词目下注本调，括注变调，不再出变调字头。例如删去"屎壳郎"的"郎"làng 字头，处理为：【屎壳郎】shǐ·keláng（口语里多读 shǐ·kelàng）〈口〉 名 蜣螂。

对于有些并非语流音变的方言音第 6 版依然保留，如"蹲"字《现汉》有 dūn、cún 两读：

> 蹲 dūn ❶两腿尽量弯曲，像坐的样子，但臀部不着地：两人在地头~着谈话。❷比喻待着或闲居：他整天~在家里不出门。（第 5 版第 348 页）

> 蹲 cún〈方〉脚猛然着地，因震动而使腿或脚受伤：~了腿。（第 5 版第 236 页）

有学者建议删去 cún 音，统读 dūn。我们鉴于ⅰ）"蹲"的 cún 音有韵书为据：《集韵·魂韵》：蹲，徂昆切，"《说文》：踞也。或作蹲。"《龙龛手镜·足部》："蹲俗，蹲正。音存，踞坐也。"ⅱ）敦煌俗文学写本里有多处实际用例①；ⅲ）现代北京话里"蹲"的 dūn、cún 二音词义不同，陈刚（1997）第 64 页收"蹲筋"cúnjīn 一词与《现汉》"蹲了腿"同义；另收单音词"存"cún，释义为"卷曲，不舒展。如：领子还存在里头呢，揪出来。"其实这个意思的"存"跟"蹲筋"（筋被弄弯曲而不舒展）的"蹲"是一个词，都不能读 dūn，故第 6 版维持不动。

（3）为口语中有比较通行的不同读音的词语括注变读音。

口语中有些词有比较通行的不同读音，如"大都、二流子、一会儿、正经（包括'一本正经、正儿八经'）、指甲、指头、作料、作死、密钥、主意"等，如果都按《审音表》和原字注音就会跟北京话实际读音不一致，读起来不自然，不像真实的语言，故《现汉》第 5 版采用林焘先生的意见，在少数变读词后面括注了北京话的实际读音。第 6 版全面贯彻这一

---

① 敦煌写卷中"蹲"（cún）多作"存"，为同音借字，如《汉将王陵变》"赚下落马，蹦跪存身"，《王梵志诗》"存坐无方便，席上被人嗔"。（黄征、张涌泉，1997 年，第 80 页）

做法，给上述各词都加上了括注。例如：

　　大都 dàdū（口语中也读 dàdōu）　　二流子 èliú·zi（口语中也读 èliū·zi）

　　密钥 mìyuè（口语中多读 mìyào）　　主意 zhǔ·yi（口语中也读 zhú·yi）

　　正儿八经 zhèng·er‐bājīng（口语中也读 zhèng·er‐bājǐng）

（4）对某些字词的古旧读音酌情或加括注或予以删除，例如：

　　乘 chéng ❸（旧读 shèng）佛教的教义：大～｜小～。（第 6 版第 169 页）

义项❸源自名词义（大乘是佛教的一个派别，主张普度众生，大乘指乘坐的大车），应跟做量词的"乘"同读 shèng（《国语词典》注 shèng）。不过据唐诗韵尾字，"大乘、小乘"很早已可读作平声的 chéng 了，例如张祜《题画僧》诗之二："终年不语看如意，似证禅心入大乘。"在北京胡同名"大乘巷、小乘巷"中，"乘"也一直读 chéng。根据上述情况，第 6 版仅采取括注旧读音的做法。

《现汉》第 6 版还删去了个别古旧音。如"落魄"的"魄"字旧版《现汉》收了三个音：

pò、tuò、bó。实际上"落魄"现在只读 luòpò，第二音 luòtuò 写作"落拓"，第三音 luòbó 写作"落泊"，词形已有分别，故第 6 版删去了"魄"的 tuò、bó 二音。

（5）其他

从语言应用的实际出发，为已稳定下来的译音外来词读音设立字头，如"啫喱"的"啫 zhě"、"打的"的"的（dī）"、"拜拜"的"拜（bái）"。鉴于"珀"用在译音或商品名称时常读 bó 的语用实际，给"珀"加了括注"用于译音或专名也有读 bó 的"。

为铁路部门行业用字增加又音。"碴"原有 chā（胡子拉碴）和 chá

（玻璃碴子）两个读音，但是"道砟"dàozhǎ 一词铁路部门习惯写作"道碴"，他们多次来信反映，要求遵从行业用字。第 6 版从实际出发，为"碴"增加了 zhǎ 音，把"道砟－道碴"处理为异形词。

旧版《现汉》收北方方言词"膈应"gé·ying（义为讨厌，腻味或使讨厌，使腻味）。"膈应"是音借字，"膈"gé 为阳平音，本无去声音，只因做借字而另出了去声字头"膈"gè。本次修订考察了此词各地方言用字和读音，认为"膈"gè 的本字应为"硌"（像石头硌在心头使人不舒服，引申为讨厌、腻味），故将"膈应"改作"硌硬"，并删去了"膈"gè 字头（"硌硬"的"硬"是否本字尚待考，方言中又写作"硌漾、硌痒、硌意、硌影"等）。

（四）关于异形词的处理

裘锡圭等先生认为"异形词"这个术语不科学，混淆了语言和文字的界限，但现在已在业内使用开来，我们从众沿用这个术语。

《现汉》编写之初就已对异形词进行了整理，1965 年的试用本确立了处理异形词的基本原则和兼容性的主次模式，到 2005 年《现汉》第 5 版共处理异形词 1400 多组，基本上囊括了现代汉语词汇系统中的异形词。《现汉》第 6 版在第 5 版的基础上进一步吸收 2002 年试行的《第一批异形词整理表》（以下简称《异形词表》）的意见，只对其中少数十来组词做了不同的处理，下面分三类情况举例简要说明。

1. 跟《异形词表》（338 组）处理不同的

（1）《异形词表》：红彤彤——红通通　以"红彤彤"hóngtóngtóng 为推荐词形。《现汉》第 6 版分立词条，不作为异形词处理：

【红通通】hóngtōngtōng（～的）形状态词。形容很红，红得通透：炉算子被炭火烧得～的｜小脸儿冻得～的。

【红彤彤】hóngtóngtóng（口语中也读 hóngtōngtōng）（～的）形状态词。形容很红：～的晚霞｜～的朱漆大门。

"红通通"的"通"与"红彤彤"的"彤"义不相同，在跟"红"组成

ABB 式状态形容词后，其原来的词素义仍保留在各自的重叠式中。凡红得通透者用前者，本来"太阳"也用"红通通"形容（还可以说"通红的太阳"），但在把伟人比喻为太阳时则用"红彤彤"，显示"红通通"与"红彤彤"的词语色彩也有不同。

（2）《异形词表》：趟地——蹚地　趟浑水——蹚浑水　趟水——蹚水。以前者为推荐词形。《现汉》一直不把这三组词作为异形词处理，"趟"读去声 tàng，为量词；"蹚"读平声 tāng，为动词，二者分工明确，故只出"蹚地、蹚浑水"条（"蹚水"为例词）。读作平声的"趟" tāng 是"蹚"的异体字，注为：旧同"蹚"。第 6 版维持旧版不做改动。

（3）"标志"和"标识"原来是一对异形词，都读 biāozhì，但现在"标识"分化出来，读作 biāoshí，第 6 版及时反映了这种变化，既承认二者曾为异形词，又为分化出来的"标识"biāoshí 单独出条：

【标志】（标识）biāozhì ❶名 表明特征的记号或事物：地图上有各种形式的~｜这篇作品是作者在创作上日趋成熟的~。❷动 表明某种特征：这条生产线的建成投产，~着工厂的生产能力提高到了一个新的水平。

"标识"另见 84 页 biāoshí。

【标识】biāoshí ❶动 标示识别：秘密等级是~公文保密程度的标志。❷名 用来识别的记号：商标~｜发文机关~。

（4）古代假借字词形不做异形词处理。
《异形词表》：百废俱兴——百废具兴。
"百废具兴"的"具"古代可用作"俱"的借字，现在"俱、具"二字词义分工明确，不能混用，所以《现汉》第 6 版只出"百废俱兴"，不出"百废具兴"。

2. 跟 264 组处理不同的异形词

2003 年语文报刊协会等四单位在《咬文嚼字》杂志上发表了《264 组异形词整理表》（草案），建议作为行业内的约定意见试行。《现汉》第 6

版尽量参考处理，只对其中认为未必妥当的几组另做处理。例如：

（1）264组：暗渡陈仓——暗度陈仓

《现汉》第6版以"暗度陈仓"为正条。理由是：所查古代文献皆用"度"字，未见用"渡"字者。"度"字古代兼表空间和时间上的跨越，如"春风不度玉门关""虚度年华"等；经查，台湾有关词典也不用"渡"字。

（2）264组：拾遗补缺——拾遗补阙

《现汉》第6版以"拾遗补阙"为正条，"拾遗补缺"为副条。原因是"拾遗"和"补阙"是唐代武则天时所置官名，分左右拾遗和左右补阙，文献中双音动词多用"补缺"，而作为四字格使用时绝大多数为"拾遗补阙"（台湾的辞书亦然）。

我们认为对"暗度陈仓、拾遗补阙"这类古代已经定型的成语，应从保持历史传承和不扩大与台湾地区用字分歧考虑，不轻易改字为宜。

（3）264组：比划——比画

《现汉》第6版根据词义相关的"指画、指手画脚"二词用"画"，且重叠式"指指画画、比比画画"旧时也多用"画"，从兼顾系统性考虑，以"比画"为正条。"划"有huá、huà两读，也不如只有去声一读的"画"容易掌握。

（4）264组：漩涡——旋涡

"漩涡"是"旋涡"的后起字，主要用于液体；"旋涡"能用于气体（龙卷风形成的旋涡）、固体（流沙的旋涡），也可用于液体。有鉴于此，《现汉》第6版对这组异形词处理如下：

【旋涡】xuánwō 名 ❶（～儿）气体、液体等旋转时形成的螺旋形。注意 用于液体时一般作"漩涡"。❷比喻牵累人的事情：陷入爱情的～。

【漩涡】xuánwō 同"旋涡"。

（5）264组：启程——起程　启航——起航

"启程"与"起程"虽然词义相同，但"启程"的词义色彩较庄重，多用于较正式的场合，"起程"通用度大，故《现汉》第6版分别出条，不按异形词处理。"启航"指轮船、飞机等第一次航行，"起航"指轮船、飞机等开始航行,二者词义不同,分别出条。

(6) 264组:霎时——刹时

"霎"读shà,"刹"读shā(刹车)或chà(刹那、一刹那),二字音不同,不宜当异形词处理。

3. 表外异形词的处理

(1)"做"和"作"的使用向来混乱不清,语文学界一直没有明确的规范。近年来国家语委以新的思路推进语言文字规范工作,即采取自上而下和自下而上的双渠道进行,有些规范可在基层或一定范围内试行,待成熟了再提升为国家规范。根据这一精神,"做、作"用法课题组先行进行了调研,并于2010年提出了一个大略的用法规定,概括说来就是:

ⅰ)凡能单独使用的一般用"做",不论其所带宾语是名词还是动词,如:"做家具、做功课、做朋友、做了一篇文章、做装修、做研究、做贡献、做了修改"等。

ⅱ)凡作为构词语素的一般用"作",下分两种情况:

a)在动补结构的双音词中做补语的一律用"作",如"看作、当作、认作、视作、读作、写作某字"等;

b)在双音词、成语或四字格等固定结构中有"作"或"做"的,一般遵从习惯写法,如"做东、做证、做作、小题大做、做贼心虚;作弊、作孽、作声、作死、作秀、下作、作茧自缚、雷声大作、述而不作、自作多情、敢做敢当、敢作敢为('作为'为词)"等。

上述用法规定兼顾了学理和群众的使用习惯,相对来说也比较便于掌握。课题组多次在编辑出版行业的会议上通报并征求意见,后获同意作为行业约定试行。《现汉》第6版根据这个行业约定对"做"和"作"的使用做了修订。

(2)《现汉》第6版对"功夫"和"工夫"的用法做了区分:单指时间的用"工夫",凡跟本领、造诣、技能和耗费时间精力有关的用"功夫"。所以"工夫茶——功夫茶",前者为正条,"下功夫、功夫深"不用"工夫"。

(3)根据词频、理据等因素调整了旧版几组异形词的主副条,例如:

悄悦——悄怳（5版）　　　　悄怳——悄悦（6版）
倔犟——倔强（5版）　　　　倔强——倔犟（6版）
上方宝剑——尚方宝剑（5版）　尚方宝剑——上方宝剑（6版）
执着——执著（5版）　　　　执著——执着（6版）

我们认为对于异形词的处理应该多一分谨慎，确属意义"完全相同"的异形词应该加以确认和归并，以减少使用的混乱和麻烦；但是对于词义包括色彩义、语法义有差别的（哪怕只是微殊）还是不要贸然归并为妥。

（五）同形同音词的调整

《现汉》为"形同音同，但在意义上需要分别处理的"条目分立条目，在【】外右上方标注阿拉伯数字（《凡例》1.2）。例如把"按"分立为"按^1"（用手或指头压）、"按^2"（考察，核对），把"大白"分立为【大白^1】（粉刷墙壁用的石灰岩材料）、【大白^2】（真相完全清楚），把"燃点"分立为【燃点^1】（使燃烧，点着）、【燃点^2】（物质燃烧所需要的最低温度）等。这种将同形语素和词语与多义语素和词语区别开来的做法是《现汉》建立词目方面的一项创新（韩敬体，2004），得到了学术界的认同和高度评价，此后的语文辞书大都学习、沿用。问题是《现汉》的凡例和编写细则都没有具体、明确地说明这些条目的性质和分立的标准，在实际操作中，显现出分立标准不尽一致的情况，学界对此多有疑问和讨论。

对于这类词，语文学界一般都认为是意义上没有联系或在现代汉语中意义联系不明显的同形同音词。本次修订吸收学界的共识，拟定了"以意义为主要标准，对同形同音条目的分合加以调整"的修订原则，对部分条目的分合进行了调整。在修订过程中，为慎重起见，有把握的改，虽有疑问但没有把握的暂不改动，避免因研究不足而产生新的错误。

1. 凡是有明显引申关系的词语合并为一个词条。例如：

"背^1"（人体躯干的后部—物体的反面或后部）、"背^2"（背部对着）合并。

"被¹"（被子）、"被²"（遮盖—遭遇）、"被³"（表示被动的介词、助词）合并。

"仗¹"［兵器的总称—拿着（兵器）—凭借，依仗］、"仗²"（指战争或战斗）合并。

2. 有些词在现代汉语中意义联系不明显，但古代汉语、近代汉语能建立起其词义上的联系的，也可合并。例如：

"管¹"（管子）和"管²"（管理），《现汉》分立，但正如多位学者所指出的，"管"的本义为"竹管"，由"竹管"引申为管状乐器，进而泛指管状器物，如管钥，钥匙。典型书证为《左传·僖公三十二年》："郑人使我掌其北门之管。"掌管钥匙跟"管理"有意义上的联系，故第6版将"管¹""管²"合为一条①。

3. 构词语素中有分立成分的，该多音节词予以分立。

原《现汉》"飞白"为多义词：

【飞白】❶一种特殊的书法，笔画中露出一丝丝的白地，像用枯笔写成的样子。也叫飞白书。❷修辞手法，指故意运用白字（别字）达到某种修辞效果。

"飞白"的"白"在义项❶中是"空白"义，在义项❷中为错别字的"别"义，分别与单字头"白¹、白²"相对应，应该分立，第6版改立【飞白】¹【飞白】²两个词条。另如"端详、款款"等也属此类情况，不再细说。

4. 凡明确意义上没有联系的同形同音词分立词条。

原《现汉》"怯"有四个义项：

---

① "管"的"管钥、钥匙"义清代文献中仍可见，和邦额《夜谭随录·尤大鼻》："〔董韶〕就卧树下，无复知觉，良久醒来，则在一纱帐中，衾枕悉具，惊起欲遁，忽一人振管辟扉，秉烛而入，则一十八九女郎也。"（引自《汉语大词典》）

怯 qiè ❶胆小；害怕：胆~｜~场。❷形北京人贬称外地方音（指北方各省）：他说话有点儿~。❸〈方〉形不大方，不合时；俗气：这两种颜色配起来显得~。❹〈方〉缺乏知识；外行：露~。

第6版认为除了义项❶"胆小；害怕"符合"怯"义外，其余三个义项的本字应跟"客"有关。所谓"客"主要指非本地的、外来的，这从"客居、客籍、客家、客土、客姓"等复音词中"客"的语素义可知，"怯"的义项❷"北京人贬称外地方音"正与此义有关（义项❸❹是义项❷的引申义）。陈刚（1997）在"怯"下收了多字条"怯八叉"（外地来的不懂本地风土人情的人）、"怯条子、怯外面儿"（不懂行的人或外地初来的人）、"怯相儿"（外地来的内行人）、"怯子"（讲话带外地方音的人）等，在这些词中"怯"的核心义素都是"外地的、外来的"，跟"客"相同。从语音上说，东北、华北（包括老北京人）不少地方把"来客了"说成"来 qiě 了"（qiě 指来做客的亲戚）。qiě（客）与"怯"声母、韵母相同，只有声调上的区别。qiě（客）词义中性，名词；"怯"为贬义词，且转用为形容词，故用声调别义（声调与"客"相同）。根据上述考察，第6版将原"怯"的义项❶立为"怯[1]"，其余三个义项列为"怯[2]"。

此外，"己、草字、分数、分子、几何"等原为多义词，此次都分别列为两个词条。

（六）释义提示词的使用

释义提示词是指语文辞书释义时用来提示词义的由来、引申途径，或与字面义不同的实际语义、深层含义以及表达功能等的前导词语，一般用于释文的开头或中间。《现汉》的提示词主要有"指（包括'泛指、特指、借指'）、比喻（包括'用于比喻'和代表被释词在例句中用于比喻的符号'◇'）、形容、称（包括'讥称、蔑称、尊称、通称、统称、总称、合称'）、表示"等。过去辞书界对于如何准确使用释义提示词的问题重视不够，缺乏专门的探讨研究，因而误用、混用的现象非常普遍，《现汉》也不同程度地存在这一问题。本次修订在专题研究的基础上，着重对提示词"比喻、形容、借指"的使用进行了检查，修改了其中使用不当的地方；对其他类使用不尽妥当的提示词也相应做了一些调整。下面举例简介第 6 版对误用提示词"比喻"的几种情况的修订（双横线表示删除，下加单横线的为第 6 版改动或增加的内容，下同）。

1. 不具相似性只有相关性的事物不用"比喻"，例如：

【鼻酸】鼻子发酸，~~比喻~~指悲伤心酸。（笔者按，鼻酸是悲伤的生理表现，只有相关性）

【白眼儿狼】~~比喻~~称忘恩负义的人。

【边幅】布帛的边缘，~~比喻~~借指人的仪表、衣着：不修~。

【肝肠】肝和肠，~~多用于比喻心情~~借指内心：~欲裂｜痛断~。

2. 内涵相同，外延扩大的不用"比喻"用"泛指"，例如：

【鼻祖】始祖，~~比喻~~泛指创始人。

【宠儿】受宠的孩子，泛指~~比喻~~受到宠爱的人或事物：时代的~｜互联网是 21 世纪的~。

3. 同一事物不能自己比喻自己，因此合成词词目中有部分构词成分用作喻体，另一部分构词成分跟释义中心语同指的，释义时一般不用"比喻"而用"指"。例如：

【黄金时代】指政治、经济或文化最繁荣的时期。（第 5 版）

"黄金时代"中只有"黄金"是喻体，释义中心语"时期"与词目中的"时代"同指，同类不相喻，故第 5 版用"指"不用"比喻"是对的。据此，第 6 版把【黄金时间】的释义"比喻极为宝贵的时间"的"比喻"改为"指"。类似的条目还有"傲骨、病魔、不落窠臼、大发雷霆"等，不能尽举。

4. 比喻的功能是形容（使被比喻的事物更加形象、具体，以便于理解），对词目或义项中含比喻成分的词语进行解释，其任务是指出此一比喻的表达功能而不是指出用了什么修辞手法，因此，凡词目或义项中含比喻成分的词语，释文中一般不用"比喻"而用"形容"。

（1）词目中有"如、若、似"等比喻标记的用"形容"，例如：

【如雷贯耳】形容人的名声很大。
【洞若观火】形容看得清楚明白。

但也有错用"比喻"的，如：【如虎添翼】比喻强大的得到援助后更加强大，也比喻凶恶的得到援助后更加凶恶。第6版将此类误用处皆改为"形容"。

（2）词目中无比喻标记，但隐含比喻义或用于比喻的用"形容"，例如：

【棋布】像棋子似地分布着，形容多而密集。
【鼎沸】形容喧闹、混乱，像水在锅里沸腾一样。

误用的如：

【星散】像星星散布在天空那样，指四处分散。（第6版把"指"改为"形容"）
【老牛破车】比喻做事慢慢腾腾，像老牛拉破车一样。（第6版把"比喻"改为"形容"）

5.《现汉》的释义中有时不用"比喻"而用"用于比喻"，例如：

【宝座】指帝王或神佛的座位，现多用于比喻：登上冠军~。
【九鼎】用于比喻，形容分量极重：一言~。

这样用是很有道理的，请看"蜂"的三种释义：

  蜂❸比喻成群地：～起｜～拥｜～聚。（旧版《现汉》，"蜂"与"成群地"词性不合）
  蜂❸形容成群地：～起｜～拥｜～聚。（第6版初改稿，未说明"蜂"何以有此义）
  蜂❸用于比喻，形容成群地：～起｜～拥｜～聚。（第6版改订稿）

区别"比喻"和"用于比喻"是《现汉》高明之处，确实，有些词语释义提示词不宜用"比喻"而适合用"用于比喻"，例如：

  【牛毛】牛的毛，比喻很多、很密或很细：～细雨｜苛捐杂税，多如～。（旧版）

此条以"牛毛"（名词）比喻"多、细、密"（形容词），词性不相合，第6版改为：

  【牛毛】牛的毛，用于比喻，形容事物很多、很密或很细：……

6. 同一词条，释义角度不同，可兼用不同的提示词，例如：

  【蜻蜓点水】比喻做事肤浅不深入。（旧版）
  【蜻蜓点水】比喻只轻微地触及事物的表面，形容做事肤浅不深入。（第6版）
  【沙里淘金】从沙子里淘出黄金，比喻费力大而成效少，也比喻从大量的材料中选取精华。（旧版）
  【沙里淘金】从沙子里淘出黄金，比喻从大量的材料中选取精华，也形容费力大而成效少。（第6版）

第 6 版对释义提示词的修改内容非常丰富，这里不能面面俱到，只简介如上。

（七）关于释义及其相关问题

释义是决定辞书质量的核心要素和关键指标，词类标注和配例、配图都是为使释义更加准确或明白易懂的手段。关于第 6 版在这些方面的改进，难以详述，读者只需将新、旧版加以比较就可知晓，这里稍做介绍。

1. 新增词语、义项的解释

第 6 版新增的新词新义新用法中有不少是本词典独家新收的，没有他本可以参考。对于这些条目和义项的释义我们反复打磨，力求贴切、准确。例如（略去注音等）：

【地沟油】❶以下水道或泔水中的浮油为原料，经简单加工提炼成的油，俗称地沟油。如用于食用对人体有害。❷泛指质量低劣的食用油。

【短板】原指在箍成木桶的许多块木板中，影响木桶盛满水的较短的那块木板，比喻事物的薄弱环节。

【顶层设计】工程上指对项目的各个要素和实施步骤进行统筹规划，泛指从战略的高度筹划全局：加强改革~和总体规划。

对虚词的释义，学界认为是《现汉》的长项，第 6 版也力求有所继承和改进。例如对词汇化的"对了、好了、算了、完了、行了"一组词的释义和配例就有些新意（详见各条）。再如第 6 版为动词"回头"增加了起篇章连接功能的连词义项，为文言词"庶几"重编了释义：

【回头】❺ 连 不然；否则（用在祈使句后的句子开头申诉理由）：小点儿声儿，~把孩子吵醒了｜快走吧，~要迟到了。

【庶几】〈书〉 副 ❶但愿，表示希望：王~改之！❷或许；也许可以，表示推测：若同心协力，~可成大业｜必须有一笔账，以便检查，~两不含糊。

对于已收词语的释义我们也都全面检视，修改时也颇费了一番工夫，下举几例以窥一斑：

【好容易】形后接动词性成分，表示很不容易（才做到某件事）：……

此处限定了词的使用条件，非常必要；如不加限定，"好容易"通常是"很容易"的意思。

旧版"人"❹指某种人：工~｜军~｜主~｜介绍~。

第6版改为：

人❹指某种身份或职业的人：工~｜军~｜主~｜介绍~｜电影~｜媒体~。

改后更好地反映了"人❹"的新内涵，配上新加的例词，就有了时代感。
有些多义词不细琢磨不容易发现问题，改起来颇费一番斟酌，例如：

【随便】suíbiàn ❶(-//-)动按照某人的方便：去不去~｜随你的便。❷形不在范围、数量等方面加限制：~闲谈。❸形怎么方便就怎么做，不多考虑：我说话很~，请你不要见怪｜写文章不能随随便便，要对读者负责任。❹连任凭；无论：话剧也好，京剧也好，~什么戏，他都爱看。（旧版）

【随便】suíbiàn ❶(-//-)动按照某人的方便：去不去~｜什么时候来都行，随你的便。❷形不加限制；没有明确的目的：~闲谈

｜~走走看看。❸形(言行)不多考虑；不慎重：我说话很~，请你不要见怪｜写文章不能随随便便，要对读者负责任。❹形不讲究；凑合：他这个人吃穿都很~。❺连任凭；无论：~怎么劝，他就是不听｜话剧也好，京剧也好，~什么戏，他都爱看。(第6版)

修改后的释义较前全面、准确，例句跟释义的配合也更贴切。

修订中我们很注意词义相关的一组词的释义相互间的关照性，例如"嫡出、嫡子、嫡母、妾、大老婆、小老婆、正房、偏房、正室、侧室"是词义密切关联的一组词，这组词的释义有疏漏，请看其中四条的释义：

【嫡出】旧指妻子所生（区别于"庶出"）。
【嫡母】妾所生的子女称父亲的妻子。
【嫡子】旧指妻子所生的儿子（区别于"庶子"）。特指嫡长子。
妾❶旧时男子在妻子以外娶的女子。

这四条释义的问题出在不把"妾"当"妻"看待，其实，"妾"尽管是侧室偏房，但也是"妻"，也是"老婆"（故又称"小老婆"）。为了解决这个问题，需要增补"正妻"条，第6版补出"正妻"条后问题就顺利解决了：

【正妻】宗法制度下处于正统地位的妻子（对"妾"而言）。
妾❶旧时男子在正妻以外娶的女子。

原"嫡出、嫡子、嫡母、妾"各条释义中的"妻、妻子"都改为"正妻"；"大老婆、正房、正室"都释为"正妻"或"旧时指正妻"；"侧室、偏房、小老婆"条可不动。

2. 关于同类词语释义模式和词类标注的统一性和平衡性问题

本次修订用计算机数据库统查内容百余项，不仅使收词的平衡性得到改善，而且也使得许多同类词在释义模式和词类标注的一致性方面得到改进，相关词条得到照应，词典体例的贯彻更加严谨。例如"弹指、旋踵、眨眼、转脸、转身"这一组词都是动宾结构，都是用身体某一部分瞬间的动作形容时间极短，它们的释义模式应该相同。但是在旧版《现汉》中只有"眨眼"释作"形容时间很短"，其他四个词都释作"比喻时间很短"。根据提示词"比喻、形容"的用法，第 6 版把这五个词词义的中心词义统一释作"形容时间很短"（详见第 6 版各条）。提高收词的平衡性、系统性和同类词释义模式、词类标注等方面的相对一致性，这无疑是辞书应该贯彻的基本原则，但我们在实践中深感对于这一原则的理解不能过于机械，在贯彻中要视具体情况而定，防止简单化、绝对化的倾向，试从释义、标词类、加括注三个方面略作说明。

（1）《现汉》中收了"X 匠"的名词 14 个，其中"金匠、银匠、铁匠、铜匠、锡匠、皮匠、鞋匠、篾匠"释义模式大体相同：定义为"制造或修理……的小手工业者"，但是"木匠、瓦匠、泥瓦匠"就不同，分别用"木工、瓦工、泥瓦工"做主条解释，说明他们的职业身份是工人。"漆匠"释为既是小手工业者，又是工人。而"花匠、画匠"又有不同，例如：

【画匠】绘画的工匠，旧时也指缺乏艺术性的画家。

这些不同的处理表明，即使是结构完全相同的同一小类事物的名词其内涵也会有差异，好的释义就在于既能够反映它们的共性，又能细致地对它们的特性或差异性加以区别。

（2）"爱好、喜好、偏好、嗜好"是"动 + 好（hào）"并列式近义合成词，《现汉》第 6 版把"爱好"处理为动、名兼类词，而把"喜好、偏好"只处理为动词，把"嗜好"只处理为名词：

【爱好】àihào ❶动 对某种事物具有浓厚的兴趣；喜爱：～体育｜他对打太极拳很～。❷名 对某种事物所具有的浓厚兴趣：他的～很广泛｜你有什么~？

　　【喜好】xǐhào 动 喜欢；爱好：~音乐。

　　【偏好】piānhào 动 对某种事物特别爱好：在曲艺中，他~京韵大鼓｜防止凭个人的~处理问题。

　　【嗜好】shìhào 名 特殊的爱好（多指不良的）：他没有别的~，就喜欢喝点儿酒。

汉语语法学界普遍认为对于兼类词的划分应适当从严掌握，我们在斟酌定夺时尽量以语料库的词频统计为据。当然，不把"喜好、偏好"处理为兼类词并不等于说它们就绝对不能当名词用（如"泡吧、逛街是她的喜好/偏好"），"嗜好"也不是绝对不能用作动词（如"他这辈子就嗜好抽烟和喝酒"），但是这类用法现阶段毕竟比较少见。

在词类标注方面，《现汉》从第一版（1978）就在释义中标明虚词词类，到1999年《现代汉语小词典》第3版为多字词标注词类，再到2005年《现汉》又为单音节词标注词类，走的是一条与学术研究的深入相同步的循序渐进的路子，今后我们还要在这条路上继续探索前进。

（3）某些词是在跟另一个新词相对待的情况下产生的，《现汉》在代表旧事物的后出词的释义后加括注"对某某而言"说明这种关系，而代表新事物的词则不加。例如：

　　【手机】手持式移动电话机的简称。
　　【座机】² 固定电话（对"手机"而言）。

原来的电话都是非移动的、放在桌子或墙壁等物体上的，只称为电话或电话机；后来有了移动手机，为了加以区别，这才有了"座机"这个名称，所以有必要在"座机"条下加括注（对"手机"而言），而无须在"手机"下括注（对"座机"而言）。当然，随着时间的推移，后出词的使用越来越普遍，人们对相关两个词的前因后果关系越来越模糊时，词典在两条下都加括注也是可行的，不过那是后话了。再如："眼中钉"和"肉中

刺"两个词经常一起使用,但是《现汉》仅在"肉中刺"释义中加了用法括注:

【眼中钉】比喻心目中最痛恨、最厌恶的人。
【肉中刺】比喻最痛恨而急于除掉的东西(常跟"眼中钉"连用)。

表面看来,这跟保持相关词语释义模式一致性的原则不相合,其实这种不一致的做法恰恰反映了语用的实际情况:"眼中钉"可以单用,也可以跟"肉中刺"连用,而"肉中刺"一般不单用,往往要跟"眼中钉"一起使用。

以上各例说明,词典释义在贯彻"一致性"原则时要从语言实际出发,实事求是,以便科学地反映语言现象的复杂性和多样化。

3. 借他山之石攻错,纳百家之言正误

积极审慎地借鉴和吸收学术界新的研究成果和广大读者的合理意见是提高释义水平和词典质量的不可或缺的重要环节。多年来我们坚持从有关学术论著和读者来信中收集各类新见解和对《现汉》的商榷意见,修订中不设门户,唯善是从,深感获益匪浅。比如:

(1)"予取予求"一词,旧版《现汉》的释义是:"原指从我这里取,从我这里求(财物)(语出《左传·僖公七年》),后用来指任意索取。"其他各种语文辞书的释义率皆类此。著名文字学家裘锡圭先生力排众议,在"一句至少被误解了一千七百多年的常用的话——'予取予求'"一文中指出"予取予求"的原义是"我只取我所要求的"(裘锡圭,1999)。我们认为这一结论是可信的,于是把"予取予求"的释义改为:"原指我只取我所要求的(语出《左传·僖公七年》),后用来指任意索取。"

(2)由"高山仰止,景行行止"紧缩而成的"高山景行"这一成语,《现汉》的注音和释义为:【高山景行】gāo shān jǐng xíng《诗经·小雅·车辖》:"高山仰止,景行行止"(高山:比喻道德高尚;景行:比喻行为光明正大;止:语助词),后来用"高山景行"指崇高的德行。苏培成(2010)细论"景行"的"行"应读 háng,义为"大道",我们认为此说有一定的道理:"高山、景行"都是偏正结构,"山、行"为名词,但考虑到原读音通行既久且广（凤凰卫视资深媒体人曹景行的名字也念作 jǐng xíng），故采取了修改括注的方式，将新旧两说并举，供读者参考：……（高山：比喻高尚的品德；景行：比喻光明正大的行为，一说"行"读 háng，景行指大路；止：语助词）……

（3）高小方（2011）指出《现汉》注音中有几处失误，如把"倩"作为同形同音词出了两个字头：

倩¹ qiàn〈书〉美丽：～装｜～影。

倩² qiàn 动 请（别人代替自己做事）：～人执笔。

高文据《广韵·去声·劲韵》："倩，假倩也。七政切"指出"倩²"的读音应为 qìng（经查《汉语大字典》和《王力古汉语字典》皆注为 qìng 音）。该文另指出"跂"（抬起脚后跟站着）不当读去声 qì 而应读上声 qǐ，"家计空乏"的"空"不当读阴平而应读去声；"徼"（求）实为"邀"的通假字（如"徼福"义为求福），不当读 jiǎo 而应读 yāo，等等，所说甚是，我们心悦诚服，予以改正。

我们深感，个人和小集体的见识毕竟有限，要提高修订质量离不开学界的智力支持和广大读者的慧眼金睛；《现汉》第 6 版吸收了学者论著和读者来信的合理意见数十条，此外也大量参考和吸纳了审稿专家的修改意见。如果说《现汉》第 6 版的质量有所提高的话，那绝对跟许多有识之士提供的真知灼见分不开，恕我们在此不能一一列举。我们抱着感恩的心情，真诚地向所有使用《现汉》、关心《现汉》、为《现汉》纠错正误的老师们、朋友们表示由衷的感谢！

三

在第 6 版付梓后，掩卷静思，我们内心既踏实又不踏实。踏实的是，修订工作始终坚持了以学术研究为指导，以贯彻和引导规范为宗旨，以准确反映时代和词汇系统的新面貌、新变化为目标，在处理具体问题时以系统稳妥为要求；修订组的成员们兢兢业业，在理论研究、编纂实践和吸收新的研究成果上都下了一番功夫；本次修订采取了开门求贤的工作方式，不仅延揽了本所和本院众多学者参与研究和审读，而且还在高校和出版社聘请了一批专家学者为我们审稿把关；一些著名的语言学家、辞书学家担任了本词典的审定委员和学术顾问，为修订工作科学有序地进行提供了可靠的保障。基于上述原因，我们相信：尽管第 6 版还有不少缺点和不足，但它的总体质量和编写水平在以往的基础上有了明显的提高，为今后的修订打下了良好的基础。

让我们心里不踏实的是，读者和社会对《现汉》的要求和期望值很高，而我们的知识和水平极其有限，工作中肯定有"打眼"或走眼的地方；有的问题虽然看出来了，但苦于一时还拿不出妥善的解决办法，因此第 6 版肯定留下了许多遗憾和有待今后进一步研究解决的问题。就拿本次修订过程中曾经做过研究的十一个专题来说，我们感到研究得还很不深入，很不充分，在落实这些专题的研究成果时也有掌握不够准确或处理不尽一致的地方，因此非常需要继续深入研究下去。

近些年来，由于《现汉》在我国辞书史上的重要地位以及在文化教育方面发挥的积极作用和广泛影响，以《现汉》为研究对象的学者越来越多，不少高等院校和研究机构语言专业的研究生也以《现汉》作为硕士论文、博士论文的研究素材，有人甚至提出了"现汉学"这一概念。我们欢迎更多的学者加入到研究《现汉》的行列中来，通过大家的参与，让《现汉》的宗旨和其中贯穿的学术思想得以彰显光大，与此同时也使它所存在的问题和疏失在众目睽睽之下显露无遗，从而得到更全面的纠正和完善。学问没有止境，辞书的修订也没有止境，古今有匠心而无匠气的传世之作无一不是长期积累苦心经营出来的。我们将通过工作总结把从实践中得来的感性知识提高到理论的水平，为今后修订这部词典提供参考，为建立汉语词典学的科学体系贡献一份力量。

谨以此文代表第 6 版修订组全体成员向《现代汉语词典》的奠基人和开拓者吕叔湘先生和丁声树先生表示永久的怀念和崇高的敬意！

参考文献

曹先擢：《指路灯——读〈现代汉语词典〉编写细则》，《吕叔湘先生百年诞辰纪念文集》，商务印书馆2010年版。

曹先擢、晁继周：《〈现代汉语词典〉的历史地位》，《中国辞书论集2002》，商务印书馆2002年版。

晁继周：《从比较中认识规范性词典》，《辞书研究》1993年第1期。

陈刚、宋孝才、张秀珍：《现代北京口语词典》，语文出版社1997年版。

董琨：《正确解读王力先生的词典学思想》，《语言文字应用》2004年第3期。

董秀芳：《汉语的词库与词法》，北京大学出版社2004年版。

董秀芳：《词汇化：汉语双音词的衍生和发展》（修订本），商务印书馆2011年版。

高小方：《〈现代汉语词典〉（第5版）献疑》，《语言科学》2011年第3期。

韩敬体：《〈现代汉语词典〉凝聚了我国一代语文学术大师的智慧》，载韩敬体编《〈现代汉语词典〉编纂学术论文集》，商务印书馆2004年版。

黄征、张涌泉：《敦煌变文校注》，中华书局1997年版。

江蓝生：《〈现代汉语词典〉与吕叔湘先生的辞书学思想》，《辞书研究》2004年第6期。

李行健主编：《现代汉语规范词典》第2版，外语教学与研究出版社、语文出版社2010年版。

吕叔湘：《〈现代汉语词典〉编写细则》（修订稿），收于《现代汉语词典五十年》，商务印书馆2004年版。

吕叔湘：《在〈现代汉语词典〉学术研讨会上的讲话》，《〈现代汉语词典〉学术研讨会论文集》，商务印书馆1996年版。

裘锡圭：《裘锡圭学术文化随笔》，中国青年出版社1999年版。

苏培成：《"高山景行"的"行"怎么读?》，《语言文字》2010年第2期。

孙德宣：《〈现代汉语词典〉编纂杂识》，《辞书研究》1980年第1期。

王力：《理想的词典》，载《龙虫并雕斋文集》第一册，中华书局1980年版。

徐枢、谭景春：《〈现代汉语词典〉(第5版)词类标注说明》，《中国语文》2006年第1期。

异形词研究课题组：《第一批异形词整理表说明》，语文出版社2002年版。

异形词整理组：《264组异形词整理表》（草案），《咬文嚼字》2003年第11期。

中国社会科学院语言研究所词典编辑室：《现代汉语词典》（第5版），商务印书馆2005年版。

中国社会科学院语言研究所词典编辑室：《现代汉语词典五十年》，商务印书馆2005年版。

（原载《辞书研究》2013年第2期）

汉语词语书写形式的革新[*]
——谈谈字母词的身份与规范

从 19 世纪中叶开始,汉语中出现了一类特殊的词语,它们在书写形式上表现为纯粹由字母或由字母与汉字组合构成,语言学界称为字母词,如 ABC、X 光。20 世纪 90 年代中期以来,随着信息技术的飞速发展,字母词在日常用语中大量增加和频繁使用[①],成为汉语词汇发展史中一个令人关注的问题。从词汇学角度看,字母词语在数量上的扩增使它有可能成为一个词汇单位类别,从而有必要展开调查研究;从应用层面看,社会大众对字母词的出现和使用有不同的意见,有些观点还非常对立,因而也值得进行深入的研究。

一 汉语词汇书写形式的历史性革新

1.1 汉语词汇的书写形式

汉语词汇史表明,汉语为了适应社会的发展和表达的需要,不断创新形式,繁衍孳乳。一是在汉语内部自主创新,一是向外民族语言或外国语言借用。

在自主创新方面,上古主要使用单音词,后来通过语音构词、语法构词等手段(如重叠、分音、合音、变音、词义呈现、语素组合、增加词缀等)滋生了大量新词新语。到两汉以后复音词越来越多,还出现了三音

---

[*] 本文的写作参考了教育部国家语委关于字母词研究报告的有关资料和内容。
[①] 为区别于其他国家的字母词,有学者称在汉语中使用的字母词为"汉语字母词",为简便起见,本文如不加说明,"字母词"都特指汉语字母词。

节、四音节以至更多音节的词语,从而使自己越来越丰富多彩。

在借用外来词方面,主要采用音译(如:佛、菩萨、葡萄、沙发、萨其马)、意译(如:电话、激光、基因、手机、超级市场)以及音译兼意译(如:卡车、拖拉机、芭蕾舞、乌托邦)的方式;也有不借读音,只借词形和词义的,如20世纪初从日语借入的大量词语(如:手续、引渡、见习)。但是,无论是内部自主创新还是向外借用,在19世纪中叶以前,汉语词汇的书写形式都使用单一的汉字符号体系,没有越雷池一步(晚清时期,阿拉伯数字和字母才开始被逐渐引入汉语书写形式之中)。这一事实和传统使大部分国人很自然地认为,只有由汉字组成的词(包括汉译外来词)才是真正的汉语词汇。正因为此,"语言纯洁主义"(简称"纯语主义")者认为字母词的使用"是对汉字发展的严重破坏""危及国家文化安全",这是他们认为《现代汉语词典》(以下简称《现汉》)收录字母词"违法"的主要逻辑。① 有些群众虽然对乱扣"违法"的大帽子不赞成,但是却认同"字母词"不是汉语词,不应该进入汉语词典。由此看来,弄清楚字母词产生的背景及其性质和身份就是一个学术上不容模糊的问题。

1.2　汉字书写形式的突破

东汉时期佛教传入中国,汉字与梵文字母有了接触。明末西方天主教传教士来到中国,拉丁字母与汉字有了接触,拉丁字母通过西方传教士们传入中国。不过汉字体系与字母体系在近两千年的接触中始终各自独立,不存在混用的现象,汉字体系一直是汉语词汇唯一的书写形式,这种局面直到19世纪中叶才开始被打破。

1898年德国科学家伦琴发明了X射线,1903年汉语辞书《新尔雅》收录了"X线"一词,首次在汉语词典里出现了西文字母开头的词。1931年《辞源》的续编收入"三K党",1934年《自然科学词典》在正文后面收了α线、β线、γ线等7个外来词。1936年,蔡丏因《辞林》补编附录缩写名词专项里收了23个外文缩写名词。到了1951年,黎锦熙先生主

---

① 举报内容见《北京晚报》"百余学者举报新版《现汉》违法",2012年8月28日。

编的《学习辞典》（天下出版社）在正编部分的最后，设了西文词头部分，收了"AB团、CC系"5条。1965年《辞海》的未定稿收了49条西文字母开头的词，开创了大型综合性词典收字母词的先河。到了1979年《辞海》修改本增加到63条。①《现汉》继前贤之后，到1996年第三版才开始收字母词（39条），几次修订，数量逐次增多（第4版142条，第5版182条，第6版239条）。不只是《现汉》，我国好几部大中型汉语词典都收录了字母词。这说明汉字夹杂西文字母的词已经越来越多地进入我国的社会生活当中，作为工具书的语文词典、百科辞典无法回避这一词汇发展变化现象，有必要客观地加以记录。这样一来，一个很重要的问题摆在了语言学家的面前：这些书写形式中汉字和西文字母相夹杂的词的身份是什么？它们能不能算作汉语词？问题还不止于此，改革开放以来，一些外语缩略语如CT、DNA、DVD、NBA等直接进入国人的生活和工作当中，这些词里一个汉字也没有，纯是西文字母。那么这一类词的身份又是什么？汉语应不应该未经翻译就引进这些字母词？为了理清这些问题，需要对字母词的具体情况做一番调查。

1.3 字母词的类型及其身份

让我们以新版《现汉》所收字母词的类型做一个观察点。

第一类：中西合璧字母词

（1）汉字+字母（+汉字）：阿Q、三K党、卡拉OK（以下称作"后加式"）

这类词数量不多，6版只有这三个，《现汉》把它们按音序置于正文的相应部分。其中"阿Q"一词是鲁迅先生在白话小说《阿Q正传》中创造的国产字母词。

（2）字母+汉字：AA制、B超、T恤、X光（以下称作"前加式"）

这一类没有按音序插入汉字词语中，而是放在正文后附录的"西文字母开头的词语"当中。

（3）阿拉伯数字+字母+汉字：3G手机、4S店

---

① 张铁文：《字母词探源》，《中国语文建设通讯》（香港）2007年总第88期。

这类词混用了三种成分,《现汉》没有收录这类词。按说它们跟"三K党"的结构相同,只是数字用的是阿拉伯数字。这类词的数量不太多,《现汉》没有另附"阿拉伯数字开头的词语"。

第二类:纯西文字母词

这类词都按音序放在后附的"西文字母开头的词语"中。

(1) 汉语拼音缩略词:GB、HSK、PSC、RMB

这一类是汉语拼音缩略词,应该属于国产字母词。它们使用于书面,口语中基本不用,所以有学者认为它们只是代码,不是词语。

(2) 西文缩略词:CT、DNA、GDP、PM2.5

这一类绝大多数是由英语短语的首个字母缩略而成的纯字母词,其中也包括了 PM2.5 这种字母加数字的类型。

从《现汉》的处理方式中可以看出,《现汉》把"阿Q、三K党"等后加式合璧字母词看作汉语词(从 1960 年《现汉》试印本就如此处理),这种看法被普遍认同。《现汉》把"T恤"等前加式合璧字母词跟纯西文字母缩略词放在一起,客观上使人认为这一类词还不能算作正统的汉语词。这从学理上有点说不通。"Q"和"T"都是描摹形状的,既然"阿Q"算作汉语词,那么把"T恤"排除在汉语词之外就没有充足的理由。"T恤衫、T型台"的造词原理跟"十字架、十字路口"一样,只是因为汉字里没有相似的字形而借用了西文字母T[①]。其实,《现汉》这样安排更多的是出于技术上的考虑,觉得不宜把西文字母跟汉字混在一处排列。

如果承认这种中西合璧字母词(无论字母在后在前)是汉语词汇中的一类,那么,汉语词汇的书写体系中就加进了西文字母成分,不再限于汉字体系,这种中西合璧的字母词就是汉语词汇在书写体系上的一个突破,一个革新,也是汉语借词方式的一个突破,即汉语外来词不仅可以借其音(沙发)、借其意(手机),也可以借其形(B超、CT)。这种突破萌芽于 20 世纪初,成气候于中国改革开放的新时期,它是中西文化深度接触和交流的必然产物,是全球化、信息化时代的必然产物。语言,包括它的书写

[①] 过去一般说"丁字路口",但"丁"字下面有个钩,毕竟不如字母 T 更能传形。

体系，都是会随着时代的发展和交际的需要而不断发展变化的，但汉字体系的发展变化过去都限于汉字系统内部的字体、字形的变化，如甲骨文、大小篆、隶书、楷书、行书、草书，包括历代的俗体字和现代的简化字等，而中西合璧的字母词则是跨文字体系的汉语词汇书写形式的变化，这是一种质的、革命性的变化。对于这种变化的必然性、合理性，我们的认识还不够充分，不少人还有一种抗拒心理，学界应该深入研究，加深认识。

从 1903 年第一个字母词"X 线"进入词典到今天，这种中西合璧式字母词已有 100 多年的历史了，它的队伍有增无减，还在扩大，我们必须承认它存在的合理性。只要它们能够很好地为中国人民服务，我们就应该接纳它们为汉语词汇大家庭中的一类新成员。我们天天讲创新，什么自主创新啦，引进吸收创新啦，现在汉语词汇书写形式的革新就发生在我们的面前，我们却不很自觉；甚至有一些人对此大惊失色，把它看作不洋不中的怪胎谬种。其实，在今天这样的时代，在今天的中国，如果汉语里竟然没有字母词出现那才是咄咄怪事呢！看看一些非英语国家的语言，如俄语、日语、韩语、德语、西班牙语等，无不有西文字母词存在，连一向主张保持语言纯洁性的法语中也借用了不少英语字母词，可见字母词的使用是全世界范围内一个带有普遍性的现象。

至于像 CT、DNA、GDP、NBA 这类纯用西文字母组成的字母词，它们能不能算作汉语词汇大家庭中的成员，目前还是个有争议的问题。有学者认同它们的汉语词汇身份或准汉语词汇身份，把它们看作是汉语词汇中特殊的一类。理由是：一者它们出现在国人的生活中被广泛高频使用；二者它们被赋予了汉语的声调，读音跟英语有所不同；三者有些字母词的意义跟英语不完全相同（如 NBA 在英语中有好几个义项，而汉语只有"美职篮"一义）。持这种观点的学者还举日语为例，日语从汉语借了许多汉语的字词，这些汉语字词被借去后已跟日语的假名词汇融为一体，成为日语词汇系统中的正式成员。这种看法有一定的道理，但是日语原来没有文字，公元 5 世纪就借用了汉字，而我国自古以来汉语外来词书写形式的传统只使用汉字体系，纯西文字母缩略词引进的时间很短（总体上不到 50 年）。我个人认为纯西文字母词目前还不能算作汉语词，这类字母词中各个成员的情况也不完全一样，还需要观察、实践一段时间再说，不必急于给它们定性。它们的前途和身份如何？要看实践的发展。目前它们只是进入中国社会应用领域的西文缩略语，如果打个比方，我觉得它们更像持有绿卡或暂住证的外籍人士，还不是中国公民。另一方面，正因为它们进入了我们的生活和工作领域，所以作为工具书的词典有必要加以记录和选收，给读者提供查检的方便。

汉语借用外来词有一个动态的汉化过程，我们用下面的"外来词汉化级谱"来反映了这一发展过程和由英语词到汉语词的过程中汉化程度的加深：

1. 英语单词（internet、e-mail）——
2. 英文缩略词（DNA、GDP）——
3. 西中意译词（B超、T恤衫）——
4. 中西音译词（卡拉OK）——
5. 中西意译词（阿Q、三K党）——
6. 汉字音译词（沙发、伊妹儿）——
7. 汉字音意兼译词（因特网；基因）——
8. 汉字意译词（互联网、电邮）

在这个级谱中，1、2两级是外语词；从3—8，汉化程度依次加深，其中3—5是含有西文字母的词语，人们大多能认可汉字开头的4、5两类是汉语词，但是对西文字母开头的第3类的认可程度比较低；6—8三类纯用汉字的外来词的汉语身份已经非常稳固。

1.4　所谓收录字母词的思想根源是"汉字落后论"

有人不从社会的发展和语言文字的本质属性考虑，把"汉语夹带英文"认定为是"汉字落后论"思想作祟造成的。我想这跟所谓"汉字落后论"毫无关系。任何语言只要它能满足本民族或本国人民的交际需要就是称职的，无所谓先进落后之分。在一次海峡两岸学术研讨会上，我历数汉字的优越性：表意，直观，阅读速度快；同样内容的文本，汉语比英语占据空间小；表意的汉字可以组合成许许多多的词，非常经济，而且还可以"望文生义"，便于理解。但是任何语言文字系统都不可能十全十美，汉字难写、难学是个不争的事实，所以要对一些汉字进行简化，要对异体字、异读词加以整理和规范。汉字表音性差，所以需要另外制定与国际接轨的《汉语拼音方案》。采用拉丁字母的《汉语拼音方案》比注音字母优越，对汉语汉字走向世界起了极大的推动作用，这再一次说明吸收他民族语言文字的长处为我所用是完全正确非常必要的。我们在为自己民族语言文字悠久的历史和无比丰富的表达而自豪的同时，也不必讳言它的某种不足。正确的态度是"各美其美，美人之美"（费孝通先生语），相互学习，取长补短。绝大多数字母词的引入是由于该词语的汉语译名过于烦琐或实在难以译成汉语，这是语言使用的经济原则在起作用，也是汉语引入字母词最主要的原因。

有的同志质疑引进西文字母词的合理性，他们问：为什么汉语借用英语时用英文字母，而英语借用汉语词汇时不使用汉字？提出这个问题的同志忽略了，语言文字是交际工具，一般来说，人们只选择方便易用的工具，而不会选择难学难用的工具；当今世界，英语已成为实际上的国际通用语，世界上绝大多数的文字都是拼音文字，人们在借用汉语时自然要采用简便的、通用的形式。正如在我国，汉语普通话和规范汉字是通用语言文字，因此，汉语向少数民族语言借词时在语音上总是向汉语靠拢，在书写上总是用汉字体系一样（如源自满语的"萨其马"、源自蒙语的"敖包"，也写作"鄂博"）。

二 字母词使用的规范

2.1 正确引导，科学规范

如上所说，汉语中字母词的存在是个客观事实，它的出现在书写形式上突破了固有的汉字体系，是汉字书写形式上的一次革新。在全球化、信息化时代背景下，随着我国对外交往和改革开放事业的深入发展，字母词的出现和使用是不可避免的。当新事物、新概念、新的名词术语大量涌入，在还来不及汉译或汉译词语过繁、过长时，字母词因其简洁方便的交际价值而被大众接受使用。当今世界上非英语国家的语言中普遍都吸收了数量不等的英语字母词，这说明字母词是全球化、信息化时代世界各国政治、经济、文化等密切接触的必然产物；一些常用字母词为日常生活提供了便利（如B超、CT等），适合了当下语言交际的需要，这是它得以传播应用的主要原因。当然，对于广大的中国民众来说，西文字母不具表意性，没有一定英语水平或非专业人士就不懂某些字母词的含义，如果滥用，就会对大众阅读造成障碍，也不符合中华民族的文化心理，有损于国家通用语言文字的正确使用。基于上述原因，一方面我们不能简单化地禁止字母词的使用，另一方面应该对它的使用加以必要的规范，防止乱用、滥用。目前有关部门对字母词使用的引导和规范都体现了这一精神。

2.2 "300年后汉语会消亡吗？"是一个伪命题

关于字母词在汉语里的使用前景，我们的看法是：其一它不会消亡，只要有国际间的文化接触，就有字母词存在的土壤。其二它不会泛滥。这是因为，一方面可以通过政府部门出台相关管理条例和规定，对它的使用进行科学、有效的规范和引导；另一方面，语言具有自身的淘汰机制，大浪淘沙，优胜劣汰，凡是无法进入大众日常生活和工作层面的字母词最终必将衰落、死亡。专业性很强的字母词只通行于专业内部，不会干扰大众语言。

有人提出"300年后汉语会消亡吗？"的惊悚问题[①]，认为字母词以几何数级增长，"历经5000年的汉字终于挡不住英语的侵入而最后消亡"，为此主张"禁止在汉语文出版物中使用字母词"。只要稍加思考就会知道这个问题其实是一个伪命题。从20世纪初到今天，110年间，进入汉语应用领域的字母词3000多条，其中绝大多数是自然科学领域的名词术语，流通在普通大众应用范围的字母词有学者估计只有几十条，不到100条。改革开放34年，《现汉》所收"西文字母开头的词语"仅239条，平均每年7条左右。再看港台地区，台湾被日本占领50年，实行皇民化统治，强迫中国人说日语，但是汉字、中华文化在台湾依然根

---

① 傅振国：《300年后汉语会消亡吗？》，上海《文汇报》2010年2月28日。

深叶茂。香港被英国统治150多年,英语是官方语言,汉字、中华文化在香港依然昌盛不衰。汉字、中华文化有着悠久的历史和强大的生命力,岂是几百个字母词所能撼动的!担心字母词会湮没汉字(所谓"千里之堤,毁于蚁穴"),造成"汉字文化的大灾难"是一种空想的臆断,它或许可以起一个警醒的作用,但如果依据这种并无实据的臆断去影响语言决策机构,对字母词采取过度限制甚至加以封杀,就会脱离大众的语用实际,影响与国际社会的沟通交流,阻碍祖国语言文字的和谐健康发展。还是那句话,字母词的产生有它的必然性、合理性,我们不应禁止它的使用,而是要对它的使用进行科学的规范和引导,让它在全球化和信息化时代更好地为中国人民服务。

2.3 新版《现汉》对字母词的规范

辞书,不管是历时性的还是共时性的,首先的任务是记录社会语言事实,反应时代词汇的真实面貌;即使是规范性的语文词典,它最基本的任务也是记录、描写实际语言面貌。词典不是语言文字法规本身,它只是规范标准的实践者和引导者,在描写中体现规范。

《现汉》对字母词的规范体现在收词和对已有汉语译名的词的处理等方面。

(1)收词 现代汉语中各类字母词有3000多条(一说有4000条),《现汉》根据通用度从中精选了239条,占比约7%,态度是审慎的。所收字母词都是跟群众日常生活和工作有密切关系的,例如:

A)经济:GDP(国内生产总值)、GNP(国民生产总值 | 内外)、CPI(居民消费品价格指数)、PPI(工业品出厂价格指数)、CBD(中央商务区)、CEO(首席执行官)、ECFA(海峡两岸经济合作框架协议)、CEPA(我国内地与香港、澳门关于建立更紧密经贸关系的安排);

B)医疗卫生:AIDS(艾滋病)、CT、SRAS(非典)、B/T淋巴细胞、γ刀(伽玛刀);

C)计算机、网络信息、电子商品:DOS(磁盘操作系统)、GPS(全球定位系统)、USB(通用串行总线)、WWW(万维网)、QQ(一种流行的中文网络即时通信软件)、CD(激光唱盘)、VCD(数字激光视盘)、

MP3、MP4；

D）商业服务业：IC 卡（集成电路卡）、EMS（邮政特快专递）、ETC（电子不停车收费系统）、FAX（传真）、VIP（贵宾、要客）、WC（盥洗室；厕所）；

E）国际组织：APEC（亚太经济合作组织）、IMF（国际货币组织）、ISO（国际标准化组织）、NGO（非政府组织）、OPEC（石油输出国组织；欧佩克）、SOS（旧国际紧急呼救信号，求救求助）、WTO（世界贸易组织）、WHO（世界卫生组织）；

F）自然科学：α 粒子、X 射线等。

其中 X 射线、α 粒子、Y 染色体、DNA 之类的专业术语，都是经过全国科学名词审定委员会审定后推荐使用的汉语规范名词或者相关术语简称，其权威性、规范性不言而喻，《现汉》有责任把这些经过审定的规范名词收入词典，方便读者规范使用。CPI、PMI 也是国家统计局发布信息时经常用到的字母词，与人民的生产生活密切相关。CEPA 和 ECFA 这类字母词表面看是英文缩略词，但它们反映的却是两岸四地的中国事务。

（2）确定主副条　《现汉》所收字母词中，凡是已有汉语译名的（有近 50 条），都双向出词条，以汉语词语为主条详释，以字母词为副条简释，如：

【国内生产总值】一定时期内一国居民在本国范围内所生产的全部最终产品和劳务的市场价值总额。英文缩写为 GDP。（第 497 页）

【GDP】国内生产总值。[英 gross domestic product 的缩写]（第 1752 页）

其他如：

【艾滋病】为主条（第 4 页），【AIDS】为副条（第 1750 页）；

【艾克斯刀】【爱克斯射线】为主条（第 5 页），【X 刀】【X 射线】为副条（第 1755 页）；

【居民消费价格指数】为主条（第 699 页），【CPI】为副条（第

1751 页）；

【空气污染指数】为主条（第 741 页），【API】为副条（第 1750 页）；

【脱氧核糖核酸】为主条（第 1329 页），【DNA】为副条（第 1751 页）；

【中央商务区】为主条（第 1687 页），【CBD】为副条（第 1751 页）。

这种设立主副条的做法引导规范的意图非常明确，提倡用主条，另出字母词是为了方便读者双向查找，也便于读者了解国际通用的词汇，是我国辞书引导规范的通行做法。有人硬说收录字母词是"用英文代替汉字"，从而要发起一场"汉字保卫战"，只能使人感到其无知与荒唐。

（3）没有固定汉语译名的，在字母词下用国家通用语言文字做注，以备读者查检。如（略去释义后 [ ] 内的英语词语，下同）：

【QQ】一种流行的中文网络即时通信软件。

【MP3】一种常用的数字音频压缩格式，也指采用这种格式的音频文件及播放这种格式音频文件的袖珍型电子产品。

【NBA】（美国）全国篮球协会。通常也指该协会主办的美国职业篮球职业联赛。

（4）删旧　有些字母词来也匆匆，去也匆匆，《现汉》第 6 版根据实际情况的变化删去以下三条：

【EPT】出国进修人员英语水平考试。

说明：此考试现已停止。国家留学基金管理委员会 1999 年 6 月 29 日通知，把 EPT 考试改为 PETS（全国英语等级考试），在全国范围内实施。因此此条删除。

【internet】、【Internet】

说明：1993年互联网兴起时，internet、Internet由于没有恰当的译名，被直接引入汉语，被媒体广泛使用，一时成为最流行的词语之一。1997年7月18日，全国科学技术名词审定委员会发布了信息科学领域17个英文名词的中文译名，其中Internet译成因特网。之后又发布信息，确认将internet中文名称定为互联网。经过十几年的推广，目前媒体中使用internet、Internet的情况已较为少见，因此本次修订将其删除。

（5）《现汉》第6版新增字母词举例。

新版《现汉》此次新增了50多条字母词，都是常见常用的，不妨举几例以窥一斑。例如：

【CPI】消费者价格指数。

【BRT】快速公交系统，是利用现代化大容量专用公交车辆，在专用道路上快速运行的新型公共交通方式。

【ECFA】海峡两岸经济合作框架协议。

【ETC】电子不停车收费系统：～车道｜～电子标签。

【IPO】首次公开募股。

【IPTV】网络电视，是基于IP协议的电视广播服务。

【NGO】非政府组织。

【PM2.5】在空中漂浮的直径小于或等于2.5微米的可吸入颗粒物。被人体吸入后能进入肺泡，危害健康。

【PK】对决。

由上可知，《现汉》对字母词的收录和处理是审慎而严谨的，其中贯穿着清醒的规范意识。

2.4 "先翻译后吸收"还是两条腿走路？

《现汉》等多部汉语词典之所以收录一些英语缩略的字母词，主要原因是"外语新名词大量涌现而尚无规范汉语译名"。我们认为，要防止西文字母词的乱用和滥用，除了国家相关部门加强科学管理之外（管堵），当务之急是如国务院秘书局有关文件所指出的"切实加强字母词的翻译审定工作"，"对新出现的字母词及时翻译，尤其要加强对汉语译名简称的创制工作，定期向社会推荐字母词的规范译名及其汉语简称"（疏导）。如果这项工作不及时跟上来，简单地限制字母词的使用是很难奏效的。

有同志提出应该"先翻译后吸收"，"一切外语词必须经过翻译汉化，才能在汉语出版物中使用"。[①]

这种想法不切实际，恐怕行不通。首先，规范是为应用服务的，它从应用中来，到应用中去，源自实践，服务实践。规范总是滞后的，不进入使用领域就没有规范的必要，总是先用了，然后再加以规范，语言使用者是不会在一旁等着你规范好了他才来使用的。当来不及规范时，先借用一下英语缩略词作为过渡也未尝不可，企图取消过渡期，一步到位的想法过于天真，与客观事实和字母词应用的规律不相符。

其次，如前所述，汉语对外来词的吸收有一个动态发展的汉化过程，往往经历了照搬模仿到两相融合，再到实现本土化。比如从 e-mail 到"伊妹儿"再到"电邮"，反映的就是这个带普遍性的规律。好的汉译词有时要经过一段时间才会出现，比如"德律风"用了很长时间才被"电话"取代。"德谟克拉西"被"民主"替代，"哀的美敦书"被"最后通牒"替代，都不是一步到位的。规范也不是一成不变的，俄语译音借词"布拉吉"20世纪五六十年代很流行，后来就被"连衣裙"替代了。基于上述原因，我们主张在加强专业队伍翻译审定和汉语译名简称的创制之外，也可以先借过来，然后在群众的实践过程中加以本土化的改造。实践最能激发人的灵感，很多精彩的汉语译名都来自群众的创造，例如"手机、视窗、软件、光盘、基因"等。这样双管齐下，可能更加奏效。当一时还没有合适的汉语译名时，我们是先拒绝使用，在那里干等着，还是在借用中逐渐改造、优化？我们主张两条腿走路，而不是一概"先翻译后吸收"，因为"先翻译后吸收"的想法过于理想化，恐怕难以实行。

[①] 同前傅振国文。

三 关于"捍卫汉字、汉语的纯洁性"

3.1 字母词问题社会上乃至学界历来有分歧,既然是不同学术观点之争,就应该本着互相尊重,摆事实讲道理的方式平等地进行讨论。不料今年8月底有些人公然以曲解法律、无中生有、无线上纲的方式发起突然袭击,在媒体上举报《现代汉语词典》第6版收录字母词"违法"。举报组织者在会上煽动说"这是一场空前的汉字大动乱","其发展恶果是适应了帝国主义梦寐以求的搞乱中国文化的目的,是一场自毁长城的文化内乱,是中国文化空前的大灾难","中华汉字文化到了最危险的时候",最后以"起来,起来,不愿做奴隶的人们"结尾。举报组织者企图把分歧上纲到政治斗争层面,真是骇人听闻!我们一方面通过媒体予以回应,另一方面也召集部分在京语言文字学界的专家学者进行研讨,与会者一致对举报者的荒谬观点和恶劣做法进行了驳斥和批评。我们还在人民网"强国论坛"两次与网民互动,从学术层面进行回击。现在争论暂告一个段落,但我觉得问题还没有从根本上解决。9月6日,人民网"强国论坛"提了一个很好的问题:"这场争论的焦点是什么?"经过思考,我和语言所的同志都认为这次争论的焦点是双方的语言规范观不同,举报组织者打出的旗子是"捍卫汉语的纯洁性",并不惜提高到法律和政治的层面,而我们认为这个口号不科学,不应该把它绝对化、极端化。有媒体对分歧的焦点做了相似的概括:"简而言之,这是纯洁性与实用性的对决。"其实任何语言里都有异质成分,只有多少之别,没有有无之分。正如北京大学教授苏培成所说,自清末以来,汉语书面语增加了三种异质成分:阿拉伯数字、拉丁字母和新式标点符号。[①] 可以设想,如果不引进阿拉伯数字,我国科学技术将隔绝于世界,怎能获得今天的发展?汉语拼音方案采用了拉丁字母,不仅方便了国人而且也给世界人民带来方便,1982年8月,国际标准化组织(ISO)决定以此方案作为文献中拼写有关中国的专门词语的国际标准,而且经过联合国的认证、注册。如果汉语拼音不采用拉丁字母,仍然沿用

---

① 《光明日报》2012年8月30日。

以汉字部件创制的注音字母，它怎么能成为国际标准走向世界？如果不使用新式标点，像古代那样不用标点或只有一个句读符号，如何表达句子的层次和逻辑关系？任何民族的文化要想增强表达力、保持鲜活的生命力，都要向其他民族或地区的文化吸取营养，语言也不例外。因此我们不主张把语言的纯洁性绝对化、极端化，而是应该以开放的心态积极引进和吸收它民族有益、有用的优秀文化，在借鉴吸收中注意保持和发扬本民族文化的特质。对于字母词也应抱着这样的态度。如果以"捍卫汉语的纯洁"为由（这一口号目前还有一定的市场）限制或阻止吸收包括西文字母词在内的好的外来文化，那我们又将回到自我封闭的年代，一种文化一旦自我封闭，就会被边缘化，从而丧失竞争力。

现实生活中有一批人奉行"语言纯洁主义"，简称"纯语主义"，许多国家和地区都有一批"纯语主义者"。在语言学里，"纯语主义"是一个贬义词。戴维·克里斯特尔编撰的《现代语言学词典》这一条的解释是："语言学中这一名称带有贬义，指一个思想流派视语言需要受保护，不应受外界因素的渗透而发生变化；外界因素包括来自其他方言或语言的压力（如借词）和由口语生发的变化等。语言学家认为这种'纯语主义的'思想实无必要，因为语言不可避免会发生变化，变化正反映了社会、文化和心理的发展。"

我们并不指望举报组织者会接受上面的解释，但我想绝大多数语言学工作者会赞同；社会大众也会进行思考，做出判断。我们不赞成纯语主义者的观点，并不等于我们认为字母词可以不加规范地随便使用，前文已经旗帜鲜明地表明了我们的观点，《现汉》对字母词的处理也从实践层面表明我们的态度。我们了解到，在举报者发动签名的大会上，有几个人公然发言攻击汉语拼音方案，甚至说"汉语拼音是标准的消灭汉字的方案"，我们不理解《汉语拼音方案》有什么不好的，它怎么能跟"消灭汉字"挂上钩？收录西文开头的词语是用"英文代替汉字、用英语代替汉语"，采用拉丁字母的拼音方案是"消灭汉字"，这就是某些"纯语主义者"的逻辑！

3.2 树立科学的语言文字观

语言文字规范工作的基本原则应该是尊重规律，科学引导，服务社会，和谐发展。对语言文字的规范具有柔性特点，这一点跟刑法、民法等法律不同。一位官员在开会时用方言做报告是不合适的，在批示中写了繁体字也是不合适的，但你只能提醒他、纠正他，而不能因此就处罚他。这就显现了柔性的一面。提醒、纠正的依据就是《国家通用语言文字法》第一章第三条"国家推广普通话，推行规范汉字"，第二章第九条"国家机关以普通话和规范汉字为公务用语用字"。仔细阅读这部法律，可以说它的特点就是"推广、推行，倡导、引导"，而不是"强制、禁止；一概、一律"。这样的精神和风格比较符合语言使用的实际，比较能够得到社会大众的认同和遵守。

拿推广普通话来说，推普不是禁止使用方言，更不是要遏制或消灭方言，而是要通过推广普通话使全国各方言区的人民在使用方言母语的基础上学好另一种全社会共同使用的交际工具——民族共同语，以方便社会交际。推普工作要求在一些公众场合使用普通话，而在家庭和私人活动场合可以自由选择。如果因为推广普通话而加速了方言的衰退和消亡，那绝对有违科学发展观，也有违推普的初衷。

再来看用字，国家推行规范汉字，但是在《国家通用语言文字法》第十七条又规定在文物古迹、姓氏、书法篆刻、题词招牌以及出版、教学、研究等情况下可以使用繁体字、异体字，体现了柔性、科学的规范观。另在第十一条有两句话："汉语文出版物应当符合国家通用语言文字的规范标准。<u>汉语文出版物中需要使用外国语言文字的，应当用国家通用语言文字作必要的注释。</u>"（举报组织者引用了第一句，隐去了下面画线的第二句）这清楚地表明该法不禁用字母词，而且指明需要用时应该加以注释。《现汉》所收"以西文字母开头的词"不正是用国家通用语言文字给加以注释的吗？国务院秘书局《国办秘函［2010］14 号》文件第二项中说到："对于国家权威机构编写的汉语词典中收录的字母词，已有对应汉语译名的，可使用其汉语译名。"这段文字也从侧面说明《现汉》收录字母词跟"违法"风马牛不相及。在汉语一时还没有更合适的词语来表达时，借用外来字母字无可非议，辞书收录进入我国人民语言生活的字母词提供注释的参考，让读者有处可查，是工具书的定位和职责所在。

当今社会是一个多元化的社会，它提供了多种文化平等共存，互相学习的机会。放眼世界和周边地区，"语言应用的多元化在现代社会中早已是相当普遍的现象：或双语并用、多语并用（如瑞士、新加坡）；或双方言、多方言并用。香港三语两文。语言生活的多元化反映出社会生活的多姿多彩，并不会妨碍社会的进步与发展。瑞士法语和德语同时具有"国语"的身份。新加坡英语、华语、马来语、印度语四种语言并存，又以英语作为工作语言以及对外的官方用语。"①

对待进入汉语的字母词我们同样应该抱着这样开放的心态，在应用中吸收适用的，淘汰不适用的。"纯语主义者"用片面的极端的思想去误导群众或有关领导，引起人们思想上的混乱，影响社会语言生活的和谐。

总之一句话："保卫语言的纯洁性"的口号不科学，我们主张用"促进祖国语言文字的正确使用和健康发展"来替代它。我们不应该禁止字母词的使用，而是应该科学、稳妥地纠正字母词的乱用和滥用；字母词的规范工作应该两条腿走路，由专家与群众共同参与，在实践中循序渐进。

---

① 詹伯慧：《语文杂记》，暨南大学出版社 2010 年版，第 24—31 页。詹先生提出的口号"少当语言的警察，多做语言的导游"（同上，第 32 页）深获语言文字学界的同人赞成。

生活中的语言学*

引　　言

有一则俄罗斯谜语："不是蜜，但是能粘住一切。"您知道谜底是什么吗？——语言。谜语的创造者能如此深刻地认识到语言对于维系人类社会的巨大作用，真令人惊叹与佩服。语言是人类社会交际的工具，人们靠它沟通思想，协调行动。不管什么专业背景的人，在日常生活中都要跟他人交流，都要阅读书报杂志，也免不了要动笔写字做文章之类。因此，即使不是专门学习语言学的人士，实际上也离不开语言学，语言学如影随形，时刻围绕着您。

讲到语言学无处不在，举个身边的例子。

港澳地区把日本产的汽车品牌 Mazda（松田）叫作"万事得"，这一方面因为 Mazda 跟粤语的"万事得"语音相近，另一方面是香港人喜欢讨吉利的文化心理在起作用。Mazda 在内地叫作"马自达"，译名的不同反映了方言与普通话的差异。港澳地区通行粤语，粤语的"万"声母为双唇音 [m]，跟 Mazda 的 m 同音，而普通话的"万"读 wàn [uan]，跟 Mazda 的 m 不同音，所以不会选用"万"字打头，而选择了跟 Mazda 音同的"马"字打头。译名的不同，反映了普通话语音跟粤语的不同。不过，尽管两地 Mazda 的译名各不相同，但取名的方式、手段却如出一辙：音义结合。这反映了汉字表意性的特质。"马自达"的译名尤其精彩，以"马"喻"车"，跨上这匹快马，就能自动到达目

---

* 本文是根据 2011 年 6 月 30 日在澳门理工学院的演讲整理成文的，内容有改动。

地。译得多贴切、多巧妙啊！音义浑然一体，简直是文化的再创造，令人拍案叫绝①。

澳门曾是葡萄牙的殖民地，来到澳门，不由得想起澳门在早期中西文化交流史上占有的特殊地位。从语言学的角度来看，它可以称作中西语言文化接触的温床，是西方汉学家的摇篮和我国现代语言学的一块催生地。1553 年葡萄牙人占据澳门，中西语言间的交流现实地提上日程。1594 年创办的澳门圣保禄学院（Colégio de S. Paulo）成为培训来华耶稣会传教士的重要机构，在那里，汉语汉字是必修课。著名传教士利玛窦（Metteo Ricci, 1552—1610）、汤若望（Adam Schall von Bell, 1591—1666）等来华传教前都曾在那里接受培训。从这一点上说西方人是在澳门开始系统认识汉语、学习汉语的，恐不为过。1588 年问世的第一部外汉辞典《葡华词典》也跟澳门这个背景有关。辞典的编纂者罗明坚（Michel Ruggieri, 1543—1607）与利玛窦当时就尝试用拉丁字母给汉字注音。在利玛窦的《西字奇迹》（1605）和金尼阁（Nicolas Trigault, 1577—1628）的《西儒耳目资》（1626）中可以看到西方人设计的汉语拼音框架。西方人用拉丁字母给汉字注音的尝试对清末以来的汉语拼音化运动应该有直接的影响。原来，您所身处之地，也跟语言学有不解之缘。

法国伟大的艺术家罗丹说："生活中并不缺少美，而是缺少发现美的眼睛。"套用这句话，生活中处处都有语言学，就看您是不是有心人。下面尝试从五个方面谈谈生活中无所不在的语言学。

一 语言文字与文化

说到语言文字与文化的关系，我想起一件往事。1994 年狗年春节，我们研究所要开联欢会，我用包含"狗"或"犬"字的词语创作了一个小节目。我惊奇地发现，凡是用"狗"或"犬"组成的成语和惯用语几乎都是贬义的、负面的。比如：

---

① 港澳地区把日本电器牌子 Canon 叫作"锦囊"（内地叫"佳能"），把 Sharp 叫作"声宝"（内地叫"夏普"）都出于同样的道理。内地把德国汽车 Benz 译作"奔驰"，也是音义结合的神来之笔。

三字的：狗强盗、狗腿子、狗吃屎、狗屎堆、狗咬狗、狗脾气、癞皮狗、狗仔队、丧家犬；

四字的：狗胆包天、狗苟蝇营、狗急跳墙、狗皮膏药、狗屁不通、狗肉朋友、狗头军师、狗尾续貂、狗血喷头、狗仗人势、狗眼看人、狼心狗肺、猪狗不如、鸡鸣狗盗、摇尾乞怜；

四字以上的：狗眼看人低、狗改不了吃屎、狗嘴里吐不出象牙、狗拿耗子多管闲事、笑人齿缺曰狗窦大开。

在上述这些短语、成语和惯用语中，"狗"简直成了万恶之源，凶恶、下贱、粗暴、肮脏、丑陋、奸诈、卑鄙、势利、谄媚等，几乎所有的恶劣质量都加在了"狗"的身上。表示正面意思的极其少见，我搜索枯肠只找到一例：儿不嫌母丑，狗不嫌家贫。

　　这是什么原因呢？我曾跟伍铁平教授（原系我院语言所研究员，后调至北京师范大学外文系）讨论过。伍先生是学外语的，对于西方文化比较了解。他说，在西方文化里，犬的形象是正面的，受推崇的。我们中国学者出的书，翻开扉页，通常是"献给我的母亲"或"献给我的老师"一类，而西方有些学者的书，你一打开，看到的是"献给我的狗"；我们称一个人非常幸运，说"你是幸运儿"，西方与这个词相对应的是"lucky dog"；我们有句成语叫"爱屋及乌"，西方相应的谚语是"love me, love my dog"。这种文化上的差异在不经意间往往闹出笑话。多年前听到这么一件事：北京语言大学的一位老师在操场上跑步，一位外国留学生过来打招呼说："老师，你跑得真快，像狗一样快。"那位老师听了实在是哭笑不得，这就是不同文化间的小小碰撞。

　　翻开字典，在部首"羊"和"犬"下找到下列两组字：

羊：祥、美、善、义、羡、鲜、羹

犬：犯、猥、狎、狂、狱、猜、戾、狰狞、狡猾、猖獗不难发现，上面两组字中第一组从"羊"的字的意思都是褒义的，而第二组从"犬"的字的意思基本上都是贬义的。为什么会这样？这里面有什么道理吗？请看汉代文字学家许慎《说文解字》中对"羊"的解释："羊，祥也。"清代语言文字学家段玉裁对《说文》进行了注释，在注释中，他引了古代的一本书叫《考工记》，里头说："羊，善也。"《说文》在解释"独"字的时候说："羊为群，犬为独。"段玉裁注说："犬好斗，好斗则独而不群。""群"是什么意思呢？"群"这个字的来源就是"群羊相积"，很多羊聚在一起。段注又说"独"，"犬相得而斗也"。从这两组字的义符构件中可以看出我国先民的好恶，看出中华民族深层的文化价值观：爱好和平，厌恶争斗。我们现在促进整个中华民族的大团结，强调中国的领土和主权的完整，倡导构建和谐社会，这正体现了自古以来一直流淌在我们民族血液中的价值观念，而这种深层的、核心的价值观念能从某些汉字最初的造字心理中窥见一斑，实在令人惊奇、令人感动。

语言文字中渗透着文化，文化通过语言文字来折射，只要人们稍加留意，生活中处处可以看到语言学的影子。

正因为语言跟我们每个人的生活和文化传统有非常密切的关系，所以一些著名的语言学家对语言的重要性都有一些论述。德国著名的语言学家洪堡特说："语言可以说是各个民族的精神的外在表现，他们的语言是他们的精神，他们的精神即是他们的语言，人们怎样想象两者的一致都不过分。"这位语言学家讲的，可能稍微绝对了点儿，但语言的重要性确实不容忽视。法国语言学家梅耶讲得比较全面一些，他说："不明白使用那种语言的民族的生活情况，就不能了解这些语言，不了解这些人的语言，也就不能真正明白他们的宗教和社会习惯。"这说明，学习某个民族的语言，只有跟学习这个民族的历史文化结合起来才能得其真谛，得其精髓，反之，要想了解一个民族的历史和文化，也必须掌握这个民族的语言。

二　语言间的接触与影响

改革开放以来，各地民众南北东西人员大流动、大迁徙，在相互交往中，语言相互接触，相互影响，使各自的语言迅速发生变化，呈现了空前的活力。广东珠三角地区开放较早、经济比较发达，再加上背靠港澳，使得粤语北上，迅速影响其他地方的语言。

在语言诸要素中，受影响最大的是词汇。过去内地人不知"按揭"为何物（怀疑它是个外来语①），而今不仅"按揭"，香港有关房地产的词语诸如"楼宇、楼盘、楼花、置业、物业、写字楼、广场、花园、烂尾楼"等已成套地进入内地，为社会广泛使用。粤语的方言词像"埋单、搞掂、生猛、靓女、焗油、炒鱿鱼"等已是内地人耳熟能详的口头语，而且还把其中一些粤方言词加以本地化，如把"埋单"改说成"买单"，"搞掂"改说成"搞定"。甚至连广州人的习用语"有冇搞错"也经常出现在北京人的口语中，只不过改说成"有没有搞错啊"等等。

粤港澳通行的外来词也很有生命力，如由"巴士"衍生的"大巴、中巴、小巴"已在内地普遍使用。由"的士"分解出的"的"已成为一个可以自由使用的语素，它可以做宾语，如可以说"打的"也可以说"打不着的"，还可以组成偏正结构的名词"面的、摩的、板的"和"的哥、的姐"等，这个"的"已经变成一个汉化了的语素。过去"的"字有三个音：的确 dí、目的 dì、我的 de，这次刚刚出版的《新华字典》第 11 版根据语言的新变化为"的"字新增了一个阴平音：打的 dī。同样，"拜"字除了去声音（拜见 bài）外也增加了一个阳平音：拜拜 báibái。

语言的影响总是伴随着文化的渗透，例如对于数字"八"（谐音"发"）的崇拜和对于数字"四"（谐音"死"）和十三的忌讳，就分别受了粤港地区或西方文化的影响。

随着两岸经济文化交流成为一种常态，两岸间的词语也互相借用。不少台湾地区词开始相继登陆，例如：

---

① "按揭"的"按"义为"抵押"；"揭"义为付息借贷，是个地道的汉语词。

愿景、考虑、修理、双赢、管道、整合、作秀、创意、影碟、挺（支持）

台湾的"智障、视障、听障"这一组词体现了对残障人士的尊重，迅速替代了大陆通行的"弱智、弱视、聋哑"等词。

交流是双向的，内地也有很多词语进入港澳台地区，例如：

说法、白条、保底、报批、瞒报、病退、批量、封顶、表态
领导班子、好人好事、与时俱进、要团结一切可以团结的力量

前几天我听台湾政治大学中文系竺家宁教授说，大陆名词做形容词用的"火、牛、雷"等很受台湾青年学生追捧，已进入使用领域。

语法是语言诸要素中最为稳定的，一般不容易被改变，但这几年即使在语法层面也能看到内地受粤港台影响的影子，比如"有+动"的说法就是一例。

普通话：我去过澳门（肯定式）。　　我没有去过澳门（否定式）。

粤港台：我有去过澳门（肯定式）。　我冇/没有去过澳门（否定式）。

可以看出，普通话和粤港台的否定式相同，都用否定词"没有"或"冇"，但肯定式却不同，粤港台用"有+动"，普通话不用"有"。疑问句也如此：

普通话：刚才你看到过她吗？
粤港台：刚才你有看到过她吗？

这就是说，在普通话和绝大多数方言里"有"通常不能修饰动词性成分，这一点跟粤港台地区明显不同。但是，最近几年在内地一些年轻人和某些

媒体中开始流行"我有去过澳门"、"刚才你有看到过她吗"的说法。那么这种"有+动"的新说法是怎么流行起来的呢？有人说是由类推心理引起的。即：既然肯定式"有+名"（这布有一米长）的否定式是"没有+名"（这布没有一米长），那么否定式"没有+动"的肯定式就可以是"有+动"：

"有+名"　肯定：这布有一米长。　否定：这布没有一米长。
"有+动"　否定：我没去过澳门。　肯定：我有去过澳门。

这是从北方方言或普通话内部找原因。这种解释诚然有一定的道理，但是它不能解释为什么在改革开放以前那么长的历史时期内北方方言或普通话都没有发生这种类推现象呢？显然仅用类推机制来解释是不够的。我们倾向于用内地与港台地区的语言接触来解释，港台地区的语言（加上福建、广东地区的闽粤语联合作用）的影响是直接动因，汉语肯定、否定表达讲究对称的句法和心理是内因。需要注意的是，虽然"我去过澳门"跟"我有去过澳门"语义相同，但后者因为加上了"有"，增加了主观强调的语义色彩。

南北方言的密切接触，也对北京话的语音有所影响。我们发现，老北京土话的腔调和发音方式在向普通话靠拢，吐字逐步清晰化；某些不区别意义的轻声词有读本调的趋势，例如"暗处、肮脏、白天、打磨、看望、小姐"等；某些不区别意义的必读儿化的词有两可的现象，例如"开心丸儿、里间儿、下本儿"等。这些变化是北京音向外地人（目前占北京人口 35.9%，其中主要是南方人）和港澳台地区的人所说的普通话读音靠拢的反映。目前正在修订的《现代汉语》第 6 版的注音将适时地反映这种变化。

粤语对普通话的影响、以及国内英语热的兴起（包括字母词 GDP、CPI、DNA 等的运用）与持续说明，在人类交往的过程中，不同的文化、不同的语言总是互相影响的，当然这种影响并不均衡，一般是强影响弱。从语言影响的强弱可以看到一个地区或国家经济、文化力量的强弱。近代史学家雷颐说：语言也是非常"势利"的。从道理上讲，不同民族、不同国家的语言影响应该是相互的、平等的、双向交流的。但在实际情况中，语言的影响主要是单向的，即从经济文化发达的地区向落后地区流动。这是因为：人们从心理上愿意使用经济文化发达地区的语言。比如近代上海是当时中国经济、文化最发达的地方，上海方言词汇有不少进入普通话，例如"尴尬、弄堂、阿飞、瘪三、拆烂污、寻开心、大块头"等。赵元任先生说当时江浙人看不起北方人，视北京话为老妈子讲的话。

但是，经济文化不发达地区的词汇、语言在一定情况下也会影响普通话，进入主流语言。由于赵本山连续十几年在春节晚会上表演小品，中央电视台的转播使得全国各地的人们对某些东北方言词有了深刻的印象和较多的了解，比如"忽悠（哄骗：他是在忽悠你）、指定（肯定：这事儿指定能办成）、唠嗑儿（聊天：忙得没工夫跟你唠嗑儿）、嘚瑟（炫耀；显摆：开着辆新车到处嘚瑟）"等。

改革开放以来，随着我国综合国力的提升，汉语的国际地位也在不断增长。孔子学院遍布世界各地，汉语国际推广方兴未艾，汉语在一些国家已成为学生选修的第二大外语。目前，新加坡、马来西亚、泰国政府规定华人社会使用简化汉字，联合国把简化字作为中文的规范字体，成为国际标准。1982 年 8 月，国际标准化组织（ISO）决定以汉语拼音方案作为文献中拼写有关中国的专门词语的国际标准，而且经过联合国的认证、注册。我国语言文字国际影响的增强，折射出我国综合国力的提升。

社会语言学十分关注不同语言背景的人们之间在接触、交往过程中对彼此语言所产生的影响以及由此发生的变异。广州中山大学唐钰明教授告诉我，他的妻子是江西人，在广州生活了近四十年，平时讲普通话。有一天夫妻俩要出门，妻子有点事让先生先走，说："你先走先。"这是一句非常怪异的话。按照粤语的语序，这句话应该说"你行先"，或者说"你走先"，但是唐太太却说成既非广州话，又非普通话的"你先走先"。这个两不像的句式是普通话跟粤语互相影响的混合式：

你先走 + 你走先——→你先走先

同样的现象在历史上也发生过。施耐庵写的长篇小说《水浒传》里有这样一句话：

> 这位便是东京八十万禁军枪棒教头林武师林冲的便是。

把这个句子简化，就是"这位便是林冲的便是"，用符号来代表就是"A 便是 B 的便是"。这类句子我们现在觉得不像是很规范的汉语的句子，但是类似的句子在《水浒传》或元代白话文献中非常常见。

《水浒传》：

> 我这仁兄是梁山泊好汉中神行太保戴宗的便是。（四十四回）
> 小人便是白虎山前庄户孔亮的便是。（五十八回）

元杂剧：

> 贫道是司马德操的便是了。（《单刀会》二折白）
> 小人是屠家张千的便是。（《替杀妻》楔子白）

这是什么道理呢？这里头有语言接触的影响问题。这种句式出现在元代，大家知道，元代是蒙古族入主中原统治中国的时代。蒙古语的句法是"主宾动"即 SOV 这样一个语序，而汉语是"主谓宾"即"SVO"这样一个语序。当蒙古族统治中国以后，为了便于统治，就要尽量地学习汉语和汉族的制度文化；而汉族人尤其是一些当官的或读书人，也要讲一种蒙族人能够听得懂的汉语，在高度交际压力下，诱发了两种语言的相互协商、折中，于是产生了兼有两种语言特点的混合式：

$$SOV + SVO \longrightarrow SV_1OV_2$$

$$A 是 B + A B 是 \longrightarrow A 是 B 是$$

举个例子，汉语说"我是学生"，蒙古语说"我学生是"，这两种句式一融合，就变成了"我是学生是"。在"是"前加上语气副词"便"就成了"我便是学生（的）便是"，有时加个"的"，有强调的作用。

我国西北地区长期以来多民族聚居，操阿尔泰语（包括满—通古斯语族、蒙古语族、突厥语族）的少数民族在与汉族共同交往、共同生活中语言相互影响，因此在西北地区有些地方的汉语在语序上带有明显的阿尔泰语"主宾动"（SOV）的特征①。例如：

(1) 宾语在动词前面

  青海西宁话：你茶喝，馍馍吃。（你喝茶，吃馍馍）
  甘肃临夏话：他他的成绩知道了。（他知道了他的成绩）
  别人家背后你的脊梁不要叫戳着。（不要叫别人在背后戳你的脊梁）

(2) 表示领有的句子"有"字位于句末

  西宁话：家里人有吗？（家里有人吗？）
  临夏话：解放前和州城里医院没有，西医没有。（解放前和州城里没有医院，没有西医）

(3) 在判断句中，把判断词放在句末

  临夏唐汪话：那是老师唉，我是学生唉。（他是老师，我是学生；唉：是＋唉）
  临夏话：我谦虚的不是，也保守的不是。（我不是谦虚，也不是保守）

---

① 澳门大学程祥徽教授年轻时曾在青海工作过多年，早在20世纪80年代就曾撰文揭示青海话跟普通话的差异；此后有多位西北地区的语言学者描写了青海、甘肃、宁夏、陕西等西北汉语方言句法上的诸多特点。

此外还有许多跟标准汉语语法不同的特点，这里就不多举了。这些差异归根结底，都是阿尔泰语（主要是蒙古语）或藏语（藏语的语序也是"主宾动"）对西北汉语的影响。拙文（1999、2000、2003）曾详细考察过这类问题，感兴趣者可参看。

三　汉语语法的意合倾向

汉语跟西方屈折型语言很不同，它没有表示语法关系的词尾变化，短语或句子的语义往往靠意合。拿动词"吃"的组合式为例：

> 吃米饭、吃馒头（吃某种食物）
> 吃大户（到大户家去吃喝或夺取财物）
> 吃馆子（到馆子吃）
> 吃大碗（用大碗吃）
> 吃劳保（靠劳保金为生）
> 靠山吃山，靠水吃水（靠山、水谋生）

例句中"吃"后面的名词从形式上都是"吃"的宾语，但"吃"跟名词宾语之间有什么样的语义关系，则根据人们的常识或语境来确定，这就是意合。

汉语有些结构相同的短语在字面上不合逻辑，但中国人不会产生歧解，原因是人们会依据常识进行合理的解读。例如：

> 恢复健康（恢复到健康状态）
> 恢复疲劳（从疲劳状态中恢复过来）
> 打扫垃圾（"垃圾"是打扫的对象）
> 打扫卫生（"卫生"是打扫的目的、结果）

由于语言跟逻辑思维的关系密不可分，语言逻辑的制约为语言结构的意合提供了余地，并通过社会群体的约定固定下来。

语言跟逻辑的关系很密切，最终要受逻辑制约。比如语言学中有一个很不好解释的问题，就是"差一点摔倒"和"差一点没摔倒"这两句话前者是肯定句，后者是否定句，但是奇怪的是两句话的基本意思一样，都是没摔倒，这是为什么？

  肯定句：差一点摔倒 —— 没摔倒
  否定句：差一点没摔倒 —— 没摔倒

按理说，既然"差一点摔倒"的意思是没摔倒，那么跟它相对的"差一点没摔倒"的意思就应该是摔倒了，为什么人们会把"差一点没摔倒"也理解为没摔倒呢？笔者（2008）有专文从概念迭加与句式整合的角度对此问题做过分析讨论，此不赘述，这里仅从根本原因——逻辑制约加以说明。

"摔倒"是人们所不希望发生的事情，不希望的事情是人们不喜欢、想要避免的，因此说不希望的事情差一点儿发生有意义，有交际价值。就是说不希望的事情差一点发生是非正常情况，属于意外，需要去说；而说不希望的事情差一点儿没有发生则没意义，因为意外的事情没有发生是正常情况，属于常态，无须用"差一点"去说。再说，不希望的事情（摔倒、矿难、死亡）如果已经发生了，还说"差一点＋没发生"就更无意义了。也就是说，当"差一点"修饰不希望的事情时，由于逻辑事理（这是每一个思维正常的人都具备的）的限制，或曰在一般逻辑事理的背景知识作用下，人们不会把"差一点没摔倒"理解为通常的否定句"差一点＋没摔倒"，而是自动认解为肯定句的强调式"差一点没＋摔倒"，其中的"没"表示含主观性的情感色彩——后怕。即：

  肯定句：差一点＋摔倒——没摔倒（客观叙述）
  肯定句的强调式：差一点没＋摔倒——没摔倒（后怕，情感色彩强）

汉语中有些复词偏用现象也跟逻辑有关。例如：

万一有个好歹，可就不好办了。

他要有个三长两短，全家人的生活就没了指望。

为什么"好歹"偏指"歹"、"三长两短"偏指"短"，显然是事理逻辑决定的。

四　语用中的创新与变异

亚里士多德说："人们喜欢被不平常的东西所打动。"(《诗学》) 在当今这个思想活跃、个性张扬的时代，人们特别是青年人感到日常语言的单调、贫乏，就借助网络这个自由的平台和土壤，大展身手，突破某些语言规范的束缚，竭力加大语言的表现力，使得语言发生变异。

网络语言中有许多超出汉语语法常规组词造句的情况，归纳起来，大致有以下几种：

（1）名词直接用作动词：别忘了伊妹儿我、回头电话你、雷人；

（2）名词直接带数量补语：搜狐一下、百度一下、网恋一把；

（3）名词直接用作形容词：很淑女、很生活、太喜剧、最现代；

（4）程度副词修饰状态形容词：非常软绵绵、相当干干净净；

（5）新兴程度副词：巨好看、超乏味、腰身暴粗、雷震憾。

网络语言的这种超常变异主要是为了应对交谈便捷的需要，满足求奇求新的心理需要，有的如"伊妹儿你、电话你"的句子显然受了英语的影响（Don't forget to e‑mail me）。"雷人"的"雷"本是名词，这里转用作动词：使人震惊。

其实，名词转用为动词，古已有之，语法学上叫作词类活用。例如：

燕雀乌鹊，巢堂坛兮。(屈原《楚辞·涉江》)

句中名词"巢"用作动词，义为"筑巢"，但这只是一种词类临时性的活用，"巢"并没有产生出动词义项。再如成语"卿卿我我"：

晋王戎妻语戎为卿。戎谓曰："妇那得卿婿？"答曰："我亲卿爱卿，是以卿卿，我不卿卿，谁当卿卿？"（《太平广记》引《启颜录》）

翻译成白话就是：晋王戎的妻子用"卿"称呼王戎。王戎说："女人哪能用'卿'来称呼自己的丈夫？"其妻回答说："我亲你爱你，所以称你为'卿'，我不叫你'卿'，谁该叫你'卿'？"）

"卿"本是第二人称代词的爱称，在这个成语中第一个"卿"用作动词，"卿卿"的意思是"称呼你卿"或"用卿来称呼你"。但是"卿"的动词用法仅限于"卿卿我我"这一成语，并没有扩大开来。

在生活中有些名词的临时转类用法被固定下来，由此产生了新的义项。例如我们说某人"很绅士"，是指这个人具有绅士那样的做派、风度。"绅士"本是名词，当"很绅士"之类用多了，如"特绅士、非常绅士、这人绅士极了、一点儿也不绅士"等，就使"绅士"产生出形容词性，意思是：有修养，有风度（用于男士）。但是，并不是任何一个名词都有可能转化为形容词的，能否转化"是受到特定语义条件的限制的"，只有那些"能够从气质、作风、样式、气味、势态等方面反映出说话人的某种特异感受"的名词才有可能发生转类现象。（邢福义，1997）能否把临时性的转类固定下来、进而产生新的义项还取决于社会的使用情况，只有社会大众接纳了这种用法，才有可能站稳脚跟。"很淑女、很生活、太喜剧、最现代"的用法能否被大众接受，名词"淑女、生活、喜剧、现代"最终能否兼做形容词，现在下结论为时尚早，我们且拭目以待吧。

网络语言是现实自然语言在网络上的变异形式，在网络上人们有用自己喜欢的方式进行交际的自由，其中一些有表现力的语汇、格式或用法会被吸收到全民语言中来，增强民族语言的活力，如"酷、雷人、给力"等已成功赢得社会的认同，有的已经、有的将在正式的字典、词典中占得一席位置。但是，由于网络语言有时一定程度偏离了全民通用语言，有的表达意思并不准确，因此，在官方文件、新闻媒体和学校教学中应该避免不加选择地使用网络语言、语汇。同时，语言的社会功能也能促使网络语言在语言的经济性和交际的准确性要求两方面进行自动的调节，使它跟全民语言的距离控制在一个有限的范围内。

五　语言的约定俗成

像一切事物一样，语言的发展变化是有规律可循的，一般都遵循着理性的原则；但是在语言发展过程中也有虽不合理性却习非成是的约定俗成。即，有一些词语或句式开始是由少数人的误解误用产生的，其后这种误解误用被大多数人接受采纳，从而习非成是，被认定沿用下来，取得了合法的地位。生活中此类例子随处可见，仅举最常见的三类情况加以说明。

（1）谐音别用：逃之夭夭

《诗经·周南》："桃之夭夭，灼灼其华。"这两句本形容桃花繁盛美艳，光彩照人，但却因"逃"与"桃"同音而改作"逃之夭夭"，借来指逃跑（含诙谐意）。这种变异毫无理据可言，但因约定俗成而被社会认同使用。

（2）望文生义：宁馨儿

《晋书·王衍传》："何物老妪，生宁馨儿？"意思是：什么老太婆，生了这么个孩子！"宁馨"是方言词的记音字，意思为"这样"，今吴语仍用，也写作"那亨"。但是后来人们根据"宁馨"的字面义误解为"安宁、馨香"，于是有"大家都祝贺她生了一个宁馨儿"的用法，这就是"望文生义"。但"望文"所生之义如被大众普遍认可沿用，我们就要承认这个现实。所以《现代汉语词典》对"宁馨儿"的解释是："原意是'这么样的孩子'，后来用作赞美孩子的话。"

（3）语义衰退造成冗余：凯旋归来

《现代汉语词典》对"凯、旋、凯旋"的解释如下：

　　凯：胜利的乐歌：~歌｜~旋｜奏~而归。
　　旋：❻返回；归来：~里｜凯~。
　　【凯旋】战胜归来：战士~｜欢迎~的体育健儿。

但是，在生活中我们常常听到"凯旋归来"、"胜利凯旋"的说法。严格来说，这两种说法都有毛病，因为"凯旋"就是"胜利归来"，它已经包含着"胜利"和"归来"这两个意思在内，说"凯旋归来"或"胜利凯旋"在语义上都有冗余。可是，这两个有毛病的句子多数人并不介意。这是为甚么呢？因为"凯"和"旋"的上述语素义在现代汉语里已经大为衰退，不能独立使用，只存在于复音词"凯旋"之中。现代人不了解上述古旧的语素义，所以把"凯旋"或者理解为"胜利"，或者理解为"归来"，就造出了上面意思冗余的句子。这种冗余句已被越来越多的人认可，大有习非成是的趋势。

遵从规范与习非成是是一对矛盾，我们的态度是：要遵从规范，引导规范，对那些合乎规范、有表现力的新的语言形式应该加以推广；同时，对某些新的、已经习非成是的语言形式应该大度地予以认可。对待网络语言，我们同样持这个态度。我们应该既尊重约定俗成，又进行必要的引导，使语言向着健康的、合乎规范的方向发展。

结　　语

语言是人类交际的工具，也是人类思维的工具，正因为如此，大科学家爱因斯坦说："一个人的智力发展和它形成概念的方法在很大程度上是取决于语言的。"一个思维清晰、逻辑性强的人不一定善于言辞，但一个善于表达的人却一定是思维清晰、逻辑性强的人。语言是所有人类活动中最足以表现人的特点的，它对于我们的生活、事业非常重要，它甚至能影响我们的人生，我们实在有必要下一番工夫把祖国的语言文字学好、用好。从大的方面来说，一个主权国家的语言文字，不仅是公众间的交际工具，也是国家主权和民族自尊的表现之一。正因为这样，各国法律都规定，在公开场合、在外交场合都要使用官方的语言和文字。可以说，一个热爱祖国的人，也会爱祖国的语言文字，爱国可以从爱祖国的语言文字开始。

多年前我读到过哈佛大学前校长查尔斯·艾略特的一句话：

我认为有教养的青年男女唯一应该具有的必备素养，就是精确而优雅地使用本国的语言。

我还记得当时自己是怎样反复咀嚼、回味这句话的，它深深打动了我，黏住了我的思绪。我注意到，他说的是"唯一应该具有的必备素养"——唯一、必备；我还注意到，他说的是"精确而优雅地使用"——精确、优雅，这不是我们应该追求的境界吗？我们希望每一个中国人都努力做到：

讲一口纯正优雅的中国话，
写一手规范漂亮的中国字，
做一个堂堂正正的中国人。

参考文献

程祥徽：《青海口语语法散论》，《中国语文》1980 年第 2 期。

江蓝生：《从语言渗透看汉语比拟式的发展》，《中国社会科学》1999 年第 4 期。

江蓝生：《重读〈刘知远诸宫调〉》，《文史》1999 年第三辑。

江蓝生：《老乞大》语序研究，《语言研究》2000 年第 3 期。

江蓝生：《语言接触与元明时期的特殊判断句》，《语言学论丛》2003 年第二十八辑。

江蓝生《概念迭加与构式整合——肯定否定不对称的解释》，《中国语文》2008 年第 6 期。

江蓝生、将刊：《也说"汉儿言语"》，Breaking down the barriers: Interdisciplinary studies in Chinese linguistics and beyond. [Cao Guangshun, Hilary Chappell, Redouane Djamouri, Thekla Wiebusch (eds.)]，台北中研院语言研究所《语言暨语言学》2008 年专刊外编。

雷颐：《语言的力量——近代以来中国"新词语"的演变》，《光明日报》2007 年 4 月 5 日，第 10—11 版。

邢福义：《"很淑女"之类说法语言文化背景》，《语言研究》1997 年第 2 期。

詹伯慧：《语文杂记》，暨南大学出版社 2010 年版。

中国社会科学院语言研究所词典编辑室：《现代汉语词典》（第 5 版），商务印书馆 2005 年版。

（原载《澳门理工学院学报》2012 年第 1 期）